中公新書 2741

竹田いさみ
永野隆行 著

物語 オーストラリアの歴史 新版

イギリス植民地から多民族国家への200年

中央公論新社刊

新版まえがき

日本人にとってオーストラリア社会の一般的イメージは、いったい何であろうか。有袋類《ゆうたいるい》のコアラやカンガルー、卵生の不思議な哺乳類カモノハシ、海洋スポーツの拠点グレートバリアリーフ、テニスコートに舞う白球、世界最大級の一枚岩エアーズロックに降り注ぐ真っ赤な夕日、流星が飛び交う夜空に輝く南十字星、真夏の太陽とブッシュ・ファイアー（森林火災）、石炭や鉄鉱石の露天掘り、さらには牛肉のオージービーフなど、いずれも動植物や大自然に集約される傾向にある。

豊かさを満喫するオーストラリア人は、明るくて親切であり、とても開放的な国民性をもっている。イギリス英語やアメリカ英語とは異なり、癖のあるオーストラリア英語に戸惑う人も多いと思うが、一般的に治安は良く、日本人にとって住みやすい外国の一つであることは、まず間違いない。豊かさに裏打ちされた純朴な国民性に接するとき、オーストラリア人はなんて善良な人たちであろうか、と思うこともしばしばである。

しかし本書ではコアラやカンガルーを扱うこともなく、またスポーツ論を展開することもない。この本を通じて、一八世紀後半から現代までの通史を描き、オーストラリア社会に関する一面的で単純なイメージを乗り越え、オーストラリア人のものの考え方や価値観を探ろうと思う。現代のオーストラリア社会を特徴づけるキーワードは二つある。第一は国内社会を表現する多民族性と多文化社会であり、第二は国際社会におけるミドルパワーとしての外交論である。

もともとオーストラリアはイギリスの植民地として出発した移民の社会であり、移民（＝労働者）を受け入れることが宿命とされてきた。植民地時代のオーストラリアはきわめて小さな社会であり、多数の移民を定期的に受け入れることで、ようやく社会を成立させていくことができたのである。イギリス系移民の不足から、ヨーロッパ大陸からも移民を求めることが不可避となったが、「白豪主義」と言われたように、移民は白人にほぼ限定されていた。しかし一九七〇年代になると突然、アジア系にまでその範囲を広げるようになり、「アジア人にとって天国の国」とまで言われるようになった。いったい何があったのであろうか。

そこで本書では、オーストラリアはなぜ多民族国家となり、そして国際社会でなぜミドルパワー論を展開するようになったのであろうか、という素朴な疑問を歴史的に解き明かす作業を行いたい。およそ二〇〇年間の歴史を振り返り、英国によるオーストラリア植民地の建設が決して平坦な道ではなく、紆余曲折《うよきょくせつ》を経て実現していったプロセスを理解しつつ、英帝国と欧州列強が主役を演じ、そしてアメリカや日本、中国が登場してきた国際社会の流れの中に、オーストラリアの姿を見つけ出すことにしよう。

とりわけ東アジア世界との邂逅《かいこう》を通じて国家政策の形成と変遷を追い、キーワードの多文化ミドルパワー国家論の形成と、その後を解き明かしたいと思う。オーストラリアは東アジア世界（北東アジアと東南アジア）と接触することで、ようやく自我に目覚め、さらには危機感に襲われ、そして生きる活路を見いだすなど、東アジア世界がオーストラリアに与えた影響は計り知れないものがあるからだ。オーストラリアの運命を左右したのは東アジア世界である、と言っても過言ではない。

本書は、今から二〇年以上前に刊行した『物語 オーストラリアの歴史――多文化ミドルパワーの実験』を、以下の三点を踏まえて全面的に刷新を図り、新しい章を書き下ろした新版である。学生やビジネスパーソンなどの幅広い読者がオーストラリアについて知りたいときに、およそ二〇〇年の歴史的変遷や国際社会とのかかわり方がわかる新書、ということを目指した。

二〇〇〇年に旧版を刊行してから、多くの読者を得たのは幸いであったが、国際社会が大きく変わりゆく中で、オーストラリアはこの二〇年間にミドルパワーという自画像の転換を迫られてきた。新版では、①一九九〇年代で終わっていた記述を、アメリカと中国がしのぎを削る二〇二〇年代にまで延長したこと、②データを全面的に更新し、新たな事実や研究の成果も可能なかぎり反映したこと、そして③初学者の参考になるよう、料理や先住民アボリジニ、公共図書館や観光スポットとして人気な王立植物園といった文化的な事項についても、コラムで補充を図った。なお新版では、第1〜6章は竹田が執筆し、第7章とコラムは永野が執筆している。

本書ではオーストラリア社会を解剖する一つの切り口として、移民政策を取り上げ、およそ二〇〇年間の変遷の中で、英国からの入植者が増える過程において、アジア系労働者や移民がいかに導入され、そして拒絶されつづけた末に、なぜ再び受け入れられるようになったのかを明らかにしている。ここにオーストラリア型多文化社会を理解する鍵が、隠されている。それは単に国内社会の論理だけではなく、東アジア世界との葛藤《かっとう》から生まれた論理であることに注目したい。また先住民アボリジニは、本書の考察の対象としていないことを予《あらかじ》めお断りしておきたい。

一九九〇年代以降、オーストラリアは目覚ましい経済成長をとげてきた。世界はこの間、アジア通貨危機、ITバブル崩壊、リーマンショックなどを経験していたのにもかかわらずだ。オーストラリアは資源ブームなどの恩恵もあって、二〇一九年まで二八年間連続でプラス成長を実現し、先進国の「優等生」と言われるまでになった。

多文化主義のもとで社会が成熟し、優れた民主主義制度を誇り、高い生活水準を維持しつつ社会保障も充実しているオーストラリア。自分たちの国こそが、アメリカの自由とヨーロッパの公正さをあわせもち、同時にアメリカの不公平さ、ヨーロッパの福祉モデルにおける過大な負担を乗り越えた、という自信に満ちた声もオーストラリア国内で聞かれるようになった。欧米諸国を模範とし、自らの存在意義を問いつづける時代は過ぎ去り、逆に世界の国々がオーストラリアを模範とする時代がやってきたと思える局面も生まれてきた。一九九九年には、主要二〇ヵ国の協議体G20に仲間入りし、国際外交の舞台で「指定席」を確保。二〇〇〇年のシドニーオリンピック開催にともない、オーストラリア人の表情には笑みがこぼれ、自信がみなぎっていた。

このように順風満帆に思えた二一世紀の明るい将来像は、突如として修正を迫られる。二〇〇一年九月の米同時多発テロ、さらに多数の難民船がオーストラリア沿岸に押しよせたことなどによって、状況が一変したからである。また経済力と軍事力を蓄え、大国化する中国が力を背景とした現状変更を試みるようになり、オーストラリアが尊重してきたリベラルな国際秩序が脅かされる事態も生じるようになった。

　米中二大国が激しく対立するなか、オーストラリアは自らの立ち位置をどのように定めたのだろうか。新たに書き下ろした第7章では、リベラルな価値観を重視し、英米と協調する道を進むのか、あるいは地理的なプレゼンスや経済的利益を重視し、激動するアジア・南太平洋諸国との関係を重視するのか、オーストラリアの新たな自画像を浮き彫りにしている。

　それでは、物語としてのオーストラリア史を訪ねることとしよう。

目次

物語　オーストラリアの歴史　新版

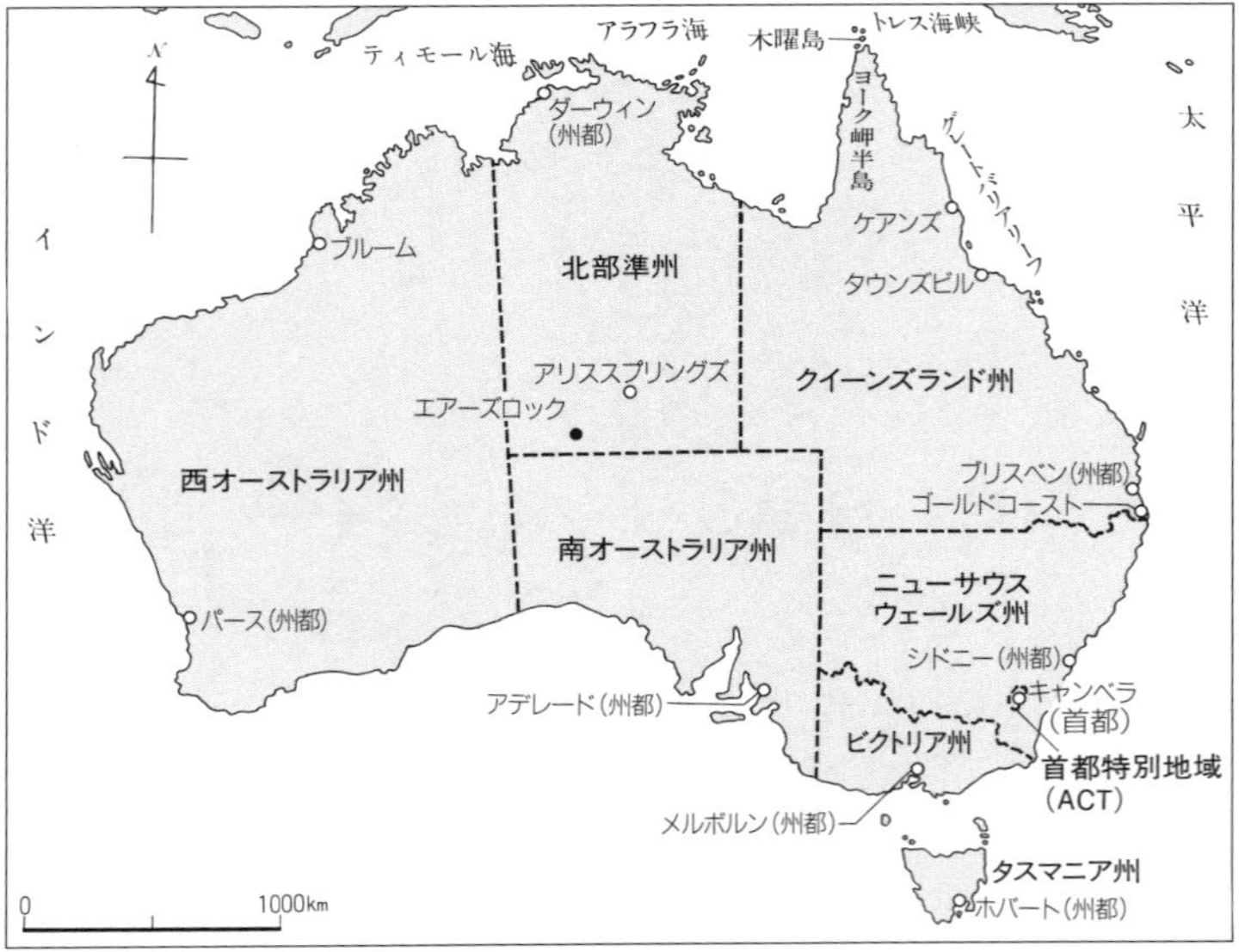
ティモール海
アラフラ海
木曜島
トレス海峡
ヨーク岬半島
グレートバリアリーフ
太平洋
インド洋
N
ダーウィン(州都)
ブルーム
北部準州
ケアンズ
タウンズビル
アリススプリングズ
エアーズロック
クイーンズランド州
西オーストラリア州
ブリスベン(州都)
ゴールドコースト
南オーストラリア州
ニューサウスウェールズ州
パース(州都)
シドニー(州都)
キャンベラ(首都)
アデレード(州都)
ビクトリア州
首都特別地域(ACT)
メルボルン(州都)
タスマニア州
ホバート(州都)
0
1000km
オーストラリア全図

第1章　揺れる自画像とアイデンティティ

独立記念日がない

オーストラリアには、独立記念日がない。建国記念日として祝う行事は、一月二六日のオーストラリア・デーである。これは一七八八年に、イギリスから第一船団（ファースト・フリート）を率いたアーサー・フィリップ提督が、シドニー・コーブに上陸してイギリス国旗を掲揚した記念日であり、イギリスの植民地政策が公式に始動した日であって、決してオーストラリアが独立した記念日ではない。

オーストラリア大陸が「オーストラリア」という国名で、一般的に呼ばれるようになったのは二〇世紀になってからであり、それ以前は植民地ごとに区別した名称が使われていた。フィリップ提督が上陸した地域は、「ニューサウスウェールズ」植民地と呼ばれている。フィリップは同植民地の初代総督として五年間勤務し、シドニーとパラマッタの二つの町を建設した。このため、一七九〇年にイギリスから同植民地に送られた派遣部隊は、ニューサウスウェールズ軍と呼ばれた。

つまり植民当初は、オーストラリア全土をニューサウスウェールズ植民地と呼んでいたわけで、そこから四つの植民地が徐々に地方自治を推進し、時間をかけて責任政府を樹立しながら分離していった（図1－1）。責任政府とは、各植民地が内政自治権を求めるようになって、イギリス政府がある程度の内政自治を認めた植民地政府のことをいう。あくまでイギリス政府が付与したもので、植民地の独自判断で決定したものではない。

分離を年代順に示すとタスマニア（一八二五年）、ビクトリア（一八五一年）、クイーンズランド（一八五九年）で、現在州都になっているホバート、メルボルン、ブリスベンなどはシドニーの行政区域に属していた。北部地域（ノーザンテリトリー、現在の北部準州）はもともとニューサウスウェールズ植民地の一部であったが、一八六三年に南オーストラリア植民地の管轄下に入り、さらに連邦国家の樹立に伴って一九一一年に連邦政府の管轄下となった。同じく一九一一年に連邦政府の所管となった首都特別地域（ACT）は、ニューサウスウェールズ植民地の一部であった。

一方、南オーストラリア（現在の州都アデレード）は一八三四年、一つの独立した植民地として建設された。西オーストラリア（現在の州都パース）も分離形態ではなく、一八二九

	英国領有	入植開始	植民地樹立	責任政府成立
ニューサウスウェールズ	1770	1788	1786	1855
ビクトリア	1770	1834	1851	1855
クイーンズランド	1770	1824	1859	1859
南オーストラリア	1788	1836	1834	1856
西オーストラリア	1829	1829	1829	1890
タスマニア	1788	1803	1825	1855
北部地域（現在北部準州）			1863	
首都特別地域（ACT）			1911	

図1－1　**植民地の成立**

年に単独で植民地が建設された。新たに植民地を建設したのは、フランスによる領有化を恐れたイギリス政府が予防措置として決定したからで、ここにもヨーロッパの国際政治が投影されている。

こうした経緯から西オーストラリアは独立傾向が強い。また東海岸の植民地とは広大な砂漠で隔離されており、シドニーやメルボルンの地域利益とは無関係であるとの態度が支配的であった。一八九〇年代のオーストラリア連邦運動に最も消極的で、連邦国家が成立した後も、一九三〇年代に至るまで脱退の動きを見せるなど、とかく独自路線が目立つ。西オーストラリアを含め、最終的には、六つの植民地が建設されることになった。

フィリップ指揮下の第一船団は、イギリス海軍艦艇など一一隻によって編成され、一七八七年五月に出発した段階で、約一〇〇〇人がイギリス本国から移民として乗船した。囚人とその家族七五一人（航海中に二三人が死亡）が大半で、軍人とその家族は二五二人であった。第一船団の構成員はその後、オーストラリア植民地の社会建設に携わっていく原動力となる。現在オーストラリアは多民族国家として知られるが、白人社会にみる多民族性は、すでに一八世紀末の入植初期の時代にはじまる。イングランド、アイルランド、ウェールズ、スコットランドからの出身者とユダヤ人が、イギリス本国から次々と送り込まれたからである。

オーストラリア連邦の結成を独立記念日として解釈することもあるが、これは正しくない。一九〇一年一月一日に、六つの植民地が統合されて一つの連邦国家になったものの、決してイギリスから独立したわけではない。しかし、連邦をつくりあげるために、一八九〇年代にはしばしば憲法制定会議を開き、イギリスに存在しない成文憲法を制定して、オーストラリア憲法の下に連邦国家を建設したことを考えると、連邦結成は建国記念日として祝うにふさわしい。だが、そうはしていない。

一八世紀から一九世紀のオーストラリアでは、六つの植民地——ニューサウスウェールズ、ビクトリア、クイーンズランド、南オーストラリア、西オーストラリア、タスマニアが次々と建設されていった。連邦国家として一つにまとまったときに、植民地は州へと名前を変え、近代国家の装いを整えはじめたものの、植民地時代の遺産をすべて引きずったままでの、統一国家建設であった。

独立戦争がなかった理由

　ではなぜオーストラリアは、アメリカのように独立戦争を起こさなかったのであろうか。一言でいえば、独立する必要がなかったからである。

「代表なければ課税なし」との有名なスローガンが示す通り、アメリカはイギリスから苛酷な税金を徴収され、しかも発言権が認められないという状況に置かれてきた。アメリカは独立しない限り、イギリスへの隷属状況が永遠に続くわけで、これを断ち切るために独立戦争へと突き進んでいったのである。これとは逆にオーストラリアは、イギリスとの間で双方にとってメリットのある関係がつくられていった。つまり両者は相互依存関係にあったと表現でき、反英闘争を惹起《じゃっき》するような問題の芽が、イギリス政府によって見事に摘み取られていったのである。

　オーストラリアと同様に、ニュージーランドやカナダでも反英独立戦争が発生していない。これはひとえに、イギリス植民地政策の戦略性に、その答えを求めることができる。アメリカが独立したことで、イギリスの植民地政策は大きく修正を迫られることになった。抑圧的で、一方的な押し付けの政策は反感を買うだけであり、結局は独立という最悪の事態を招いてしまったという深い反省がある。

　これを教訓に、イギリスの植民地政策は、アメとムチの政策へと巧妙に変化していく。不満があればガス抜きを行い、植民地社会の成熟に伴って徐々に自治権を与え、少しずつ英帝国内で一人前の大人として扱うが、決して主権国家として巣立ちはさせない。一九世紀から二〇世紀中頃までの約一五〇年間、イギリスはこのような手法でオーストラリアを支配してきた。アメリカのような激しい反英闘争がなかったのは、このためである。

つまり、イギリス植民地政策の神髄は、その曖昧《あいまい》性にあったといえよう。この曖昧性ゆえに、オーストラリアは常に国家アイデンティティの問題に悩まされてきた。

植民地建設の理由

なぜイギリスは、遠く離れて不便なオーストラリアに、わざわざ白人のための植民地を建設したのであろうか。最大の理由は、アメリカが独立したからである。長らく植民地として活用してきたアメリカが、独立戦争（一七七五～八三年）を戦って独立したため、イギリスは最良の植民地を失うことになった。当時イギリスは、国内の人口増大に対応するため、海外での植民活動を通じて余剰人口を吸収させる方針を採用していた。とりわけ犯罪者の急増で国内刑務所が飽和状態に達しており、こうした犯罪者を計画的に収容するためにも、新たな植民地の開発が急務となっていた。

アメリカの代替地として、イギリスから航海しやすいカナダやアフリカが検討されたが、気候や自然条件でさまざまな問題を抱えていた。真冬のカナダは、あまりに寒くて自給自足のシステムをつくるのが困難であり、またアフリカは熱帯病や風土病で軍人や行政官が病に倒れるなど、新植民地の建設に不適当であると考えられた。オーストラリアは気候も温暖で自給自足に適しており、熱帯病や風土病もないため好都合であった。

一七八三年のパリ条約でアメリカの独立を承認してから五年後に、イギリスはオーストラリアで流刑植民地の本格的な建設に着手したことになる。イギリス政府がオーストラリア東海岸とタスマニアを正式に領有したのは、一七八八年二月七日である。キャプテン・クックがオーストラリアを発見してから、およそ一八年の歳月が流れていた。王立調査団を率い、イギリス海軍の調査船「エンデバー号」に乗ったキャプテン・クックが、オーストラリア東海岸を発見したのが一七七〇年四月二〇日、ボタニー湾に上陸したのは二九日である。

北上していったクックは八月に、オーストラリア東海岸（現在のビクトリア州、ニューサウスウェールズ州、クイーンズランド州）がイギリス国王ジョージ三世に属すると領有を宣言し、この一帯を「ニューサウスウェールズ」と命名した。のちにクックの航海日誌と報告書がイギリス議会の目に留まり、オーストラリア発見と植民地建設が議題となったのは、まさにアメリカ独立という大事件が発生したからにほかならない。

アメリカが独立していなければ、オーストラリア全土がイギリスの植民地にならなかったかもしれない。ニューカレドニアやフレンチ・ポリネシアと同様に、フランスの植民地になっていた可能性は十分ある。仮にそのような事態が発生していれば、フランス帝国はインドシナからオーストラリアを経てタヒチに連なる巨大な海洋帝国を築いていた可能性もあるわけで、アジア太平洋地域の地政学はまったく異なった様相を呈していたであろう。

チャールズ三世はオーストラリア国王

イギリス国王は、オーストラリア国王でもある。エリザベス二世女王の崩御を受けて二〇二二年九月、イギリスの新国王に即位したチャールズ三世は、オーストラリア大陸に足を踏み入れた段階からオーストラリア国王へと変身することになる。しかし、これは法的に解釈した論理であり、一般のオーストラリア国民にとって、チャールズ三世はやはりイギリスの国王であることに変わりはない。ここにも、元首の地位をめぐる曖昧性が残る。

かつてイギリスの植民地には、白人主体の自治植民地（オーストラリア、ニュージーランド、カナダなど）と、有色人種主体の植民地（インド帝国に代表される南アジアやアフリカ大陸の植民地）の二種類があった。自治植民地は、のちに自治領（ドミニオン）と呼ばれるようになり、英帝国から英連邦へ変質する時代を通じて、イギリスに対して徐々に発言権を増していった。ドミニオンとは自治権を意味し、自治がおよぶ領土もその意味に含まれる。カナダの祝祭日「ドミニオン・デー」は、一八六七年七月一日に自治領カナダが成立したことを記念したものだ。一九世紀の英帝国に君臨したビクトリア女王、二〇世紀になってから王位に就いたエドワード七世やジョージ五世の時代には、女王や国王は英帝国を統治する最高権威であった。権威とは権力と正統性を意味するのであり、それぞれの自治領や植民地は最高権威の下で統治され、その代理人として総督がイギリス本国から派遣されたのである。自治領と植民地には、最高権威の象徴として総督府が置かれた。

アジアやアフリカの植民地が独立した際、多くの国々では君主制（イギリスの王政）を放棄して共和制に移行し、それに伴い総督の職も廃止されていった。しかし君主制を放棄せず、立憲君主制を標榜《ひょうぼう》して総督の職も廃止しなかったのが、オーストラリアやニュージーランドであった。君主制は世襲の君主が存在することを前提にしており、そうした君主はイギリスの元首にしか見いだすことができない。

このためイギリスの元首を実質的には君主として受け入れるが、法的にはオーストラリアの元首であるとの解釈で納得せざるをえない。ヨーロッパ大陸からの移民やアジア系移民が都市部で大きなコミュニティを形成するようになって、君主制に違和感を覚える国民が増えつつあるとはいうものの、世論の共和制移行論議は盛り上がっていないのが現状だ。オーストラリアが近い将来、共和国になる可能性は低いと言えるだろう。

英帝国から英連邦へ

オーストラリアなど自治領の地位が向上するに従って、英帝国（The British Empire）の名称は英連邦（The British Commonwealth of Nations）へ、そして現在のコモンウェルス（The Commonwealth of Nations）に修正されていった。オーストラリアやカナダなどが二つの世界大戦に参加し、多大な人的・資金的貢献をした事実を前に、イギリスは自治領の扱いを子供から青年に、そして成人へと格上げしていったのである。英帝国からコモンウェルスへの名称変更は、それを物語っている。植民地会議の名称が、一九一一年から帝国会議へと変更されたのも同じ論理だ（名称の変更決定は一九〇七年）。また安全保障政策を論議する場として、帝国防衛委員会、帝国戦時内閣、帝国戦時会議が次々と設置され、オーストラリアに発言権が与えられるようになったのも、同じである。

自治領の格上げ作業は少しずつ行われ、オーストラリアの歴代政権を少しずつ満足させる方法がとられた。逆にオーストラリアから見れば、イギリスへの発言力を徐々に増すことになり、両者の「国益」が一致して、自尊心が満たされる限り、対英協力は肯定される。しかし「国益」が一致しない状況が生まれると、イギリスからの独立傾向が頭を持ち上げ、最終的には独立を選択する道へとつながる。

本書では英帝国や英連邦という用語がしばしば登場するが、第二次世界大戦までを英帝国の時代として記述している。一九三〇年代までは国際条約の締結に際してイギリスは「英帝国」を代表して署名しており、新聞や雑誌などのメディアでは「英帝国」が一般的に使用されていたからである。第一次世界大戦後に英連邦という名称が登場するようになるが、英帝国と英連邦の区別ははなはだ曖昧である。本書では混乱を避けるため、第二次世界大戦までを英帝国の時代として記述する。

第二次世界大戦後の時代は本来、英連邦とコモンウェルスに区別されなければならないが、本書ではあえて英連邦という用語を使用している。公式名称として英連邦が廃止され、コモンウェルスが採用されたのは一九五三年であるが、記述が複雑になることを避けるために、これ以後の時代も英連邦とした。新名称コモンウェルスの採用は、一九四七年にインドとパキスタンが、翌四八年にセイロン（現在のスリランカ）が、宗主国イギリスから独立したことに起因する。

このように、オーストラリアとイギリスとの関係は、組織や制度から見るときわめて複雑であり、曖昧性に満ちている。この複雑性と曖昧性こそが、イギリス植民地政策の知恵にほかならない。逆に言えば、この複雑性と曖昧性を解消することが、オーストラリアの国家形成そのものであったと表現できよう。

敗戦記念日を祝う――アンザック伝説

多くの国では革命記念日や戦勝記念日を祝うが、オーストラリアでは敗戦記念日を祝う。本来、祝うという言葉は正確ではなく、勇敢な戦死者を追悼し、かつて出陣した兵士に敬意を払うと理解すべきであるが、四月二五日の敗戦記念日が、オーストラリアでは国民の日「アンザック・デー」に指定されている。シドニー市内中心部のマーチン・プレイスや、キャンベラの戦争記念館では毎年、退役軍人連盟（RSL）らが主体となって記念行事を開いている。

アンザック（ANZAC）とは、元来オーストラリア（A）とニュージーランド（NZ）の兵士から編成された陸軍部隊（AC = Army Corps）のことで、オーストラリア兵士を単独で表現することもある。第一次世界大戦に参戦したアンザック軍が一九一五年四月二五日、トルコのガリポリ半島上陸作戦に失敗し、多数の兵士が犠牲となったことがある。同年一二月の完全撤退までの間に八一四一人の兵士が命を落とし、一万八〇〇〇人が負傷したわけであるから、人間の心理からすれば思い出したくない記念日のはずである。しかしオーストラリアでは、勇猛果敢に上陸作戦を遂行したアンザック軍の勇気と愛国心を称《たた》え、あえて負の歴史を伝説にまで転化させてきた（第4章4節参照）。

ガリポリ上陸作戦が失敗した翌年の一九一六年、フランス戦線で任務に就いていたアンザック軍が初めて追悼集会を開いたが、ほぼ同時にオーストラリア国内でも、州政府、キリスト教会、退役軍人の会、派兵推進の民間団体などが相次いで追悼集会を開催するなど、全国的な広がりを見せるようになった。集会を主催した人々はさまざまな目的をもっており、決して一枚岩というわけではない。純粋に戦死者を追悼したい人々、出陣兵士の勇気を称える人々、作戦の失敗を批判する人々、反戦運動として捉える人々など、思いは複雑であった。第一次大戦後しばらくの間、各地で論争が続いた後、一九二七年までにすべての州は「アンザック・デー」を国民の日として法制化し、州ごとに祝うことを決めた。

こうした法制化のプロセスで、アンザック伝説が生まれることになった。前向きに歴史を振り返れば、ガリポリ作戦は、英帝国の戦争にオーストラリアが主体的に参加した何よりの証《あか》しであり、自己のアイデンティティを確認する場であった。イギリスの兵士としてではなく、オーストラリアの兵士として戦争に参加した記念碑として、受け入れたのである。国家アイデンティティを形成していく思春期に、上陸作戦失敗の挫折感を、道徳的な勝利として歴史上の伝説に転化していった知恵と工夫を読み取ることができる。

アンザック伝説に登場する「アンザック兵」の姿はオーストラリア人の自画像であり、それは時代とともに変化していった。「アンザック兵」のイメージは長らく、アングロサクソン系の男性として描かれてきたが、オーストラリアにおける国民統合の原理が、白豪主義から多文化主義へと転換していくなかで、「多文化化」されていった。アボリジニーズや非イギリス系の兵士の存在、さらに戦争における女性の活躍が「再発見」され、多様な兵士の姿が認識されるようになっていったのだ。

自画像としてのミドルパワー

オーストラリアは明らかに大国ではなく、また小国でもない。国際社会においていかに自画像を描くかとの問いに、オーストラリアは常に悩まされつづけてきた。その答えの一つが、ミドルパワー国家としての自己イメージであった。

国際社会における政治力、軍事力、経済力の点で、オーストラリアは大国と小国の中間に位置するとの発想から、ミドルパワー、中進国、中規模国家として自画像を描くようになった。ミドルパワー論は、一九七〇年代前半のウィットラム労働党政権時代に模索されたものであり、八〇年代から九〇年代前半を支配したホーク＝キーティング労働党政権時代に、オーストラリア外交を形容する言葉として定着するまでになった。国際社会において自画像とアイデンティティを求める旅は、またしても労働党政権の時代に行われたのである。

オーストラリアの国土面積（七六九万平方キロ）は、アメリカ（九八三万平方キロ）からアラスカを取り除いた面積に、ほぼ匹敵する。日本（三七万平方キロ）の実に約二一倍であり、

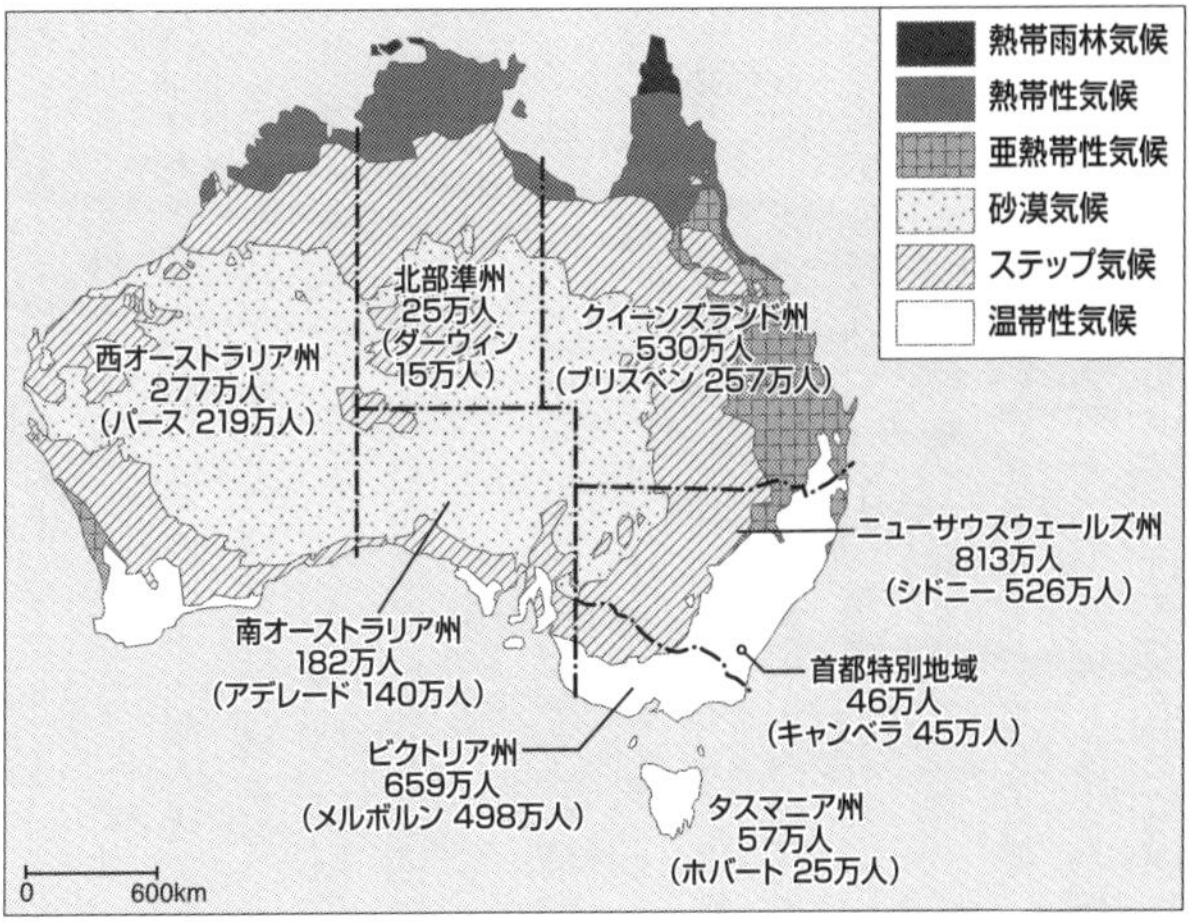

図1－2　気候と州別人口（2021年）

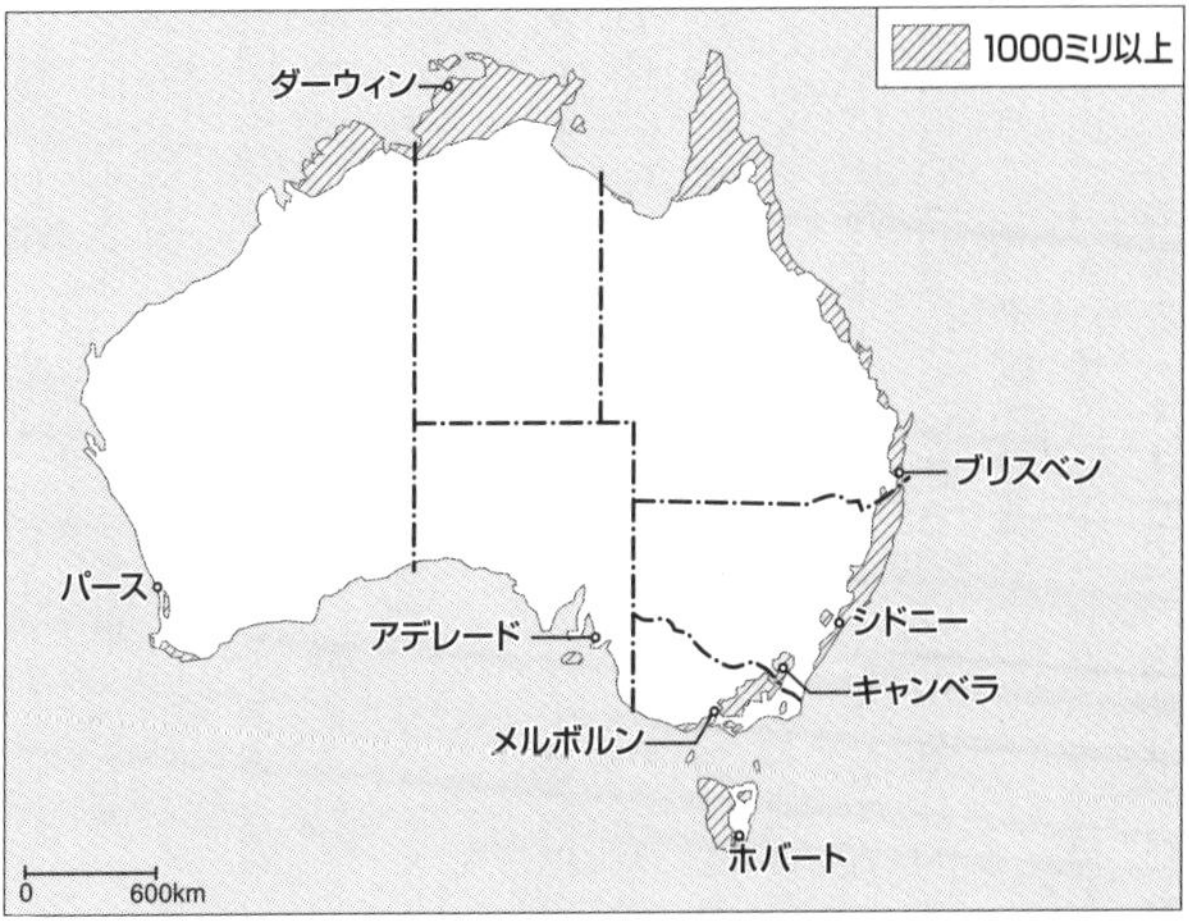

図1－3　年間降雨量1000ミリ以上の地域（斜線）

国土面積からは大国に相違ない。しかし総人口（約二五二〇万人）は、アメリカ（三億二九〇〇万人）や日本（一億二六九〇万人）に比べてはるかに小さい。東アジア地域では台湾（二三八〇万人）や北朝鮮（朝鮮民主主義人民共和国、二五七〇万人）、西アフリカのコートジボワール（二五七〇万人）とほぼ同程度に過ぎない。大国になる一つの条件が人口であるならば、この条件を満たすことができない。東南アジア地域でインドネシアが大国に数えられるのは、二億七〇〇〇万の人口規模が重要な要因になっているためだ（人口は英国『エコノミスト』世界統計年鑑二〇二二年版［英語版］）。

二五〇〇万人程度の人口規模で、経済的豊かさを追求するために、軍事力は小規模にならざるをえない。アメリカ中央情報局（CIA）の推計によれば、北朝鮮は、約一一五万人を正規軍として動員しており、東アジア地域で明らかに軍事大国の一つに数えられる。これに対して、オーストラリアの正規軍の総兵力は約六万人（二〇二二年）で、内訳は、陸軍三万人、海軍一万五〇〇〇人、空軍一万五〇〇〇人で、広大な国土を防衛するのに十分でないのは明らかだ。このため効率が高く、効果的な国防政策の立案に迫られるわけで、対外的な軍事活動も必然的に限定されることになる。軍事力の点でも、大国ではない。

このようにオーストラリアは、広大な国土面積に比べて人口規模は小さいという特色をもつ。その最大の理由は、自然環境と気候に求めることができる。アメリカの内陸部が穀倉地

1位	シンガポール	60728
2位	オーストラリア	52953
3位	香港	46444
4位	ニュージーランド	41391
5位	日本	39981
6位	韓国	31728
7位	台湾	28405
8位	中国	10525
9位	マレーシア	10361
10位	タイ	7160
11位	インドネシア	3931
12位	スリランカ	3894

図1－4　アジア・オセアニア地域の一人あたり GDP（2020年，米ドル）

1位	スイス	0.962
2位	ノルウェー	0.961
3位	アイスランド	0.959
4位	香港	0.952
5位	オーストラリア	0.951
6位	デンマーク	0.948
7位	スウェーデン	0.947
8位	アイルランド	0.945
9位	ドイツ	0.942
10位	オランダ	0.941
	⋮	
19位	日本	0.925

図1－5　世界各国の人間開発指数（2021年）

帯であるのに対して、オーストラリアの内陸はほぼ砂漠であり、人間が居住できる空間はきわめて限られている。しかし単なる砂漠ではなく、鉄鉱石や石炭などが豊富に埋蔵されており、富の源泉ともなる。降水量を見ても、安定した雨量を期待できるのは太平洋に面した東海岸や、インド洋に接する西海岸などで、ごく限られた地域に都市を建設せざるをえない。移民国家として毎年、大量の移民を受け入れてきたとはいえ、国家が物理的に吸収できる範囲で、計画的に受け入れてきた事実に注目する必要がある。

その一方でオーストラリアは豊かな国である。図1－4で明らかなように、一人あたりの国内総生産（GDP）を東アジア地域との比較で見ると、シンガポールに次いで二位を占める。シンガポール、そして三位の香港《ホンコン》はいずれも狭い面積に人口が密集しており、居住空間の狭さで代償を支払うことによって生産性を高めてきた。この点を勘案すれば、広い居住空間を享受できるオーストラリアは、アジア・オセアニア地域で最も豊かな国に相違ない。また生活水準を測る一つの指標とされる人間開発指数（二〇二一年）で見ると（図1－5）、東アジアでは首位の香港に次いで第二位（世界全体でも五位）であり、ここにも国の豊かさが滲《にじ》み出てくる。

ミドルパワーの発想は、人口規模や軍事力で見る限り大きな国ではないが、経済的にはきわめて豊かで教育レベルも高く、紛れもない先進国であるとの事実から、国際社会においてどのような役割を演じることができるのか、という問題意識から出発している。つまり知力と経済力はあるにせよ、総合的な国力が十分ではないとの限界を前に、紡ぎ出された国家構想であった。大国や小国が手掛けられない、もしくは手掛けたくない国際問題、さらにこうした国々が対応できない外交問題に、積極的に参加するとの外交政策に結びついていく。

農業の輸出国グループを提案してケアンズ・グループ（CG）を結成したり、アジア太平洋経済協力会議（APEC）やAPEC非公式首脳会議の創設を提案したのは、オーストラリアであった。カンボジア内戦や東ティモール内戦を終結させ、和平プロセスを構築していく外交イニシアチブを発揮したのも、オーストラリアであった。ややグローバルな視点から推進した外交としては、南極大陸の世界公園化構想、包括的核実験禁止条約（CTBT）を発効させるために設置したキャンベラ委員会などがある。

こうした実例を通じて浮かび上がるミドルパワー外交とは結局、国際社会で隙間《すきま》（ニッチ）を発見し、この間を埋めていく外交にほかならない。国際社会でのアイデンティティ確立は、ベンチャー精神をもつミドルパワー国家として一九八〇年代後半に、ようやく実現していった。そして、最も目覚ましい外交成果を上げられた晴れがましい舞台は、東アジア地域に軸足を置いたアジア太平洋地域であった。

東アジア世界との接触によって、オーストラリアは真新しいキャンバスに、自画像を一筆一筆ゆっくりと描き、徐々にアイデンティティを明確にすることができたのである。ベンチャー精神にあふれた中企業国家像が浮かび上がることになる。

社会革命としての多文化政策

オーストラリア社会はイギリスに対して独立革命を起こさなかったが、国内社会で静かな革命を経験している。おそらく大半のオーストラリア国民でさえ、革命としては自覚していないことであるが、社会革命と呼ぶにふさわしい。それは移民政策における革命である。かつて白豪《はくごう》主義を喧伝《けんでん》した国家が、現在では多文化主義（マルチカルチャリズム）を標榜する国家へと変貌を遂げるなど、国家の将来像と価値観を、根本的に修正したからである。こうした革命は、一九七〇年代から一九八〇年代にかけて徐々に進行したものであり、多文化政策導入の革命記念日はない。

現在、オーストラリア社会に占めるアジア系人口は四〇〇万人を超えており、総人口に占める比率は一七・四％に迫る（二〇二一年国勢調査「祖先として意識している民族」）。この比率は今後高まることがあっても、低下することはまず考えられない。白豪政策に逆戻りし、オーストラリア国内でのアジア系移民社会の人口増加率を抑制しない限り、アジア系移民社会はゆっくりながらも、着実に拡大していく。

世界を見渡して、オーストラリアほど移民政策を劇的に転換させた国はない。そして白豪政策と多文化政策のいずれもが、オーストラリア国民が自画像をどのように描き、そして国家アイデンティティをどのように確立するかという、きわめて根源的な問題を提起していることに注目すべきであろう。ここに言う多文化主義とは、非白人（有色人種）のアジア人を受け入れるということであり、白人至上主義の移民政策を放棄して、アジア人を主体とした非白人の移民を合法化するという意味である。

もともとオーストラリア社会は、イギリス本土やヨーロッパ大陸を出身地域に、さまざまな民族集団から多種多様な文化を背負った移民によって形成された社会であった。イギリス人、アイルランド人、ドイツ人、イタリア人、ギリシャ人、ポーランド人、かつてのユーゴスラビア人など、同じヨーロッパ人でも顔かたち、言語、生活習慣、食文化を異にする多様なヨーロッパ人によって、建設されてきた長い歴史をもつ。ギリシャ人が隅々まで入り込んだメルボルンは、ギリシャ人社会の大きさではアテネに次ぐ規模であるし、イタリア人社会もシドニーとメルボルンに根を下ろしている。最初のギリシャ人が流入したのが一八三〇年頃であり、ゴールド・ラッシュ時代の一八五〇年代に一攫千金《いっかくせんきん》の夢を見て大挙訪れたのが、イタリア人労働者であった。

一八六一年当時のオーストラリア社会では、イギリス・アイルランド系移民は七八％しか占めておらず、他の二二％は非イギリス系ということになる。そのなかで最大勢力は、先住民のアボリジニであった。図1‐6はアボリジニを民族構成比に算入しているが、こうした統計処理の方法は最近見られる現象だ。アボリジニが国民として認められ、国勢調査の対象になったのは一九六七年以降であり、それ以前は、民族構成比でアボリジニを計算に入れないのが一般的であった。このため長い間、人口統計では白人比率が常に一〇〇％に近い状態が生まれることになった。

一八六一年の民族構成では、北欧・西欧・南欧・東欧で分類されたヨーロッパ大陸出身者（五・一％）と、アジア地域出身者（三・一％）を合計すると、すでに八％を超える多民族集団が生まれていたことに気づく。二〇世紀になると、アジア系出身者は移住制限によって激減することになり、オーストラリア社会におけるイギリス・ヨーロッパ系比率は急速に高く

	1861年	1947	1988	2025
イギリス／アイルランド	78.2	89.8	74.6	62.3
北欧／西欧	4.7	5.7	7.3	5.8
南欧	0.2	1.5	7.4	5.9
東欧	0.2	0.6	3.9	3.6
西アジア／北アフリカ	0.01	0.12	1.4	4.1
南アジア	0.2	0.1	0.6	2.2
北東アジア／東南アジア	2.9	0.3	2.6	13.3
アメリカ	0.0	0.01	0.04	0.04
アフリカ	0.02	0.02	0.12	0.07
ポリネシア	0.04	0.07	0.40	0.91
アボリジニ／トレス諸島民	13.4	0.8	1.0	1.6
総人口	134万8100	764万400	1630万	2205万4800

図1－6　**オーストラリアの民族構成比**（植民地時代から1988年までは実数値，2025年は1998年当時の予測値，％）

なる。一九四七年には、イギリス・ヨーロッパ系が九八％を占めるまでになった。

このようにオーストラリア社会は、すでに一九世紀から多文化状況にあった。この意味で、ヨーロッパ大陸を出身地とする白人主体の多文化主義は、およそ一五〇年以上続いてきたわけで、ことさら多文化政策の導入を革命であると強調する必要はない、との異論も寄せられるであろう。

しかしながら一九七〇年代にはじまり、八〇年代に加速されていったインドシナ難民、とりわけベトナム難民の受け入れと、これに続くアジア系移民社会の成立は、ヨーロッパ系白人社会が遭遇した初めての異文化体験であり、価値観の異質性を受け入れた決断は、革命的な性格を帯びていたと表現しても過言ではない。七二年に誕生したウィットラム労働党政権で多文化主義の種が蒔《ま》かれ、続くフレーザー保守系政権でベトナム難民の大量受け入れ現象が七〇年代後半に発生し、ベトナム難民社会がオーストラリア国内に出現したという現実に対する答えが、八三年にはじまるホーク＝キーティング労働党政権における多文化政策の積極的な推進であった。

英語教育

オーストラリアの移民政策は、常にアメリカを先例に、アメリカが直面したさまざまな社会問題と教訓を学んで立案されてきた。オーストラリア社会にアフリカ系黒人の集団がほとんど存在しないことも、その一例である。アメリカが経験したような問題を繰り返したくない、というのがオーストラリアの本音である。西オーストラリアには小さな黒人社会があるが、これはきわめて例外的だ。

多文化政策といっても、オーストラリアとアメリカは同じではない。決定的に異なる点は、英語教育である。コミュニケーション言語としての英語教育をめぐって、両国は異なった方向性を模索した。

アメリカは南部プランテーションの開発にアフリカから多数の黒人奴隷を導入したため、建国当初から多民族問題を抱え、多文化状況を自らつくりあげていった国である。北東部には巨大なヨーロッパ系多文化社会が建設され、南部は巨大なブラック社会がプランテーションに築かれるなど、アメリカは一つの国のなかでダイナミックな多民族性と多文化性を内包してきた歴史をもつ。

二〇世紀後半には、隣国のメキシコやカリブ海諸島から無数の移民・難民・密入国者が入り込み、国内で公用語の英語が通用しない状況が発生し、共通の社会・文化基盤を喪失した非英語地域が、カリフォルニア州南部やフロリダ州で出現するようになった。本来であれば、すべてのアメリカ人は共通語、公用語としての英語を習得することが望ましいが、アメリカ政府は英語教育による英語コミュニケーションの推進を、財政的に放棄せざるをえなかった。メキシコやカリブ海諸島からの移民・難民・密入国者は、とりわけ都市部で貧困層を形成し、社会不安の原因ともなっていった。この結果、都市犯罪の急増現象が顕在化したのである。

これに対してオーストラリアは、英語を共通語とした多文化政策を実施し、移民や難民に対しても補助金を投入して、英語教育を推進してきた。一つの社会を維持する上で、共通言語は喪失すべきではないというのが、政府の立場である。英語を社会生活の基盤として、異なる民族がお互いの文化・習慣・言語を尊重する多民族社会を認め合い、そして多文化社会を建設するという政策である。アメリカのように世界を魅了するダイナミズムは持ち合わせていないが、アメリカの多民族社会が内包する深刻な都市犯罪も存在しない社会が、オーストラリアということになる。

多文化政策の背後

オーストラリア人がただ単に、善意に満ちた暖かい心をもつ国民であるから、アジア人に開かれた多文化政策を導入したわけではない。多文化政策に踏み切らざるをえない状況が発生するとともに、将来を見据えたとき、白豪政策の堅持が国益にとってマイナスであるばかりでなく、東アジア地域（北東アジア・東南アジア）を有望な貿易市場に定めた国の生存戦略にとって、致命的な障害になるとの判断が生まれたためである。いずれの政府も国家政策の立案には、なんらかの合理性を求めるものである。多文化政策が打ち出された最大の要因は、国内に巨大なアジア系移民・難民の社会が出現してしまったという、既成事実である。連邦政府の意識的な政策誘導によって、アジア系移民・難民の社会が出現したわけではない。アジア系多文化社会誕生の背景要因は第6章で検討するものの、ここでは以下の三点を指摘するに止《とど》めておきたい。

第一点は、ベトナム難民に代表されるインドシナ難民の大量受け入れを、国際社会から迫られたという局面である。とりわけ東南アジア諸国連合（ASEAN）からの強い外交圧力にさらされ、ベトナム難民を受け入れざるをえなくなった。

第二に白人のヨーロッパ系移民の受け入れに能力主義を導入し、水準の低い白人移民を振るい落とす新しい移民選別方式（ポイント・システム）を導入したことだ。この副産物として、優秀なアジア系移民が高いポイント（点数）を獲得し、移民として入国する流れが定着したことである。

第三に、南欧や東欧を出身地にもつヨーロッパ系移民の要望で、人道的な観点から家族呼び寄せ制度を採用したものの、この制度を最も活用したのは、家族集団主義の伝統をもつアジア系移民やベトナム難民であった。こうした三つの背景要因が重なり合って、一九七〇年代の後半から、大量のアジア系移民・難民が押し寄せることになったのである。

アジア系移民・難民の増大メカニズムが機能している間に、オーストラリアが遭遇した新たな問題は、東南アジア諸国が長年抱いてきた豪州イメージであった。ベトナム難民問題が発生したとき、シンガポールのリー・クアンユー首相やマレーシアのマハティール首相が、オーストラリアを再三にわたって批判した言葉は白豪主義であった。とりわけ東南アジア諸国の豪州イメージを根本的に転換させない限り、国際社会で人種主義者のレッテルを常に貼られつづけるという、危機感を覚えるようになった。雄弁で知られるリー首相やマハティール首相は、巧みな言葉で先進国を批判する天才的な政治家であり、オーストラリアは十分その標的にされる危険性に直面していたと言えよう。

これに加えて、オーストラリアの貿易が東アジア地域を中心に進展しているとの現状認識から、歴史的に東アジア諸国が抱いてきた白豪主義という悪いイメージを、根底から払拭《ふっしょく》する必要にも迫られるようになった。現在、オーストラリアの輸出貿易で東アジア地域は七割を超えており、白豪主義に決別したとの革新的なイメージづくりが求められたのである。そして模索の末、ようやく到達した答えが多文化政策であった。

結局オーストラリアは、多文化政策という名の社会革命に踏み切らざるをえない状況に置かれ、白豪社会という伝統的な自画像を捨て去り、多文化社会という新たな自画像を描きはじめたのである。伝統と未来の相克に、現在のオーストラリアは身を置いている。

コラム1　ウルル（エアーズロック）

オーストラリアには数多くの世界遺産が存在するが、北部準州にある巨大な一枚岩「ウルル（英語名エアーズロック）」を擁する「ウルル＝カタ・ジュタ国立公園」もその一つだ。一九八七年に「自然遺産」として世界遺産に登録され、一九九四年には先住民アボリジニの文化遺産としての価値も認められて「複合遺産」となった。岩石に含まれる鉄分が錆《さ》びて褐色化した一枚岩は、太陽光を浴びて独特な赤色を発し、神秘的な姿を見せてくれる。

オーストラリア大陸のほぼ中央に位置し、飛行機がウルル上空を通過する際に窓から目視できるほどの巨大さである。五億年前頃の山脈が長い年月をかけて現在のような形になったとされ、神聖な場所としてあがめられてきた。ガイドブックで「世界最大の一枚岩」と紹介されていることも多いが、実は西オーストラリア州の一枚岩「バリングラ（英語名マウント・オーガスタス）」が世界最大で、その面積は約四八〇〇ヘクタールとウルルのおよそ二倍である。

ウルルはオーストラリア屈指の観光名所であり、訪問客の中にはウルルに登山する者

ウルルの全景

も少なからずいた。しかし、登山は現地のアボリジニにとって聖地への冒瀆《ぼうとく》に等しく、長年にわたり登山禁止を政府に訴えてきた。先住民への敬意、さらには登山に伴う事故の防止、環境保護などの観点から、二〇一九年一〇月に、登山が全面的に禁止されることになった。しかしそれがかえって話題となり、前夜まで観光客であふれかえり、ゴミが散乱する光景が見られた。

ウルルへの観光拠点は、約四五〇キロ離れたアリススプリングズである。白人社会とアボリジニが生活空間を共有する町として、大きな特色をもつ。「アリス」という名前は、天文学者チャールズ・トッドの夫人アリスに由来する。イギリス出身のトッドは、南オーストラリア植民地政府の郵便電信大臣に就任し、北部地域の中心地ダーウィンから南オーストラリアの都アデレードまでを結ぶ大陸縦断電信網（約二九〇〇キロ）を開通した人物として知られる（一八七二年）。

第2章　理想社会の建設――白豪主義とアジア系労働者問題

1　白豪主義の国

白豪とは何か

オーストラリアは、白豪主義の国として知られてきた。白豪とは「白いオーストラリア」、具体的には「白人のためのオーストラリア」で、白人を構成員とするイギリス系社会を建設するという意味である。世界史を振り返ってみても、人種差別政策を国家政策として初めて導入した国であり、これゆえにオーストラリアは、人種差別国家として知られるようになった。

白人主体の人種差別的な政策は、なにもオーストラリアに特有なものではなく、実はニュージーランドやカナダなど、イギリス系白人植民地に共通した発想であった。しかし人種差別を法制化した白豪政策が、国家建設にとって最も重要な国策であると強調し、あらゆるメディアを通じて主張してきた国が、オーストラリアであった。

白豪主義や白豪政策という言葉は、決して法律用語ではなく、あくまで政治家やメディアが使用した通称である。白豪政策を可能にした法律は、移住制限法（一九〇一年）と呼ばれる。日本では移民制限法として表記されているが、これは永住と定住を目的に入国する行為を制限した法律であり、正確に訳すと移住制限法となる。移住制限法は一九〇一年に突然生まれたものではない。植民地はそれぞれ独自の判断で、一九世紀後半に中国人排斥法や有色人種排斥法を制定しており、移住制限法はこれらの植民地法を一本化し、より洗練されたものにまとめ上げたものだ。すべては一九世紀に、問題の出発点を探し求めることができる。

ではなぜ、白豪政策という強烈な名称の国家政策を導入しなければならなかったのであろうか。現代から見れば、人種差別の代名詞として批判を免れないにせよ、当時のオーストラリア人にとって、それは自己防衛のための本能的な対策であった。小さな白人社会を形成しはじめたオーストラリアでは、中国人に代表されるアジア系外国人労働者が急速に増加し、社会的脅威を形成するまでになっていた。

当時、訪れる観光客はなく、入国する者は移民として永住する白人グループか、数年の契約で単純労働者として入国する非白人（有色人種）の労働者であった。有色人種とは一般にアジア人のことであり、主流は中国人であった。現在、有色人種という言葉は差別用語であるとして使用せず、非白人という用語が一般的となっているが、本書の歴史記述では当時の慣行に従って、あえてこの言葉を使っている。一九世紀の法律そのものが、有色人種制限法という名称であり、非白人という現代的な用語を使うことによって、混乱することを避けるためでもある。第二次世界大戦が終了するまでは、有色人種という用語が頻繁に使われていた。

中国人は移民としてではなく、あくまで単純労働を目的とした「契約労働者」として入国したに過ぎない。日本では、オーストラリアはアジア系移民を締め出したと広く理解されているが、その実態はあくまで「契約労働者」である。しかし時間の経過とともに都市近郊では中国人が雑貨業、洗濯業、家具製造、小規模農業を営むようになり、急速に定住化が進むことになった。植民地時代は、定住化を阻止する法律も未整備であったため、シドニーやメルボルンを中心に、中国人社会が既成事実化していった。中南米やアフリカからの労働移動は皆無であり、労働移動はアジア地域や南太平洋からの流れにほぼ限定されていた。主役は、中国人、日本人、インド人、そして南太平洋のカナカ人だ。

アジア系労働者の大量流入現象と、中国人の定住化を前に、大多数のオーストラリア人が

図2－1　バートン首相

合意できた解決策が、アジア人を主体とする有色人種の締め出しであり、その結果として白豪社会を実現することであった。これがオーストラリアにとっての理想社会であり、そのために連邦国家の建設が模索された。これらアジア系外国人労働者の入国を、原則として禁止した法律が、第一回連邦議会で可決された移住制限法である。

移住制限法の成立

一九〇一年一月一日にオーストラリア連邦が成立し、連邦議会が初めて取り組んだのが、移住制限法案であった。八月に初代首相エドモンド・バートン（在任一九〇一年一月〜〇三年九月）によって上程され、「有色人種問題」に関する広範な議論を経て、満場一致で可決された後、一二月二三日に連邦総督によって承認された。移住制限法は以後、半世紀以上も生命を保ちつづけ、アジア系の労働者や移民希望者を合法的に排除する役割を果たした。

連邦議会にとっての「有色人種問題」とは、おもに中国人、日本人、インド人、カナカ人をめぐる問題のことである。中国人は巨大なプレゼンスが問題で、日本人は優秀であるがゆえに脅威で、カナカ人は奴隷制の観点から問題が指摘された。結局、有色人種をすべて締め出すという結論は同じでも、民族ごとに問題の特性があった。インド人に関する議論は最も低調であったが、これは中国人、日本人、カナカ人をめぐる議論が先行し、相対的にインド人問題の重要性が低くなったためである。

奴隷制の廃止

後述するように、一九世紀のオーストラリアでは、ある種の奴隷制が機能していた。ソロモン諸島やニューヘブリデス（現在のバヌアツ）から多数のカナカ人を調達し、クイーンズランドの砂糖きびプランテーションで、労働に従事させることが日常化していた時代がある。しかし有色人種を活用した奴隷制を機能させてはならないとの政治判断から、連邦議会の討議でもカナカ人を導入することに、反対の意見が大勢を占めた。植民地時代の奴隷制は、ここに終焉《しゅうえん》を迎えることになった。移住制限法は有色人種の入国を原則禁止した結果、その副産物として太平洋諸島労働者法（一九〇一年）も同時に制定することになり、奴隷制に終止符を打つことも可能にした。奴隷制の廃止という意味で、移住制限法と太平洋諸島労働者法は、画期的な法律であった。

アジア人拒否のメカニズム

移住制限法によって、いったいどのようにアジア人の流入を阻止できたのであろうか。入国審査のメカニズムは、きわめて単純で明快であった。白人は無審査で入国でき、有色人種は入国を拒否される。有色人種であるとの理由から拒否するのではなく、教育程度の有無を入国資格の条件にした。アジア人などの有色人種は語学の書き取りテスト（ディクテーション）が課され、ほぼ全員が不合格になるというメカニズムである。

書き取りテストは英語ではなく、ヨーロッパ語に指定されており、五〇語の設問が用意されていた。たとえばフランス語が堪能なアジア人が受験すればドイツ語で試験を行い、フランス語とドイツ語が得意であれば、イタリア語やスペイン語の試験問題を提出するというふうであった。書き取りテスト用の言語は、ヨーロッパ大陸の少数言語を含めて数種類が用意され、高学歴のアジア系労働者でさえ、必ず不合格にできるシステムを構築していた。

建前の上では、書き取りテストに合格しさえすれば入国できる可能性があっても、現実的には不可能であった。こうした入国規制を国家政策として導入したため、白豪政策は悪名高い人種差別政策の代名詞となった。

皮膚の色で入国者を選別する人種差別方式は、植民地を統治する上で摩擦を起こすため、教育の程度で選別（＝差別）することを、イギリスは南部アフリカのナタール植民地で一八

	中国人		日本人		インド人	
	人数	男性比率	人数	男性比率	人数	男性比率
1901年	30,542	98	3,554	93	4,681	99
1911年	22,753	96	3,489	94	3,653	96
1921年	17,157	93	2,740	93	3,150	94
1947年	9,144	72	157	62	2,189	92

図2－2　アジア系人口の推移

九七年にはじめた。洗練された手法で、しかも合法的に有色人種を差別するナタール方式の誕生であった。この方式をオーストラリアに提案したのが、イギリス植民地相ジョセフ・チェンバレンであり、移住制限法は、ナタール方式そのものを採用した。語学の書き取りテストが廃止されたのは、一九五八年である。ナタール方式の採用から、およそ半世紀以上の時が流れていた。

裕福なアジア人は例外

白豪主義を導入したとしても、連邦政府はアジア人に門戸を完全に閉じたわけではない。どの国にも、例外は存在する。では、どういうタイプのアジア人が、例外の恩恵に浴したのであろうか。資金力、技術力、そして人柄である。人柄だけではだめで、資金力か技術力に裏打ちされていることが必要であった。

二〇世紀前半におけるアジア人居住者数のピークは、白豪政策が導入される直前の一九〇一年である（図2－2）。いずれのアジア人も、これから半世紀以上にわたって居住者数は減少しつづけた。一九〇一年に三万五四二人であった中国人の居住者数は、二一年に一万七一五七人に、そして四七年には一万人を割って九一四四人へと激減した。日本人も三五五四人（一九〇一年）から二七四〇人（一九二一年）へ、さらに一五七人（一九四七年）へと急落した。原因は、第二次世界大戦で日本とオーストラリアが交戦国になったためである。最も減少率が低かったのがインド人で、四六八一人（一九〇一年）から三一五〇人（一九二一年）へと緩やかに減少し、二一八九人（一九四七年）の高水準を維持できた。

このように減少の一途であったが、ゼロではなかった。アジア人は常に存在したのであり、出国して再入国することも許された。こうした人たちは、いずれもオーストラリアにとって経済的にメリットのある人たちである。豊富な資金をもつ資産家、輸出に貢献する貿易商社、高度な技術をもつ専門家に大別することができる。日豪貿易に活躍した兼松《かねまつ》商店（後の兼松江商《ごうしょう》、一九九〇年兼松へ名称変更）は貿易商社であり、和歌山県から渡航した多くの真珠貝採取のダイバーは、技術者であったことを想起すればよい。

入国を許可されたアジア人は大半が男性であり、女性はきわめて少ない。その理由は明白であった。子供が生まれ、アジア人が自然増加するメカニズムをつくらせないためである。一九世紀から二〇世紀前半のオーストラリアでは、白人夫婦が子供を五～六人もつことが一般的であった。アジア人は、白人よりさらに大規模な家族を形成する可能性が高いと恐れられたため、渡航も単身者に限定されていた。ごく少数の裕福な人や技術専門家が、妻帯を許されたということだ。

最も受け入れ基準が甘かったのは日本人であり、次いでインド人、最後に中国人であった。中国人は最大のアジア社会を形成していたばかりでなく、貧富の差や教育程度の幅も大きく、単純労働者の人数が最も多かったからである。当時、オーストラリアやイギリスの商船で下働きをしていたのは中国人であり、中国人船員はシドニー港やメルボルン港へ頻繁に立ち寄っていたため、税関の指導で中国人船員に対しては身分証明書（写真付）の携帯と、指紋の押捺《おうなつ》を義務づけた。こうした条件は、日本人とインド人には適用されない。つまり中国人船員をめぐる密入国問題が、税関において日常化していたことを意味する。

なぜ中国人は標的になったのか

白豪主義は、おもに中国人を標的にしたものだ。反有色人種や反アジア人運動は、そのまま反中国人に置き換えてもよいほど、対象は限定されていた。中国人排斥運動の周辺にインド人、日本人、カナカ人などの有色人種が存在したに過ぎない。その意味で、中国人排斥のプロセスを理解しておく必要がある。一九世紀に見られるプロセスは、三段階に分類することができる。第一段階は経済的要因であり、第二段階は社会的局面へと移行し、第三段階は政治的レベルでの対応である。

(1)経済的要因――中国人の存在を最初に脅威と感じたグループは、白人のブルーカラーであった。中国人が低賃金で金鉱開発に従事したため、同業種に属する白人の賃金水準が大幅に低下したからである。この段階における中国人排斥の原因は、貧しい白人（プア・ホワイト）が出現したことであり、すぐれて経済的な要因に求めることができる。一八七〇年代から八〇年代にかけて、中国人の雇用は多様化し、問題も複雑化する。

一八七八年に大規模な船員ストライキが発生したが、オーストラレイシアン汽船会社（ASN）が中国人を船員として雇用したことが背景にある。イギリスやアメリカの汽船会社が国際競争を展開し、オーストラリア航路もその例外ではなかった。汽船会社が国際競争力を獲得する手段として、中国人船員に目をつけた。当時、かま焚《た》きを担当する白人船員の給料は月給六ポンドであった。これに対して中国人は半分以下の二・七五ポンドで済んだのである。

同社はシドニーを拠点に、メルボルンやブリスベンなど東部沿岸に定期航路を走らせ、ニュージーランド、ニューカレドニア、フィジーにも航路を開設していた。郵便業務にも携わったため、ニューサウスウェールズとクイーンズランドの両植民地政府から補助金の支給を受けるなど、有力な汽船会社であった。一八七八年に香港ルートを開設した際、香港で中国人船員を調達し、その船員を乗船させて帰国した。白人の職場が奪われたことは明らかであった。船員組合による初めての大規模ストライキが組織され、定期航路はマヒ状態に陥ることになった。

大量の中国人を雇用して、富を蓄積した資本家や企業経営者がいる一方で、中国人に職場を奪われた白人労働者が存在することを、決して忘れてはならない。なぜなら失業した白人が、中国人排斥の急先鋒として登場したのであり、白豪主義に対する最も熱心な信奉者となったからである。こうした白人労働者にとって、中国人の拒否はアジア系労働者への全面拒否を意味するものであり、そこには議論の余地がまったくなかった。

後述するように、アフガン人のラクダ使いに対しても同様の労働争議が起こった。内陸の運送業にアフガン人がラクダとともに参入し、これによって白人の馬車業者は収益が大幅に低下し、従業員の削減を迫られることになった。乾燥した砂漠地帯の運送業務で、白人の馬車はアフガン人のラクダに勝てるはずがなかった。これらはほんの一例で、アジア系労働者問題は程度の差こそあれ、オーストラリア全土で発生したと言っても過言ではない。

⑵社会的要因——社会的要因とは、中国人の存在に対してオーストラリア社会が拒否反応を示したことを意味する。中国人は、限られた地域に密集して居住するパターンを示していたため、金鉱付近の小さな地方都市では、白人比率を上回る現象が発生していた。生活態度

や食文化も異なっていたため、オーストラリア人は次第に拒否反応を示すようになり、中国人の存在そのものが社会問題として認識されるようになった。さらに天然痘《てんねんとう》の保菌者が含まれていたため、中国人を病原体と見なす風潮も生まれた。天然痘はシドニーの白人貧民街でも発生したウイルス性伝染病であったが、中国人が槍玉《やりだま》に上げられた。

当時の風刺画では、アヘンを吸引する辮髪《べんぱつ》姿の中国人が、徒党を組んでオーストラリア社会を闊歩《かっぽ》する様子が描かれるなど、社会的に許されるべきではないとのメッセージを読み取ることができる。ちょうど人間の体が異物に対して拒否反応を示すのと同様に、白人社会は黄色人種のプレゼンスに嫌悪感を抱くようになった。この段階で経済論理を超えた社会運動へと変質し、白豪主義が共通の価値観として広く受け入れられるようになったのである。

(3)政治的要因——最終段階として、政治的要因が登場する。理想とした白人社会の自画像が、中国人労働者によって踏みにじられ、理想社会の建設計画に致命的な障害となるのではないかとの恐怖感が、白人社会に広く共有されることになる。白人のブルーカラー賃金水準を低下させたという点で、中国人が経済問題を起こし、さらに社会的にも許容できない民族であるとのコンセンサスが生まれたことで、政治的対応が模索された。中国人問題は、白人どうしの連帯感を芽生えさせる起爆剤へと転化し、白人社会の大衆運動として白豪主義が蔓《まん》延《えん》することになる。各地の植民地議会では中国人排斥の立法作業に着手し、中国人制限法や

1855年	ビクトリア，移民に関する条項を制定する法
1857年	南オーストラリア，移民規制法
1861年	ニューサウスウェールズ，中国人規制法
1877年	クイーンズランド，中国人移住制限法
	クイーンズランド，金鉱地修正法（英国は却下）
1881年	南オーストラリア，中国人移住制限法
	ビクトリア，中国人移民の地位に関する法令修正法
1884年	西オーストラリア，輸入労働登録法（金鉱地での中国人就労を禁止）
1886年	西オーストラリア，金鉱地法
	西オーストラリア，中国人移住制限法
1888年	ニューサウスウェールズ，中国人規制・統制法
	南オーストラリア，中国人移住制限法
	ビクトリア，中国人移住制限法
1889年	西オーストラリア，中国人移住制限法
1890年	クイーンズランド，中国人移住制限法修正法
1892年	西オーストラリア，金鉱地法修正法
1896年	オーストラリア植民地会議で有色人種制限法の制定に合意
	ニューサウスウェールズ，南オーストラリア，タスマニアの議会で各々，有色人種制限法を可決（英国は却下，翌年ナタール方式を提案）
1897年	ロンドンで英帝国植民地会議，チェンバレン植民地相はナタール方式を提案
	西オーストラリア，ナタール方式の移住制限法
1898年	ニューサウスウェールズ，ナタール方式の移住制限法
1899年	タスマニア，ナタール方式の移住制限法
1901年	オーストラリア連邦成立
	第1回連邦議会で移住制限法制定．太平洋諸島労働者法制定

図2－3　**中国人および有色人種規制の法律**

有色人種制限法を個別に制定していった（図2‐3）。

こうした白人社会の連帯感が、隣接する植民地の垣根を飛び越えて醸成され、連邦運動の推進力となり、最終的には連邦国家の建設という政治意志に収斂《しゅうれん》していった。その帰結が、植民地の法律を一本化した移住制限法の制定（一九〇一年）であった。

2　外国人労働者の流入――中国人、日本人、インド人、カナカ人

中国人流入の背景――一九世紀の国際労働移動

なぜ一九世紀の新大陸で、これほどまでに中国人が増えてしまったのであろうか。最大の理由は、奴隷制の廃止である。英帝国内における奴隷制は、一八三三年に終わりを告げるとともに、東インド会社による中国貿易の独占権も廃止された。これで中国市場への自由な参入が、イギリス民間企業によって可能となった。アメリカは一八六三年の奴隷解放宣言に伴い、奴隷制を廃止している。さらにイギリス本国の犯罪者を海外の流刑地に送り込む制度も、一八四〇年代に中止されるなど、いずれの新大陸でも新規の労働力が、絶対的に不足していった。

こうして新大陸における労働力不足を解消する手段として、中国人が活用されることになった。広く知られている金鉱開発のほか、さまざまな分野で、大量の中国人が動員された。

第二次アヘン戦争（一八五六～六〇年）とも呼ばれるアロー号事件で、中国はイギリスとフランスを相手に戦ったものの、敗北によって一八六〇年に北京《ペキン》条約を締結する。北京条約には、外国のエージェントが条約港を足場に、中国人労働者を雇用する権利を公式に認めた条項が挿入されており、これを根拠にイギリスの商社や船会社は、合法的に、しかも大量の中国人をオーストラリア、アメリカ、カナダに送り込むことが可能となった。

一九世紀のアジア太平洋地域では、中国を起点に労働移動が絶え間なく加速されていった。一八五〇年前後にオーストラリアとアメリカで相次いで金鉱が発見され、ゴールド・ラッシュの時代を迎えることになる。アメリカがそうであったように、金鉱開発のためにオーストラリアでも、資本家や開発業者が、低いコストで金鉱開発を進めるための手段として、中国人労働者を組織的に導入することを模索していた。

このためイギリスやアメリカの船会社、貿易商社、人材派遣業者が拠点をもっていた香港、マカオ、厦門《アモイ》から、おびただしい数の中国人労働者が苦力《クーリー》として、オーストラリアとアメリカに派遣された。イギリス系ではジャーディン・マセソン商会、ジョン・スワイア商会、グラバー商会、P&O汽船会社が代表的エージェントであり、アメリカ系では上海《シャンハイ》を拠点にしていたラッセル商会などが、大きな役割を演じた。とりわけ一八三二年に広州《こうしゅう》で設立されたジャーディン・マセソン商会は、一八四一年に香港へ本社を移転した後、中国でのアヘン貿易を独占した商社として知られる。

中国の主要貿易港では、欧米商社の代理店がしのぎを削って営業活動を展開していたのである。イギリス系エージェントを通じて香港、マカオ、厦門から輸送船に乗り込んだ中国人労働者は、おもにオーストラリア東海岸に投入されたが、西オーストラリアへの労働者は、地理的にも近いシンガポールから送られることもあった。

チャイナ・タウン

国際的な労働移動は、食文化の移動でもある。中国人の大半が、現在の広東《カントン》省の出身者で占められていたため、オーストラリアやアメリカで建設された中国人街（チャイナ・タウン）の食文化は、必然的に広東料理が主流となった。もちろん福建《ふっけん》出身の中国人も多数いたが、主流は広東だった。オーストラリアではシドニー、メルボルン、ブリスベンに中国人街が生まれ、アメリカではサンフランシスコ、ロサンジェルス、ニューヨークに、そしてイギリスではロンドン中心部のピカデリーサーカスに、フランスでもパリ市内に大きな中国人街が次々と建設されていった。

イギリスとフランスにおける中国人は、オーストラリアや北米のように、金鉱開発に関連して一九世紀に契約労働者として渡欧したのではない。ロンドンの中国人社会は、上海出身の船員を母体に発生したものであり、一方パリの中国人社会は、第一次世界大戦に伴う労働力不足を補うために、現在の山東省《さんとう》から動員された苦力が建設した歴史をもつ。広東料理を基盤とするシドニーの中国人街に、北京の食文化が本格的に持ち込まれるようになったのは、ようやく一九八〇年代になってからであり、現在でも主流は広東である。

シドニー中心部で最も賑やかな界隈《かいわい》であったチャイナ・タウンも、時代の変化にさらされている。隣接地区の大規模再開発によって人の流れが変わり、これまでの活気が失われつつある。また中国系移民の二世、三世はホワイトカラーの仕事を好んで、家業を継ぐのを嫌い、後継者問題が深刻になっているという。そして決定打となったのが新型コロナウイルス感染症拡大であった。多くの店が閉店を余儀なくされ、空き店舗が目立つようになった。二〇二一年には、チャイナ・タウンの「顔」として多くの人々に愛されてきた飲茶《ヤムチャ》レストラン「マリーゴールド」が創業三九年の歴史に幕を閉じた。いまや隣接地区にコリア・タウンやタイ・タウンが生まれ、チャイナ・タウンは「アジア・タウン」へと変貌を遂げていると言えよう。

移民ではなく、契約労働者

人種差別的な白豪政策によって、アジア系移民は締め出されたと一般に言われているが、本当に締め出されたのはアジア系外国人労働者であり、移民ではない。アジア系外国人労働者とは、現代の日本が直面している外国人労働者のイメージに近い。移民資格者としてアジア人を受け入れはじめたのは、一九七〇年代から八〇年代にかけてであり、それ以前におけるアジア系移民の入国問題は、実態としては存在していない。移民や外国人労働者は、おもに経済的な動機をもつ。移民は、定住や永住を前提としているのに対して、外国人労働者は期間を限定した雇用契約を前提にしており、両者の性格はまったく異なる。

こうしたアジア系外国人労働者は当時「契約労働者」と呼ばれ、中国人の導入にはじまり、インド人、アフガン人、日本人、さらに南太平洋のメラネシア系カナカ人へと広がりを見せた。しかも、こうした契約労働者は、民族ごとに特定産業に振り分けられる傾向があり、一八六〇年代から八〇年代に労働分業が進んだ。

インド人やアフガン人は、アウトバックと呼ばれる内陸の開発を目的に、イギリス植民地であったインド亜大陸から動員された。中国人は金鉱開発に、そして日本人は真珠貝採取と砂糖きびプランテーションに重点的に配備された。またカナカ人は砂糖きびプランテーションに多数雇われている。英領フィジーでは、「オーストラリア帝国主義」の尖兵《せんぺい》として、インド人が砂糖きびプランテーションに活用された。

しかし一九世紀末になると、分業体制は緩やかに崩壊しはじめ、中国人は広範な業種に参入するようになる。かつては金鉱地帯での採掘に限定されていたが、一八九一年になると第一位の就労は野菜栽培であり、鉱山開発は第二位に転落している。図2－4からも理解できるように、多数の中国人は定住化に伴い、労働の多様化を積極的に模索し、富の蓄積に着手しはじめたのである。中国人にとって資金こそが、すべてのパワーの源泉であり、生存のための唯一の手段であった。以下では、民族別の職種と特色について触れることにする。

	1891年	1901年
1．鉱山	1947	1019
2．野菜栽培	3841	3564
3．牧畜従業員	622	469
4．その他農業	1817	353
5．肉体労働者	719	586
6．一般家庭での使用人	792	593
7．ホテル従業員	279	293
8．商人	56	72
9．八百屋	317	650
10．店員	364	290
11．行商人	403	364
12．事務員	215	226
13．家具製造人	347	662
14．洗濯屋	3	68
14業種の中国人数	11722	9209
中国人の給与所得者数	13127	9968

図2－4　ニューサウスウェールズにおける中国人男性の就労形態（人）

ゴールド・ラッシュと中国人労働者

一九世紀のオーストラリアが直面したのは外国人労働者の大量流入という問題であり、さらにその定住化という深刻な社会問題であった。オーストラリアが、インド人やアフガン人、中国人や日本人を純粋に移民として受け入れたことは、原則としてない。ただ、外国人労働者が帰国せず、とりわけ多数の中国人が定住化していったことで、結果的に移民へ変質していったと表現したほうが正確であろう。外国人労働者をめぐって最も大きな関心を集めたのが、この問題であった。

第1章で触れた民族構成比（図1-6）によると、一八六一年に中国人を主体とした北東アジア・東南アジアの出身者は約三万九〇〇〇人で、当時の総人口一三四万八一〇〇人に占める割合は二・九％である。アボリジニを除外した民族構成比では三・三％となる。金鉱発見に沸いたビクトリア植民地では、一八五四年から五八年の五年間に流入した中国人の単純労働者は、四万五〇〇〇人を記録するまでになっていた。

しかし、こうした統計数値はあくまでも全体を把握する目安として理解したほうがよい。たとえば一八六一年の人口統計でも、文献によって一三四万人と一二〇万人の差があり、どの資料を使うかによって数値が異なる。S・カースルズ他『移民とオーストラリア』（英文、一九九八年）によれば一三四万人だが、『オックスフォード・オーストラリア歴史事典』（英文、一九九八年）では一二〇万人となっている。同様にビクトリア植民地における中国人労働者の人数も、前者は一八五八年までの五年間に四万五〇〇〇人が流入したと指摘しているのに対して、後者は一八五八年時点における就労人数を四万人と記録している。このように資料によって数値は異なり、正確な数値を特定するのは難しい。

重要なことは、さまざまな資料を使いながら、当時の状況をある程度把握することであり、本章に限ってみれば、いかに中国人労働者のプレゼンスが大きかったかを理解できればよい。およそ一〇年続いたゴールド・ラッシュの最盛期が過ぎると、中国人労働者の数は下降に転じ、一八七一年には全土で二万八〇〇〇人の規模にまで縮小したと言われている。

金産出額も、オーストラリア全土で年平均が一二〇〇万ポンドであった五〇年代に比較して、八〇年代後半には四〇〇万ポンドにまで減少しており、明らかに金鉱開発現場における中国人労働者への需要は低下した。

しかし全体としては、思ったほど激減していない。これは図2-4（中国人男性の就労形態）で明らかなように、就労の形態が多様化し、市場向けの野菜栽培など農作業に従事する者が、急速に拡大したためである。一八九一年の統計によれば、農業従事者は数の上で鉱山労働者を、すでに凌駕《りょうが》する勢力にまで成長していた。

一攫千金

ゴールド・ラッシュは一八五一年四月、ニューサウスウェールズ植民地のバサースト近郊ではじまった。金鉱採掘業者エドワード・ハーグレーブスは国内で金鉱を発見することができず、一八四九年にいったんは米国カリフォルニアに渡ったものの、ここでも成功しなかったため失意の帰国を余儀なくされた。ところが一八五一年に、カリフォルニアの金鉱によく似た地形とバサースト付近で遭遇したことがきっかけで、初の金鉱を発見する幸運に恵まれたのである。そして金鉱発見のニュースを、わざわざシドニーで公表したことで、一夜にしてゴールド・ラッシュが訪れることになった。

その後、ビクトリア植民地のバララットやベンディゴなどで良質の金鉱床が見つかり、ゴールド・ラッシュは本格化していった。一八五一年末には二万人が金採掘に従事し、メルボルンでは男性人口の五〇%が都市から消えて、熱病に浮かされたように金の採掘現場に足を運んだ。同様に南オーストラリアでも金鉱が発見され、一八五二年になると多数のイギリス人が移民としてオーストラリアを目指すようになった。一八五八年にはビクトリアの金鉱人口は一五万人を記録するまでになり、そのうち七万〜八万人がイギリスからの移民で占められた。そのとき、金鉱採掘業者が目をつけたのが中国人労働者であり、四万人が動員された。

一八五一年から六〇年にわたるゴールド・ラッシュ最盛期に、ビクトリア植民地は二〇〇〇万オンスの金を採掘し、当時、全世界の生産量の約三五%を占めるなど、有数の生産地に発展していた。この間に、人口も七万六〇〇〇人から五四万人へと急増し、オーストラリア総人口の半数を占めるほどに変貌を遂げたのである。これに比べニューサウスウェールズ植民地では、ビクトリアの一〇％に過ぎない二〇〇〇万オンスであり、この差がのちに両植民地の性格と企業経営に大きな影響を与えることになる。

ビクトリアの都メルボルンは、いまでも鉱山開発関連の企業本社が集中するのに対して、ニューサウスウェールズの都シドニーは商業と貿易の中心地である。両者の相違はすでに一九世紀後半に原点を求めることができる。こうした相違は貿易政策においても、前者が保護貿易に傾斜したのに対して、後者は自由貿易を標榜するなど、多大な影響を及ぼした。

メルボルンは人材と資本の両面で、鉱山開発に一貫して中心的な役割を演じたため、鉱山開発に関わる労働者が集い、次第に資本家に対して集団交渉を行う都市としての機能をもつようになった。金鉱開発で成功し、資本家に転身した元鉱夫に対して、現役の鉱夫が集団で交渉する方式は、労働現場における民主主義、平等主義、社会主義の価値を生み出していくきっかけともなった。こうして、資源開発の産業でも労働組合が誕生することになった。

ビクトリア植民地におけるゴールド・ラッシュの最盛期が終わった後も、中国人労働者はオーストラリア全土の主要な開発現場で働き、さらに集団で就労したため、その存在感は常に白人社会に大きなインパクトを与え、次第に社会的脅威として認識されるようになった。一八七〇年代になるとクイーンズランドで、九〇年代には西オーストラリアで、相次いで金鉱が発見されたことで、中国人労働者は全土に拡散することになった。

一八九〇年代は経済不況の時代とも言われ、この時代にニューサウスウェールズやビクトリアから白人の失業者が、一攫千金を夢見て大挙して西オーストラリアの金鉱を目指した。内陸の遠隔地に忽然《こつぜん》と現れたカルグーリーやサザン・クロスはこうして建設された金鉱の町であり、これに伴い中国人労働者もカルグーリーなどへ派遣されることになった。現在、オーストラリアの隅々で営業する中華料理店のなかには、こうした人を祖先にもつ経営者も多い。

真珠貝採取と日本人労働者

日本人は真珠貝採取や砂糖きびプランテーションにおける技術系労働者として、クイーンズランド、西オーストラリア、北部地域（現在の北部準州）にもっぱら派遣されており、地方都市でのプレゼンスはきわめて限定されていた。真珠貝採取はこれら三ヵ所で行われていたが、大規模な砂糖きびプランテーションは、太平洋岸のクイーンズランド東部地域を舞台としていた。日本政府が一八九六年に、オーストラリアで初めての領事館をクイーンズランド北部の町タウンズビルに開設したのは、それほど日本人労働者の数が増加したからである。また羊毛を主体とした貿易が盛んになるに従って、翌年にはシドニーに領事館を設置した。初の領事館を開設した年には六二七人が到着し、翌年には八六二人になるなど、日本人は増加の傾向を示していた（図２－５）。白豪主義が吹き荒れるなかで、クイーンズランドは経済利益の観点から、日本人労働者の受け入れで独自路線を歩みはじめていた。ここで就労していた日本人は、一八九八年一二月に合計三二四七人であったことが判明している。しかし連邦政府による白豪政策の施行を目前に控えて、一九〇一年には二二七〇人へと激減した。日本の外務省やシドニー領事館によって、行政指導が行われたことは言うまでもない。

一九〇一年における日本人労働者の総数はおよそ三五〇〇人で、州別に見るとクイーンズランド二二七〇人、西オーストラリア八七〇人、ニューサウスウェールズ一六〇人であり、中国系人口の約一割に相当する。

明治時代の日本政府には、表向きに国策としての労働輸出はなかった。明治維新直後に官約《かんやく》移民（二国間の取り決めに基づく移民）としてハワイへ渡航した時期を除き、多数の日本人が契約労働者や移民として、政府主導で海外に送り出されたことはない。しかし外貨獲得の目的で、移民会社や日本郵船会社（ＮＹＫ）を通じて、民間主導による労働輸出を実質的に奨励していたことは間違いない。労働輸出を非公式に推進し、日本人労働者を保護する目的があったからこそ、遠隔の地方都市タウンズビルにわざわざ領事館を開設したのである。

1894年	370人	1897年	862人
1895年	5人	1898年	875人
1896年	627人	1899年	189人

図２－５　クイーンズランドへの日本人契約労働者

一八五〇年代のゴールド・ラッシュは、中国人労働者をオーストラリア植民地にもたらしたが、日本からの契約労働者が導入されたのは一八八〇年代から九〇年代にかけてであり、真珠貝採取と砂糖きびプランテーションが開発された時期である。中国人が大量動員されたのに対して、日本人はこれら二つの部門に動員されたため、数も限定されていた。

国家政策として白豪政策が導入された一九〇一年以後も、日本からの契約労働者は細々ながら渡航していた。真珠貝は天然真珠の採取ばかりでなく、採取した白蝶《しろちょうがい》貝そのものも高級ボタンとしてヨーロッパに多数輸出していたため、重要な産業となっていたからである。オーストラリア人潜水夫による真珠貝採取は成功せず、日本からの契約労働者に対する需要が、常に存在したと言えよう。こうした傾向は、第二次世界大戦が勃発《ぼっぱつ》するまで続くことになった。

限定された地域で就労し、さらに永住化という問題も抱えていなかったことから、日本人の契約労働者は、大きな摩擦を起こすことはなかった。もちろん白豪主義の立場から拒否反応はあったし、小さな抗議運動も存在したことは事実である。しかし一九世紀のオーストラリア社会にあって、顕著な排斥論が台頭しなかったことも、また事実である。つまり同じアジア系労働者とは言っても中国人と日本人は明らかに異なったイメージで受け止められていたわけである。

しかし日本人は、技術者や職人として高い評価を獲得することになり、それゆえに白人社会から恐れられることにもなる。将来本格的にオーストラリアへ流入した場合、有力な挑戦者になる可能性があるという点で、次第に潜在的脅威であると見られるようになった。第4章で検討するように、こうした脅威感は、日露戦争（一九〇四〜〇五年）で日本が勝利を収め、軍事大国として認知されたことで、増幅されたことは言うまでもない。労働者としての優秀性に対する社会的脅威感と、大国化した日本への軍事的脅威感が見事に重なり、オーストラリア人に未曽有《みぞう》の危機感を与えることになる。

木曜島とブルーム

かつて司馬《しば》遼太郎《りょうたろう》が小説『木曜島の夜会』で舞台にした木曜島は、クイーンズランド州最北部のトレス海峡にある小さな島で、ここを足場に日本人潜水夫が真珠貝の採取に従事したことで知られる。木曜島という名前は、木曜日に発見されたことに由来する。ヨーク岬半島の最北端から三五キロ沖合にある、南北二キロ、東西三キロのこの島が、イギリスの海図に初めて登場したのは一八五〇年であった。良港ポート・ケネディーに恵まれたため、トレス海峡に点在する島々の商業と行政の中心地となり、真珠貝採取の基地としても発展していった。

トレス海峡の名前は、スペインの海洋探検家ルイス・バエス・デ・トレスが一六〇六年に、オーストラリア北部とパプアニューギニア南部に挟まれた海峡を発見し、これを記念して命名されたものである。トレスは当時、ヨーロッパ大陸を地球上でバランスさせている「テラ・オーストラリス・インコグニタ」（南方に存在するかくれた陸地や島）があると予想し、航海中にトレス海峡を発見した。

西オーストラリア州北西部のブルームも、真珠貝採取の前線基地として多くの日本人が渡ったことで知られる。技術系労働者として導入されたにせよ、永住を前提とした移民ではなく、数年後の帰国を期待されていた契約労働者であった。木曜島やブルームには日本人墓地があるが、ここに眠る人の大半はケガや病気で帰国を果たせずに他界した人々である。同じような墓地は、南太平洋の仏領ニューカレドニアにもある。ニューカレドニアは世界最大のニッケル鉱山として知られるが、ここにも故国の土を再び踏むことができなかった多数の日本人労働者が眠っている。ニューカレドニア行きの日本人労働者は、北部地域の港町ダーウィンやクイーンズランドの沿岸都市ブリスベンを経由して渡航した者が多い。こうした墓地に共通して見られる現象は、いずれも墓標をできる限り日本に向けて建てようとしていることだ。唐《から》ゆきさんの墓標も、そのなかに見つけることができる。

砂糖きび農園とインド人

オーストラリア植民地は、インド亜大陸からも労働者を導入した。その大半はインド人であり、若干のアフガン人も動員された。この労働力調達は、二つの意味をもつ。第一は、乾燥した砂漠地帯で覆われた内陸開発の尖兵であり、第二は英領フィジーにおける砂糖きびプランテーションの開発のために、オーストラリア企業が多数のインド人を必要としたことである。オーストラリアは自らの内陸開発のためにインド人やアフガン人を必要としたが、その一方では英領フィジーを開発して、実質的に植民地とするために多数のインド人を必要とした。南太平洋の島嶼国《とうしょこく》が、オーストラリアを「帝国主義者」と呼んだ理由を、ここに求めることができる。

オーストラリアでは当初、インド系労働者を遠隔の内陸開発に投入したが、時間の経過とともに、インド系労働者は都市近郊に移動し、定住化していった。中国人に比べてインド系人口は少なく、相対的にその存在感は小さい。A・マークス『恐怖と憎悪』（英文、一九七九年）が引用した一九〇一年の統計によれば、インド系の人口は全体で約四七〇〇人であり、州別に見るとニューサウスウェールズ植民地一六八〇人、クイーンズランド九四〇人、西オーストラリア七五〇人で、中国系人口の一五％に過ぎない。

インド北西部から動員されたアフガン人は、おもにラクダ使い（キャメル・ドライバー）

として活躍した。初めて動員されたのは、南オーストラリア植民地の北部であり、一八六六年には一二人のラクダ使いが、一二〇頭のラクダとともに内陸開発に投入されている。一八九〇年代になると、ニューサウスウェールズ西部やクイーンズランド南部の開発に労働力として珍重された。当時、苛酷な砂漠が広がる内陸の輸送手段として、多数のラクダが輸入されており、それに伴いアフガン人が必要となったのである。現在アリススプリングズなど北部準州の地方都市で観光用に飼育されているラクダは、もともと一九世紀に輸入されたものだ。

南太平洋帝国主義——英領フィジーのインド人

オーストラリアは、南太平洋地域で「帝国主義者」としての顔をもつ。英領フィジーで植民地活動を行い、パプアと呼ばれるニューギニア東南部を支配してきたからである。フィジーを舞台に、巨大な砂糖産業を展開したオーストラリアは、南太平洋の視点から見れば「帝国主義者」と映ることになる。その尖兵が、インド人であった。

オーストラリアにおけるインド人比率は低かったが、フィジーでは砂糖きびプランテーションでインド人労働者が大量に雇われていた。オーストラリア有数の製糖会社コロニアル・シュガー・リファイナリー社(一九七三年に頭文字で表記したCSR社へ名称変更、現在は建築

図2－6　**南太平洋貿易の拠点**（1908年のシドニー港）

資材の製造と供給をおもに行う）が、フィジーでの砂糖産業を手掛けるようになり、一八七九年から一九一六年頃の間に、インドから約六万人の契約労働者を導入した。一年間におよそ二〇〇〇人を目安に、契約労働者の導入を計画したと言われている。男性比率が圧倒的に高く、女性をめぐる男性どうしのいざこざも絶えなかった。CSR社がフィジーで本格的に操業を開始したのは一八八一年であり、最初の砂糖輸出は一八八三年であった。

ＣＳＲ社が直接行ったのではなく、かつてイギリス東インド会社で勤務していたイギリス人やインド人が、現地で緊密に連絡をとりつつインド人労働者の調達や手配を行ったわけで、イギリス植民地ネットワークが見事に機能した例である。シンガポールやマレーシアのインド人が、マドラス（現チェンナイ）港周辺で調達されたのに対して、オーストラリアとフィジーで雇用されたインド人は、東インド会社の本拠地カルカッタ（現コルカタ）から上船しており、インド人の労働移動に明らかに分業体制が導入されていたことがわかる。一八五五年に設立されたＣＳＲ社は、もともとはクイーンズランドやニューサウスウェールズ北部で砂糖産業に取り組み、一八六〇年代から七〇年代にポリネシア系カナカ人を大量に雇用して成功を収め、製糖業を一大産業に育て上げた老舗《しにせ》である。

同社は砂糖産業をより一層拡大するため、フィジーへの投資を積極的に行っており、白豪政策によって、投資はさらに加速された。国内の経済開発に、有色の外国人労働者を雇用できなくなったからである。オーストラリア連邦政府がカナカ人を一九〇六年に送還して以来、フィジーはＣＳＲ社にとって巨大な砂糖産業を支える生産工場となった。インドから動員された約六万人の契約労働者は、貧困の堆積と階級社会の葛藤が渦巻くインドへの帰国を望まず、ほぼ全員が定着して、大きなインド人社会が出現することになる。人口約九〇万人のうち、約三八％がインド人で占められており、首都スバをはじめ、主要な都市における経済活動はインド人が圧倒的な影響力をもつ。

こうした経済的な成功を背景に、インド人は政治的な影響力も獲得しはじめた。一九八七年には政権を樹立しかけたが、土着フィジー人のランブカ陸軍中佐による軍事クーデターで頓挫《とんざ》した苦い経験をもつ。ランブカは首相に就任したが、クーデターの直後から、差別や弾圧を恐れた富裕層、情報技術産業のインド人が、オーストラリアやカナダへ移民として脱出する頭脳流出（ブレイン・ドレイン）が加速され、経済の空洞化が危惧されるようになった。

経済危機が深まるなかでランブカ首相が下野し、民主的な選挙を経て一九九九年五月に、ようやく悲願であったインド人のマヘンドラ・チョードリー首相が誕生するまでになった。CSR社によってインド本土から契約労働者が初めてもたらされてから、およそ一二〇年の歳月が流れていた。しかし二〇〇〇年五月には、土着フィジー人によるクーデターによって、インド系政権が再び消滅を余儀なくされた。現在に至ってもフィジー人とインド人の確執を要因とする政情不安が続いている。

英領フィジーは、オーストラリアの実質的な植民地として開発されたのであり、一九世紀から至るところにオーストラリア資本が入り込むことになった。CSR社のほか、シドニーに本社をもつバーンズ・フィルプ（BP）社が商船と貿易業務を中核事業に足場を築き、第二次世界大戦後になると流通、不動産、建設、百貨店、食品・酒類販売、旅行エージェント、石油販売など、あらゆる業種に参入して巨大な影響力を行使するまでになった。商船会社や貿易商社として一八八三年に設立された当時から、バーンズ・フィルプ社は小型商船を利用して南太平洋貿易に強いことで知名度を高め、次第にオーストラリアの南太平洋貿易を独占する企業へと成長していった。

このようにオーストラリアはイギリスの植民地であると同時に、フィジーなど南太平洋の島々では支配者や植民者、さらに「帝国主義者」としての顔をもつ。オーストラリア人が国家の自画像を描くときに、南太平洋での植民経験が必然的に重なる。国際社会における限定された役割と、南太平洋地域における巨大な存在感とのギャップが、いつの時代でも影を落としつづけた。南太平洋地域に対する優越した役割と感情は、オーストラリアの周辺を形成する東ティモールに対する軍事介入にも、顕著に現れていた。一九九九年九月に東ティモール多国籍軍を率いたときには、明らかに周辺地域に対する特殊な思い入れと、先進国としての責任感がみなぎっていたことが想起される。

カナカ人の導入——南太平洋の強制労働

メラネシア系の先住民をカナカ人と呼ぶ。クイーンズランドで綿花と砂糖きびのプランテーションが開発されたとき、オーストラリア企業は大量のカナカ人を契約労働者として導入した。メラネシア地域とは、赤道以南で国際日付変更線の西側をおもに示す言葉で、現在のパプアニューギニア、ソロモン諸島、バヌアツ、フィジー、ニューカレドニアが含まれる。

南太平洋地域は、地理的・文化的・民族的・言語的に三つのネシアに区分されており、メラネシア地域以外ではポリネシア地域とミクロネシア地域がある。ネシアとは「島々」を意味しており、ここから南太平洋をトライ・ネシア（三つの島々）と呼ぶことがある。ポリネシア地域は国際日付変更線のほぼ東側で、北限がハワイ、南限がニュージーランドとなる。ニュージーランドは日付変更線のやや西側に位置しており、文化圏と日付変更線が完全に一致しているわけではない。ミクロネシア地域は赤道以北、日付変更線の西側の地域で、グアム、サイパン、マーシャル諸島がこれに属する。

メラネシアのメラは「黒い」という意味であり、メラネシアは「黒い島々」となる。民族の肌の色が黒いという説と、南太平洋では珍しく島々が森林に覆われ、遠方から島々が黒く見えたからという二つの説がある。ミクロとは「小さい」を示し、ミクロネシアは「小さい島々」を意味する。またポリとは「多くの」を意味することから、ポリネシアは「多くの島々」ということになる。

カナカ人は、クイーンズランド植民地から近いソロモンやニューヘブリデス（現在のバヌアツ）の島々から導入された。一八六三年から一九〇四年にかけて約六万二〇〇〇人が「契約労働者」として雇用されたが、そのなかには強制労働や詐欺行為で労働移動を余儀なくされた者も含まれる。自由意志で渡航した労働者の陰に、強制労働が存在したこともまた事実であった。誘拐されたり、詐欺行為でクイーンズランドに移動させられたカナカ人を、当時、黒い羽毛で覆われた鳥「ブラックバード」と呼んだ。もともと欧米世界で、西アフリカで誘拐され、アメリカや西インド諸島に売られたアフリカ人をブラックバードと呼んでいたが、この用語が輸入されたのである。

しかし一九世紀末に、カナカ人への強制労働の実態が明らかになるに従って、キリスト教団体や労働組合が人道的な観点から、反対運動を展開するようになった点は、注目されてよい。結局、一九〇一年の太平洋諸島労働者法の施行によって、カナカ人は在留資格がないと判定され、大半が送還されたことで、ようやく強制労働の歴史が幕を閉じることになった。

3　連邦運動と労働団体

白豪主義を叫んだ労働組合

オーストラリア人が理想の社会を求め、自画像を描く上で重要な役割を演じたのが労働組合と労働党であった。オーストラリア労働党（ALP）は、労働組合運動のなかから生まれ、白人労働者の権利を保護し、要求を実現するという明確な目的をもった政党である。この意味で理想の社会とは、白人労働者にとって最善の雇用機会が得られる社会であり、目指す国家像は労働者が重要な役割を担う国家にほかならない。労働者が求めた初期の要求とは、一日八時間労働の実現と、最低賃金の保障であった。

要求はエスカレートするものであり、一九世紀後半になるとアジア系外国人労働者の締め出しを強く求めるようになる。最大の理由は、低廉なアジア系労働者の導入によって労働者の雇用機会が奪われ、なおかつ賃金水準が下がるという雇用環境の悪化である。前述したように、オーストラレイシアン汽船会社による中国人船員の雇用は白人船員の失業を招き、さらに給与水準の低下をもたらした。また、内陸輸送へ参入したアフガン人のラクダ使いが白人の馬車業者の仕事を奪うなど、各地でさまざまな労働争議が発生するようになる。

白人労働者の雇用保障と権利要求が運動として展開する過程で、労働組合が職能別に組織化され、要求を実現する手段として労働党が結成された。ゴールド・ラッシュ以前の一九世紀前半にはすでに約一〇〇労組が組織され、一八五〇年代から二〇年間に約四〇〇の労組が各地で結成されたと言われるが、大半の労組は組織力が弱く、指導者が不在で内部調整も進まなかったため、同時並行で解体現象も進んでいった。労働組合の誕生と消滅が絶えることなく続いたのが、一九世紀後半の時代である。

オーストラリアにおける労働組合は、もともとイギリスの労働組合をモデルに、製造業を中心に結成されていった。初期の労働組合はいずれも小規模で、大工、家具屋、石屋、印刷工、仕立屋などからはじまった。最初の労働組合は一八二〇年代後半にシドニーで生まれ、次第にメルボルンやアデレードにも広がっていった。おそらくオーストラリアで初めて一日八時間労働を要求したのは、シドニーでキリスト教会を建設していた建設労働者（石屋）であろう。

しかし労働組合として、組織対応したのはメルボルンであった。世界に先駆けて一日八時間労働を勝ち取った労働組合は、ビクトリア植民地の石屋組合で、実に一八五六年のことである。いずれの労働組合も賃金上昇にばかり目を奪われていたなかで、石屋組合の石工はイギリスの社会主義者ロバート・オーウェンの思想に共感を覚え、労働時間の短縮を求めたのであった。

当時、多数の石工がメルボルン大学のメイン・キャンパス建設に従事しており、建設作業中における大学関係者との会話がきっかけで、オーウェンが唱える八時間主義（八時間労働、八時間休養、八時間余暇）を知るようになり、労働現場がそのまま思想形成の場になったという逸話が、まことしやかに語られたりする。実際はシドニーでの八時間労働運動に影響されたに過ぎない、と考えるほうが自然である。しかし石屋組合の石工が、他の現場で働く建設労働者を巻き込み、一八五八年四月に植民地議事堂へ向けて行進し、最終的に賃金カットなしの労働時間短縮を獲得したことは事実である。つまり八時間労働制を五月に勝ち取ったのである。「レイバー・デー（労働に敬意を払う日）」と呼ばれるビクトリア州の祝日制定は、ここに由来する。

八時間労働制はこれ以後、オーストラリア全土で徐々に普及するようになる。現在、各州ごとに制定しているレイバー・デーは、一九世紀の労働組合運動の成果をそれぞれに記念するものであり、各州の労働運動史を反映している。

非製造業分野で労働組合が誕生したのは、一八五〇年代から九〇年代にかけてである。港湾の荷揚げ作業、運輸、道路建設、鉱山、砂糖きびプランテーション、さらには教員や給仕など、ありとあらゆる業種で労働組合が結成されていった。こうした非製造業の労働組合は、いずれも八時間労働と賃金水準の引き上げを運動方針に掲げ、高賃金の労働市場を保護するために、終始、政府による補助金支出でイギリスから新規移民を奨励することや、低賃金のアジア系労働者、とりわけ中国人労働者を参入させることに、反対であった。

白豪主義に反対する白人が、皆無であったわけではない。しかし反対した勢力は、中国人労働者を是非とも必要とした資本家であり、企業経営者であった。白豪主義によって、中国人の低廉労働力を失うという経済的危機感から発したもので、人権や民主主義の観点から議論を展開したわけではない。血気盛んな労働組合と労働党の激しい主張を前に、白豪主義を批判する資本家や経営者の声はかき消されていった。

労働党の誕生

労働組合運動を母体に、各地で労働党が生まれた。各植民地で議会が発足し、責任政府が組織された段階で、労働組合の利益を代表する議員を、議会に送り込む必要性が生じたからである。労働組合の選挙マシーンとして誕生した労働党は、オーストラリアで最初に組織された政党であり、白豪主義と社会主義をイデオロギーの両輪とした。そして反権威主義と反エリート主義を掲げ、権威の象徴イギリスからの自立や独立を最も声高に叫んだ政党でもある。

結党当時の支持者は、労働組合員と社会主義信奉者に代表されていた。もともと各植民地で、労働組合運動を母体に労働党が個別に結成され、その名称もまちまちであった。ニューサウスウェールズでは労働選挙連盟、ビクトリアは革新政治連盟、クイーンズランドのオーストラリア労働連邦、南オーストラリアの統一労働党などが代表的な例である。一八八〇年代後半から連邦運動が展開するなかで、すべての植民地を横断する統一組織として労働党の必要性が認識され、一九〇〇年にオーストラリア労働党が創設されたのである。植民地や州を基盤とする労働党が個別に存在したため、全国的な統一組織を連邦労働党と呼んで区別した。

オーストラリア労働党に採用されている「労働」の英語名称は、奇妙なことにアメリカ英語（labor）であって、イギリス英語（labour）ではない。ニュージーランドの労働党はイギリス英語であり、これらの相違を承知して執筆されている記事、論文、書籍は、安心して読める。各植民地の労働党では、イギリスとアメリカから労働組合運動の文献を輸入しており、どの文献を学習用に採用したかで名称が異なることになった。

オーストラリアでは、アメリカから文献を調達して影響を受けた労働組合が多く、またイギリスに対する反権威主義や独立指向も反映して、アメリカ英語の「労働」が一九一二年に採用されることになった。正式名称の採択までに一〇年以上費やしたことになる。通常、結党の段階で正式名称が決定されるものだが、オーストラリアではこうした常識が通用しない。実益があり、実害がなければ形式論にこだわらない、という国民性がここでも発揮された。

労働党の方針や目的は、雇用の確保、最低賃金制の導入、高齢者への年金支給、税金改革、民主主義社会の実現であったが、対外関係では白豪主義の堅持と国防の充実を強く打ち出した。つまり労働者の権利ばかりでなく、オーストラリアそのものの生存権を主張した政党であった。その意味で、きわめて民族主義的な性格を帯びていた。オーストラリア労働党を表現する言葉に、「急進主義（ラディカリズム）」と「民族主義（ナショナリズム）」があるが、その中身は白豪主義と社会主義の追求であり、国防力の強化であった。こうした主張は連邦運動のなかで育《はぐく》まれ、連邦政府の政策として後に実現されていくことになる。

連邦運動の推進力――関税、白豪主義、国防

オーストラリア連邦を結成しようという運動が始動したのは一八八九年のことである。それではなぜ一〇年という歳月をかけ、一九〇一年に、わざわざ六つの植民地を統一したのであろうか。国内的にも国際的にもさまざまな問題が発生し、統一が必要となったからである。すべての植民地に共通した三つの重大な問題があり、最終的に解決策として考案されたのが、議院内閣制を基礎に置く連邦制であった。つまりイギリスの議院内閣制と、アメリカやスイスの連邦制を折衷した制度だ。

三つの共通問題は、第一に各植民地で相互に導入していた煩雑《はんざつ》な関税、第二にアジア系外国人労働者の流入、そして第三にヨーロッパの帝国主義国ロシア、フランス、ドイツによる南太平洋進出に集約することができる。こうした問題意識を下敷きにして連邦運動が展開され、連邦憲法を制定して、連邦国家が建設されたのである。オーストラリア社会の危機意識

が、連邦国家をもたらしたと言っても、過言ではないであろう。

(1)関税の撤廃——関税（タリフ）を最初に採用したのは、ニューサウスウェールズであった。もともと収入源が限られていた植民地政府にとって、関税は安定した収入源となったため、またたく間にすべての植民地が関税制度を導入した。メルボルンからシドニーに商品が流入する際に、シドニー港で関税が課せられたように、六植民地間で関税を相互に課し合ったのである。商品流通が盛んになるに従って、関税制度の煩雑さと非効率性が批判の的になり、オーストラリア全体で統一制度の採用が求められるようになった。

ニューサウスウェールズは全体として租税収入が大きく、関税率も六植民地で最も低い水準を維持していた。関税率もほぼ一律に一〇％に設定し、カーペット生地や陶磁器など特定の物品に関してのみ、やや高い一五％を課した程度であった。関税をいち早く導入したとはいえ、自由貿易による経済の発展が大いに見込まれたため、関税の撤廃を最も早く推進した植民地でもあった。また植民地政府の歳入に占める関税収入が低かったことも、関税撤廃論の根拠となっていた。

一方、ビクトリアは歳入に占める関税収入の比率が高かったため、一貫して関税の撤廃に反対であり、保護貿易を堅持していた。関税の幅は大きく、最低の一五％から最高四五％まで、物品ごとに実に細かく関税率が設定されていた。それほどビクトリア政府の歳入に占める関税収入の割合が、高かったということである。

両者の溝は深く、メルボルン主導の連邦案にシドニーが警戒して反対することも、しばしばであった。両者が激しく対立したゆえに、連邦制モデルの合意におよそ一〇年の歳月が費やされたのである。


⑵白豪主義の推進――中国人に代表されるアジア系外国人労働者は、すべての植民地に共通した問題を提起していた。中国人制限法や有色人種制限法が個々の植民地で制定されたにせよ、運用は千差万別であり、密航者への取り締まりも統一性を欠くものであった。

また中国人の受け入れを、部分的に認めた場合の規制方法は二種類あった。第一は船の総トン数に比例して入国人数を規制する方法であり、第二は人頭税の徴収によって規制する方法である。しかしながら、こうした曖昧な方法で規制できるはずはなく、常に抜け道が存在していたことは言うまでもない。

植民地政府が中心となって抜け道を考え、中国人を調達したのが西オーストラリアとクイーンズランドである。このため両植民地は、他の植民地政府から疑いの眼差しで見られることもしばしばであった。たとえば西オーストラリア植民地は、一八八四年に輸入労働登録法を制定し、これによって中国人は金鉱地帯で就労することが禁止された。逆に言えば、金鉱地帯以外における中国人の就労を認めたわけである。つまりこの法律は、中国人を排除したものではなく、むしろ受け入れを奨励した法律であり、シドニーやメルボルンが目指す方向性と一八〇度逆であった。

西オーストラリアへ流入した中国人は、陸路で大陸を横断してアデレード、メルボルン、シドニー、ブリスベンへと、自由に移動することが可能であった。シドニーやメルボルンが中国人を規制しても、公然と抜け穴は存在したのである。シドニーやメルボルンなどの東部植民地とは一線を画し、西オーストラリアはしばしば、その独自性を遺憾なく発揮してきた。連邦結成に最後まで躊躇《ちゅうちょ》したのも西オーストラリアであり、東部植民地にとっては頭痛の種であった。

同様のことは、クイーンズランド植民地にも当てはまる。イギリスが日本との間で、日英通商航海条約（一八九四年）を調印したことで、オーストラリアの六植民地が本条約に加盟することができる可能性が生まれた。きわめて単純化すれば、日英通商航海条約への加盟によって、日本との貿易や人的交流が、自由になることを意味する。条約加盟は、対日貿易の拡大という点からは魅力的なものであったが、日本人の訪豪を合法化するものであった（＝白豪主義の放棄）。このため条約加盟を見送るというのが、オーストラリア植民地会議における大勢の意見であった。

しかし、このなかで唯一クイーンズランドが、日本と秘密交渉を行い、条約に加盟した。

堂々と抜け駆けする植民地が登場したわけで、盛り上がりを見せていた連邦運動に、冷水を浴びせるものであった。クイーンズランドは、日本側が日本人の流入に自主規制を行うとの条件付きで、条約に加盟したのである。過度な形式論にこだわらず、実質を獲得すればよいではないか、というのがクイーンズランド植民地の言い分であった。

西オーストラリアやクイーンズランドの独自性は、シドニーやメルボルンから見れば、裏切り行為そのものであり、連邦運動の足並みを乱す以外の何物でもなかった。白豪主義を導入し、現実化することは、想像するほど容易なことではなかった。さまざまな障害を、一つ一つ乗り越えなければならなかった。白豪政策を実現する上で、アジア系労働者を全国的に規制し、入国を禁止する法律と制度の必要性が、声を限りに叫ばれた理由はここにある。連邦国家の建設に、並々ならぬ情熱を燃やしたシドニーとメルボルンの政治家は、こうした切実な問題を直視していたのである。

(3)国防の強化——一九世紀は「帝国主義の時代」と呼ばれるが、南太平洋地域もその例外ではなかった。イギリス、フランス、ドイツが海外領土の拡張ゲームを繰り広げ、南太平洋の分割が進んだ。キャプテン・クックが南太平洋の島々を発見して以来、イギリスが支配権を確立していたが、第3章で触れるように、一九世紀になるとロシア、フランス、ドイツが相次いで海軍艦艇、商船、キリスト教使節団などを派遣し、とりわけフランスとドイツの植民地競争が南太平洋を舞台に熾烈《しれつ》を極めた。オーストラリアにとって、本格的な対外脅威の発生であった。

こうしたヨーロッパ列強の南太平洋進出を前に、オーストラリアをいかに防衛するかという深刻な問題が提起され、国防意識が急速に高まることになる。ニューサウスウェールズ、ビクトリア、クイーンズランドなど、太平洋に面した東部植民地が、国防ナショナリズムの推進者となったことは、きわめて自然のことであった。

弱い中央政府と強い州政府

このように連邦運動は三つの課題――関税の撤廃、白豪主義の推進、国防の強化をめぐって議論が展開され、連邦国家の必要性で合意に達することになった。連邦制の導入を初めて提唱したのは、ニューサウスウェールズ植民地のヘンリー・パークス首相（在任一八七七、七八～八三、八七～九一年）であった。

パークスは一八八九年一〇月、シドニーから直線距離で六〇〇キロ北の町テンターフィールドで、オーストラリア連邦の建設を提唱し、強い中央政府の必要を訴えた。これがテンターフィールド演説と呼ばれるものである。また各植民地から代表を選出して、憲法制定会議を招集すべきだと発言し、これが引き金となって連邦運動は本格的に始動することになる。

この功績により後世、パークスは「連邦の父」と呼ばれるようになった。

翌年には、メルボルンで連邦制導入の検討会議が開かれ、一八九一年に第一回連邦会議も開催されて、憲法草案作成作業に入ることが正式に決定された。連邦憲法の草案作成作業では、スイスやアメリカなどの連邦制が検討され、オーストラリア方式が模索された。つまり、イギリスの議院内閣制を基本とした連邦制の導入であった。

植民地を廃止して州に変更し、州を統括する連邦政府を設立することを盛り込んだ連邦案が、住民投票に委《ゆだ》ねられたのが一八九八〜九九年であり、西オーストラリアを除いて合意が形成された。シドニーやメルボルンから遠隔の地にある西オーストラリアは、もともと独立指向が強く、シドニー＝メルボルン主導の連邦運動にはじめから懐疑的であった。西オーストラリアは最後まで、オーストラリア連邦に参加することを躊躇しつづけたものの、取り残されることを恐れて、ようやく一九〇〇年に連邦参加の意志を表明した。イギリス議会が、「オーストラリア連邦憲法」法案を通過させる直前での、駆け込み参加である。植民地どうしの競争と疑心暗鬼が交差するなかで、ようやく連邦国家が建設されることになった。

ヘンリー・パークスは強い中央政府の樹立を夢見たが、現実はその逆であった。各植民地（州）の自治権を最大限に保障した統一国家構想であり、強い権限をもった中央集権的な政府は、設計デザインから消えていた。つまり、強力な地方自治を基盤にした弱い中央政府であり、明治日本のように、巨大な中央集権を軸とした弱い地方自治のモデルではない。オーストラリアでは一九世紀から今日に至るまで、植民地政府と州政府が圧倒的に強い権限を行使してきた歴史をもつ。

もともと植民地政府や州政府が、少しずつ権限を連邦政府に移譲してきたわけで、連邦政府は権限と予算で、常に脆弱《ぜいじゃく》性を抱えてきた。このため連邦政府の官僚機構は弱く、政治家が大きな役割を演じる構造が生まれた。省庁の名称がいとも簡単に変更されるのは、権力主体としての官僚機構の脆弱性を物語っている。

では、連邦政府が所管できた分野は何であろうか。憲法によれば連邦政府の権限行使は、移住と出入国管理、国防、関税、郵便・電信、灯台などの分野に限られていた。まさにオーストラリア全土に関わる最低限の共通課題にのみ、関与することを許されていた。こうしたなかで連邦政府が自信をもって、第一回連邦議会で最初に取り上げた問題が、アジア系労働者への入国規制であり、国策としての白豪政策の導入であった。

一九世紀末にオーストラリアの植民地社会は例外なく、白豪政策を将来における国家政策の根幹に据える決定を下した。連邦国家の誕生とともに、一九〇一年に開会した第一回連邦議会で、初めて制定した法律が移住制限法であったのは、きわめて自然な成り行きであった。外国人労働者の無差別な流入に対する制限を、全国的に統一して実施するという強い政治的意志が、連邦国家の建設に向けた重要な要因であったからである。

ややや誇張して表現するならば、白豪政策に裏打ちされた白人社会を建設するために、連邦国家が誕生したのである。それほど当時のオーストラリアにあって、アジア系外国人労働者問題は深刻に受け止められていた。移住制限法によって国家政策としての白豪政策が可能となり、国民が共有できるイデオロギーとして、白豪主義が生まれることになった。移住制限法は、将来におけるオーストラリアの国家像を前提に、連邦議会で白熱した討論を経て制定された法律であり、オーストラリア人の心の拠《よ》り所となった。

オーストラリアは世界有数のワイン生産国だ。生産量はイタリア、フランス、スペイン、アメリカ、アルゼンチンに次いで世界第六位（二〇二二年）で、世界の総生産量の五％を占める。伝統的にワインを醸造してきたヨーロッパ諸国が「旧世界」と呼ばれるのに対し、新興の南米やオーストラリア産は「新世界」ワインと呼ばれている。

日本のワイン愛飲家にも、豪産ワインを好む人が増えている。日豪EPA（経済連携協定）によって二〇一一年に豪産ボトルワインの関税が撤廃されると、スーパーやコンビニで見かけることも多くなった。

オーストラリアの葡萄《ぶどう》栽培は、イギリス人が一七八八年に入植してまもなく始まっている。当時の植民地総督フィリップ提督が、南アフリカで採取した葡萄の木を持ち込んだのが起源とされる。その後、イギリス本国から送られたフランス人捕虜を使うなどして、ワイン生産の実現を目指したという。

南オーストラリア州は国内最大のワイン生産地である。なかでもバロッサ・バレーは代表的産地で、一五〇以上のワイナリーと八〇以上のセラードア（試飲直売所）をもつ。

とくに赤ワイン品種のシラーズが人気だ。世界的に有名な「ペンフォールズ（Penfolds）」「ヘンチキ・セラーズ（Henschke）」「ウルフ・ブラス（Wolf Blass）」、「ジェイコブス・クリーク（Jacob's Creek）」など、南オーストラリアは豪産ワインのビッグネームを輩出する。

バロッサ・バレーを世界有数のワイン産地に育てたのは、実はドイツ系移民である。宗教的迫害に遭い、プロイセンから逃れてきたドイツ系移民（ルーテル派信徒）が一八三〇年代末にアデレードに到着、バロッサ・バレーでワイン造りを始めたと言われる。

オーストラリアワイン発祥の地、ハンター・バレー（シドニー北部）

中国でも豪産ワインは人気で、対中輸出は二〇一〇年頃から順調に伸び、最盛期には輸出の四割を中国市場が占めるまでになっていた。しかし豪中関係の悪化を受け、二〇二〇年一一月に豪産ワインに最大二〇〇％超の課税がなされると、対中輸出は激減。ワイン業界は現在、中国に代わる輸出先を求めているが、前途は多難だ。現在の主な輸出先はイギリス、アメリカ、カナダ、ドイツ、ニュージーランドで、日本は有望な市場と期待されている。

第3章　ヨーロッパの帝国主義に翻弄される――英帝国の敵

1　一九世紀の対外脅威

植民地戦争の恐怖感

オーストラリアが国際政治を意識し、世界地図のなかに自分を発見したのは、一九世紀後半である。南太平洋やオーストラリア周辺を舞台に、ヨーロッパ諸国が植民地獲得に乗り出すようになったからだ。とりわけロシア、フランス、ドイツの進出は、イギリスとの植民地戦争の可能性があっただけに、戦争の恐怖感がオーストラリアを覆うようになる。各植民地は、小さいながらも海軍や警備隊を創設し、南太平洋地域に高い関心をもちはじめたのである。歴史を振り返れば、小競《こぜ》り合いは別として、このような植民地戦争は起きておらず、またオーストラリアも侵略されていないが、当時は、ヨーロッパ諸国の海軍によってオーストラリア東部地域が侵略されるのではないか、との悪夢に悩まされる日々が続いた。

こうした危機感の背景の一つには、一八七〇年にイギリス駐留軍が撤退したことがある。オーストラリアの安全保障はイギリス駐留軍によって磐石《ばんじゃく》であるとの発想に、陰りが見えはじめたわけである。世界の海を支配していたにせよ、イギリス海軍ははるか彼方の海に位置しており、オーストラリア防衛を前提とした有事即応態勢になかった事実も、不安をかきたてることになる。

さらにロシア、フランス、ドイツの海軍艦艇や商船が、オーストラリア近海を徘徊《はいかい》するのを目の当たりにしたことは、危機意識を高める決定的な要因となった。ヨーロッパの植民地競争が南太平洋に拡大してきたことで、オーストラリアはイギリスとヨーロッパ諸国の世界分割競争に組み込まれ、翻弄《ほんろう》される。国際政治のダイナミズムを、初めて体験することになったのである。

南太平洋モンロー主義

ロシア、フランス、ドイツなどヨーロッパの植民地勢力が、南太平洋の領有化を目指しはじめたことで、オーストラリア植民地は一様に不安感に襲われ、イギリス海軍の南太平洋への進出と、イギリスによる積極的な領有化を主張するようになる。このときスローガンとして登場したのが、「南太平洋モンロー主義」であった。

もともとモンロー主義とは、アメリカの第五代大統領ジェームズ・モンロー（在任一八一七〜二五年）が一八二三年一二月に、連邦議会にあてた第七次年次教書のなかで述べた外交の基本方針である。これは、ヨーロッパ諸国が西半球に新たな植民地を獲得したり、政治的影響力を行使することに反対するという立場で、ナショナリズムの表明であった。この発想をそのまま、南太平洋に適用しようと考えたのが、当時のオーストラリア植民地であった。

アメリカのモンロー主義は、スペインから独立したラテン・アメリカ諸国に対して、ヨーロッパ諸国が干渉することを牽制《けんせい》するために、イギリスがアメリカに共同宣言を提案したものだ。しかし共同宣言は、イギリスによる対米牽制にもつながると警戒したアダムズ国務長官（後の大統領）が、アメリカ単独で宣言すべきであると主張した背景をもつ。つまり英・米・欧州の外交ゲームのなかで、単独のモンロー主義が登場したのである。

しかし、南太平洋モンロー主義には、こうした要素は乏しい。南太平洋はイギリスが領有すべきであり、いかなるヨーロッパ諸国も進出すべきではないというのが、南太平洋モンロー主義に見られる素朴な主張であった。植民地戦争の恐怖感が、南太平洋モンロー主義として紡ぎ出されたのは一八八〇年代であり、ヨーロッパによる植民地競争が激化した時代に呼応している。

小さな海軍をつくる

植民地戦争の恐怖感を少しでも弱めるために、オーストラリア植民地は自主防衛に目覚め、小さな海軍の建設や国土防衛隊を編成したことがある。イギリス政府は、駐留軍が撤退する五年前に「植民地海軍防衛法」（一八六五年）を制定し、オーストラリア植民地が、海軍艦艇を自前で沿岸警備用に保有することを合法化していた。これ以後、限られた予算で海軍を細々と整備することになる。小規模ではあるが、軍隊には変わりない。

ビクトリア政府がイギリス海軍から「ネルソン」を永久貸与され、ニューサウスウェールズ政府が「ウズベリン」、魚雷艇「アチェロン」と「アベルナス」を保有し、クイーンズランド政府は「スピットファイア」、南オーストラリア政府も「プロテクター」、タスマニアは小型の魚雷艇を保有していた。このなかで、西オーストラリアだけは、インド洋がイギリス海軍の制海権のもとにあるとの安心感から、独自海軍を建設しなかった。

こうした独自海軍構想は、オーストラリア植民地の不安感を示すものであり、二〇世紀になると日本脅威論の高まりを背景に、独自の巡洋戦艦「オーストラリア」を建造するまでに発展していった。これらはすべて、イギリス海軍への依存に限界があるとの認識から出発しており、オーストラリアの国家意識を必然的に高揚させることになる。

クリミア戦争への備え――シドニー湾の要塞

オーストラリア植民地にとって、近海を脅かすロシア、フランス、ドイツなどのヨーロッパ諸国は、いったいどのような存在感をもっていたのであろうか。伝統的に不凍港を求めて南下せざるをえないロシアは、英帝国を支配するイギリスと利害が衝突する運命を背負っていた。そうした最初の戦争が、クリミア戦争（一八五三〜五六年）であった。

クリミア戦争は、ロシア皇帝ニコライ一世（在位一八二五〜五五年）がトルコ領内のギリシャ正教徒を保護する名目で、イスラム教徒が支配するトルコに戦いを挑んだ宗教戦争だ。イギリスとロシアが交戦国となったため、オーストラリアにとってロシアは、初めての敵国となる。

イギリスとフランス両国はトルコ支援を表明し、黒海に突き出たクリミア半島のロシア要《よう》塞《さい》セバストーポリを攻略して勝利を収めたが、その間、オーストラリアはロシア海軍との交戦に、危機感を募らせていた。シドニー湾に浮かぶ小さな島「デニソン要塞」は、ロシア海軍がシドニーを攻撃・占領するのではないかとの恐怖感から、建築された砲台である。一八五四年にウィリアム・デニソンがニューサウスウェールズ植民地総督に任命され、要塞建設に着手したことから、「デニソン要塞」と呼ばれるようになった。こうしてシドニー湾の要塞化が、限られた予算のなかで小規模ながら着手されていった。

一九世紀後半になると、再びロシア脅威論が沸き上がる。軍事大国を目指したロマノフ王朝のアレクサンドル二世（在位一八五五〜八一年）は、黒海艦隊を再建し、徴兵制を施行して露土戦争（一八七七〜七八年）を起こし、アレクサンドル三世（在位一八八一〜九四年）はアフガニスタンへの進出（一八八五年）を決断、さらに極東進出を目論《もくろ》んだシベリア鉄道を一八九一年に起工（完成一九一六年）するなど、ことごとくイギリスの利権と衝突する対外膨張政策を推進した。一八九一年に締結された露仏協定が、軍事同盟へと強化（九三年）されるに従って、イギリスにとっての仮想敵国は、ロシアとフランスであることが一層明瞭となってきた。

イギリスの敵は英帝国の敵を意味し、それは取りも直さずオーストラリア植民地の敵であった。軍事力を伴ったロシアの南下政策を前に、オーストラリア植民地では英露戦争の危機感が徐々に浸透するようになる。日清戦争後の三国干渉（一八九五年）で、ロシアの南下政策はさらに現実のものとなり、オーストラリア植民地の対ロシア脅威は不動のものとなった。これゆえに、極東地域でロシアに対抗した日本は、後のオーストラリア連邦国家にとって特別な存在となったのである。日英同盟と日露戦争で、あえてオーストラリアが日本を支持したのは、こうした利害関係が反映されているからだ。

ロシアに対する警戒心は、歴史の推移とともに強弱があるものの、クリミア戦争を出発点に日露戦争、ロシア革命、共産主義国家ソ連の誕生、米ソ冷戦の終焉に至る一三七年間、オーストラリアの外交と国防に影響を与えることになった。

フランスの進出――ニューカレドニア領有

フランスの南太平洋進出は、イギリスとの協力関係が機能している限り、差し迫ったものではなかったにせよ、潜在的な脅威であることには相違なかった。フランスの商人やキリスト教の宣教師が、南太平洋へ勢力を伸ばしたのは一八四〇年代だ。フランスがニューカレドニアを領有したのが一八五三年で、ロイヤルティ諸島は一八六四年であった。皇帝ナポレオン三世（在位一八五二～七〇年）が、ナポレオンの後継者として第二帝政を復活させ、対外膨張路線を採用した時代に、フランスは南太平洋の領有化を決断したのである。

ナポレオン三世は国内経済の拡大とパリの近代化を進めつつ、対外的にはクリミア戦争への参加、第二次アヘン戦争への参加、インドシナ出兵、メキシコへの武力干渉など、海外出兵を積極的に展開した。クリミア戦争と第二次アヘン戦争では、たまたまイギリスと利害が一致して共同出兵した。

一八六三年にニューカレドニアで有望なニッケル鉱山が発見された。フランスは六四年から九六年にかけて同島を流刑地として活用し、囚人を鉱山の労働力として利用したのである。七九年に第三共和制が開幕したときに、南太平洋での領有化を進めたのがポリネシア海域であった。後に仏領ポリネシアと呼ばれる島嶼地域を植民地化したのが、一八八〇年代から九〇年代であり、ヨーロッパの植民地勢力である英仏独の三ヵ国が、しのぎを削った時代と重なる（図3－1）。

ドイツとの植民地競争を前に、イギリスとフランスが自国民の保護を名目に、ニューヘブリデス（現在のバヌアツ）に合同の海軍委員会を設置したのが一八八七年であり、一九〇六年に同島を共同統治（コンドミニアム）することを決定した。ヨーロッパ諸国による世界分割の調整が、このような特異な植民地体制をつくりあげることになったのである。

南太平洋、中国、トルコを舞台に繰り広げられた英仏の協力はしょせん、国益と打算に基づいた不安定な外交関係でしかなく、両国が敵対する可能性は常に存在していた。これを証明したのが露仏同盟の締結であり、ファショダ事件の発生であった。アフリカ大陸のスーダン東南部に位置し、白ナイル川に面した町ファショダで、両軍が衝突したファショダ事件（一八九八年）は、フランスに対する脅威感を一気に高揚させることになった。

イギリスの強硬姿勢を前に、フランス軍が撤退したために戦争には至らなかったことは、

	英国の南太平洋領有・保護領化	独・仏・米の動向
1853年		仏，ニューカレドニア領有
64年		仏，ロイヤルティ諸島領有
74年	フィジー	
81年	クック諸島	
84年	ニューギニア東南部（パプア地域）	独，ニューギニア北東部領有 独，ビスマルク諸島領有
86年		独，マーシャル諸島保護領化
87年	ニューヘブリデスに英仏委員会設置	
88年		独，ナウル領有
90年		独米，サモアを共同分割（独領西サモア，米領サモア）
92年	ギルバート諸島，エリス諸島（両諸島は現在のキリバス共和国）	
93年	ソロモン諸島	
98年	ピトケアン諸島	米，ハワイ領有
99年	英独協定，英国のトンガ保護領化承認	独，スペインから領土獲得（マリアナ，カロリン） 米，グアム領有
1900年	トンガ保護領化	
06年	ニューヘブリデス（英仏共同統治，現在のバヌアツ）	

図3－1　**南太平洋の植民地分割競争**

オーストラリア植民地にとって幸いであった。仮に英仏戦争になれば、南太平洋のフランス海軍がオーストラリアを侵略する可能性も十分考えられたからである。イギリス外交の帰趨《きすう》が、オーストラリアの運命を決定する時代であった。

ドイツ帝国の登場――ニューギニア領有

ドイツは一九世紀後半から二〇世紀初頭にかけて、海軍力を大幅に増強してイギリスとの建艦競争を繰り広げ、さらに海運業でも対抗するなど、ロシアとともに仮想敵国として認識されるようになっていた。イギリスの敵はそのまま、オーストラリアの敵として理解されることになる。

皇帝ウィルヘルム一世（在位一八六一〜八八年）の下で、ドイツ帝国を一八七一年に成立させた宰相レオポルト・ビスマルク（在任一八六二〜九〇年）は、遅ればせながら植民地獲得に乗り出していった。アフリカ分割に関するベルリン会議を一八八四年に開催した頃から、ドイツ帝国は南太平洋への進出も決断し、ウィルヘルム二世（在位一八八八〜一九一八年）時代には、中国と南太平洋の双方で勢力を拡大していった。

日清戦争後の一八九五年に、日本に遼東《りょうとう》半島の割譲を放棄させた三国干渉は、ドイツ、フランス、ロシアの三ヵ国であったことが想起されよう。ドイツは膠州《こうしゅう》湾を占領、ロシアが旅順《りょじゅん》と大連《だいれん》を占領し、そしてフランスが広州湾を租借した時代である。南太平洋の無人島は、ことごとくヨーロッパの列強による植民地獲得ゲームの対象となった。

一八八四年から九九年の間に、ドイツ海軍はニューギニア、ビスマルク諸島、ナウル、西サモア、マリアナ、カロリン、マーシャル諸島を領有化し、オーストラリア周辺への進出が危惧されるようになった。とりわけニューギニア北東部とビスマルク諸島が、一八八四年にドイツ領になったことは、仮想敵国が目の前に出現したことを意味した。

2　英帝国の戦争――ボーア戦争と義和団事件への関与

イギリスへの忠誠心と疑問

イギリス本国への忠誠心と愛国心から、オーストラリアは英帝国の海外紛争に多数の兵士を送り出し、イギリスの対外政策と一体化することに何の疑問ももたず、ひたすらイギリスに貢献してきたと言われる。しかし、これは事実と異なる。どのような人間でも、思春期に達し自分の好みが明確になるに従って、親と対立して自立の道を歩みはじめるように、イギリスが育てた植民地や自治領へも同じことが当てはまる。ボーア戦争や義和団《ぎわだん》事件は、オーストラリアが自我に目覚める一つのきっかけであった。

一九〇一年一月一日に、六つの植民地が統合してオーストラリア連邦を形成したとき、英帝国は二つの紛争に直面していた。南アフリカで戦われていたボーア戦争（一八九九～一九〇二年）と、中国で発生した義和団事件（一八九九～一九〇一年）である。オーストラリア植民地政府はイギリス政府の要請で、双方の紛争に多数の義勇兵を派遣している。

イギリスのために戦場に赴くという使命感や愛国心と、はるか彼方の南アフリカや中国に、なぜ義勇兵を派遣しなければならないのかという素朴な疑問とが、胸中に交錯した海外紛争であった。海外紛争への関与を通じて、オーストラリア人は少しずつ新たな自画像を描くようになる。二〇世紀の開幕はオーストラリアにとって、連邦国家の樹立を祝うとともに、世界の各地で発生した紛争に直接関わるプレリュードでもあった。

ボーア戦争

ボーア戦争とは、南アフリカでの植民地経営をめぐって、オランダ系ボーア人とイギリス系移民との対立関係が、武力衝突にまで発展した帝国主義時代の戦争である。思いもよらず長期戦となって、二五万人の兵士を投入しなければならなくなり、甚大な損害を被ったためイギリス全土を震撼《しんかん》させた。若き日の貴族ウィンストン・チャーチルが、最高級ワインとブランデーを携え、従軍記者として乗り込んだものの、捕虜生活の辛酸をなめ、しかし捕虜収容所から脱走することに成功して、一躍英雄になった戦争だ。

オーストラリア史でも、イギリスへの愛国主義と忠誠心が強調され、英帝国の一体化を象徴する戦争として広く理解されている。六つのオーストラリア植民地から、義勇兵として一万六一七五人が、軍馬一万六一三四頭を引き連れて南アフリカへ出発し、シドニー港などでの熱狂的な出征パレードが、イギリス愛国主義の証しとして見られてきたからである。オーストラリア植民地にとって、歴史上初めての大規模な戦闘への参加であった。

派兵で賛否両論が噴出

しかし戦争参加をめぐって、さまざまな議論が交わされ、オーストラリア植民地が自己の利益を模索しようとしていた事実は、あまり知られていない。イギリスからの派兵要請をめぐって議会での討論は賛否で二分された。結党まもないオーストラリア労働党はボーア戦争そのものに否定的で、参戦にも反対の立場をとった。

同様の傾向はイギリス本国でも見られた。戦争の目的がはっきりせず、オーストラリア植民地にとっての「国益」が不明確であったからである。またアイルランドからの移民が多数派を占めたカトリック教会も、労働党と歩調を合わせていた。カトリック系アイルランド人は、プロテスタント系イギリス人に抑圧されてきたという長い苦難の歴史を背負っており、イギリスの帝国主義的な姿勢に反発を抱いていたからである。

またイギリスとの関係においても、注目すべき点がある。開戦前後の英植民地相ジョセフ・チェンバレンからの派兵要請にもかかわらず、六つのオーストラリア植民地政府の反応は当初、きわめて冷ややかなものであった。何のための戦争で、いったい誰が派兵コストを負担するのかという疑問が投げかけられた。このためイギリスは、ニューサウスウェールズ植民地政府に対して、派兵費用の全面負担を提案しなければならないほどであった。

イギリスの傭兵として

戦争の長期化に伴い、チェンバレンからの派兵要請は幾度となく行われ、イギリス政府はたびたび派兵コストの負担を提示して、ようやく多数の義勇兵を南アフリカに送り込むことに成功した。つまりオーストラリア兵は、イギリスへの愛国心のみに駆り立てられてインド洋を渡ったのではなく、イギリス政府の傭兵《ようへい》としての性格を持ち合わせていたのである。もちろん植民地政府も支出し、募金活動なども行われるなど、現実にはイギリス政府が派兵費用の全額を負担したわけではない。結果的に、イギリスの広報活動は巧妙であったと言えよう。

派兵をめぐる反対論は、オーストラリア植民地の派兵決定によって急速に影を潜め、多数の義勇兵が動員されはじめた段階から、ジンゴイズム（愛国主義）が席巻《せっけん》し、義勇兵の士気が鼓舞されるようになった。多くの歴史書や教科書が、出征兵士のパレード写真を掲載し、ここを意識的に取り上げて記述してきたため、国内で反対論が存在したという事実さえも、かき消されてしまった。

国民的詩人として著名なバンジョー・パタスン（本名アンドリュー・パタスン）は当時、従軍記者としてボーア戦争を取材し、勇猛果敢なオーストラリア人兵士の活躍を書き残している。スコットランド民謡のメロディーを下敷きにした国民的愛唱歌「ワルチング・マチルダ」（一八九五年作）の作詞家としても知られる。オーストラリア人の参戦意識は、こうした詩人の力を通じても高まることになった。

戦争の遺産

二〇世紀には二つの世界大戦があり、ボーア戦争の影が薄くなったことも手伝って、現代のオーストラリア人にとってボーア戦争は、長らく「忘れられた戦争」であった。歴史的再評価が行われたのは、ようやく一九七〇年代後半からである。不毛であったベトナム戦争への参加に対する批判が、ボーア戦争見直しをもたらすことになったからだ。ボーア人捕虜殺害の犯罪者として処刑された兵士ハリー・モラントを主人公とする映画『英雄モラント』も製作され、オーストラリア全土で大きな反響を呼んだ。モラントは従軍中、シドニーで発行されていた大衆誌『ブレティン』に、「ブレイカー」のペンネームで詩を寄稿しており、映画の題名はこの名前に由来する。

では参戦当時のオーストラリアでは、どうであったろうか。ボーア戦争が終わった段階で、いったいオーストラリアは何のためにボーア戦争へ参加したのか、という素朴な疑問が投げかけられるようになる。足かけ四年にわたったボーア戦争では、二五一人のオーストラリア兵が戦死、ペストなどによって二六七人が病死し、これ以外にもおびただしい数の兵士が入院生活を余儀なくされた。加えて二人のオーストラリア人兵士が、ボーア人捕虜を殺害したとの罪状で国際法違反に問われ、イギリス軍法会議によって処刑されるなど、後味の悪い戦争でもあった。

ボーア戦争への参加は、イギリス本国に対する愛国心と忠誠心を示す格好の機会となったが、その一方で、オーストラリアにとって英帝国の存在意義や、イギリスの植民地政策や戦争目的を問い掛けることにもなった。いったいオーストラリアの「国益」は何であるのかという問い掛けや、対イギリス協力は「国益」概念を前提にすべきではないかとの発想が芽生える、一つの場ともなった。こうした疑問は、ボーア戦争中に発生した中国での義和団事件によって、さらに深まることになる。ボーア戦争への派兵準備をしていた義勇兵が、今度は急遽《きゅうきょ》、北京と天津《てんしん》に派遣されることになったからである。

義和団事件への派兵——感染症で被害

アジアの国際紛争に、オーストラリアが初めて関わった問題が義和団事件（北清事変）であった。義和団という結社を中心に一八九九年、山東を起点に華北一帯に広がった中国の反帝国主義闘争は激しさを増し、北京や天津では多数の欧米人が襲撃の標的となった。清朝の兵士が義和団と合流した一九〇〇年半ばには、一五〇〇人余の外国人が死傷し、ドイツ公使が暗殺されるなど、北京は騒乱状態となった。

このため八ヵ国連合軍が組織され、義和団討伐作戦が実施されたのである。連合軍の動員兵力は約一三万人で、イギリス軍三万三四五〇人のなかに、オーストラリア植民地軍五五六人が組み込まれた。これ以外ではロシアと日本がそれぞれ二万三〇〇〇人、ドイツとフランスがそれぞれ二万人を派兵している。アメリカは約四六〇〇人に止まった。

イギリス本国の要請で一九〇〇年六月、三つのオーストラリア植民地が派兵することになった。ビクトリア海軍二〇〇名、ニューサウスウェールズ海軍二六〇名、南オーストラリア海軍九六名の合計五五六人が、三隻の海軍艦艇に分乗して八月初旬に中国へ派遣され、九月初旬に北京と天津に到着した。これらの兵士は本来、ボーア戦争に派遣される予定で出撃準備の態勢にあったが、急遽、中国に派遣されたものだ。イギリスの英帝国支配に、オーストラリア植民地がいかに組み込まれていたかを示す一例である。

しかしながら参戦は、八ヵ国連合軍による義和団への武力鎮圧がほぼ終了した段階であり、ほとんど戦火を交えることはなかった。北京に駐留したニューサウスウェールズ軍と、天津に駐留したビクトリア軍は、イギリス公館や鉄道関連施設の警備など、もっぱら治安維持の警察行動や消防作業に従事しており、鉄道施設では乗客からの切符の回収作業にも携わるなど、非軍事活動が多数含まれていた。軍事作戦で死亡した兵士は皆無だったが、総兵力の二五%が風邪やインフルエンザに冒され、六名が死亡するなど、冬将軍に悩まされつづけた。

義和団事件への派兵は、中国をめぐるアジア国際政治にオーストラリアが直接関与した初めての経験であり、これ以後アジア地域の安全保障問題に、オーストラリアはより一層高い関心をもつようになる。日清戦争(一八九四〜九五年)で目覚めたアジア安全保障への関心が、義和団事件によってさらに深まり、ロシア、ドイツ、フランスの権益が中国大陸で強化されたことで、オーストラリアは中国大陸をめぐるパワー・ゲームという発想を、初めてリアルにもつようになる。

ロシアの南下

義和団事件は、アジア国際政治を見る眼を養う格好の場となった。事件の終結に伴って清朝が支払うことになった総額約四億五〇〇〇万両の賠償金獲得順位を、配分比率(カッコ内は%)とともに示すと、ロシア(二九)、ドイツ(二〇)、フランス(一六)、イギリス(一一)、日本(八)、アメリカ(七)、イタリア(六)の順である。英帝国の脅威であったロシア、ドイツ、フランスの三ヵ国は、明らかに突出した賠償金を獲得していた。こうした事実を踏まえて、イギリス本国ばかりでなく、オーストラリアにおいてもロシアへの警戒感は高まることになる。とりわけロシアの強圧的な姿勢と、中国大陸における既得権益の確立に、改めてロシアの南下政策は疑いの余地がないと、オーストラリア派遣軍の司令官らは痛感することになる。

オーストラリア植民地軍を指揮したのは、「オーストラリア海軍の父」と呼ばれたウィリアム・クレスウェルで、元イギリス海軍士官として中国海域での任務についた経験を買われての参加であった。後にイギリス海軍政策と対立して、オーストラリア連邦海軍の創設を唱えたことで知られる。

連邦海軍創設の背景には、義和団事件を通じて東アジアの国際政治を実感した経験が、多分に影響している。イギリス海軍の傘に頼るだけでは、安全保障が確保できないのではないかとの危機意識を、徐々にもつようになる。日清戦争で三国干渉を行ったロシア、ドイツ、フランスがイギリスの権益に挑戦して、中国を舞台に権益を強引に拡張していく有様を、目の当たりにしたからである。これら三ヵ国が、前述した南太平洋モンロー主義の対象国であったことを想起すると、オーストラリアと英帝国にとっての仮想敵国は明らかだ。とりわけロシアの南下は、焦眉《しょうび》の急の問題であった。

コラム3　王立植物園（シドニー）

シドニー中心部にある王立植物園（Royal Botanic Garden）。一八一六年設立のオーストラリア最古の植物園だ。約三〇ヘクタールの広大な土地に、世界各地から集められたさまざまな植物が生い茂り、大都会の喧騒《けんそう》から隔絶された世界が広がっている。

王立植物園には、オーストラリア原産の「ワイルドフラワー」も多く、この大陸が独特の植生を持っていることをうかがい知ることができる。現在は多くの市民や観光客が訪れる憩いの場であるが、設立はイギリス帝国主義や植民地経営と密接に関連していた。

植物園は一八世紀以降、世界中のイギリス植民地につくられ、いわばイギリスの「植物帝国主義」ネットワークを形成していた。植物帝国主義とは、植民地で採取した珍しい植物を、中心であるイギリスのキュー王立植物園（Kew Garden）に集め、別の植民地で安価で効率的に栽培するための研究を行い、世界の植物をイギリス帝国に経済的利益をもたらすものとする構想である。シドニーの王立植物園も植物研究と栽培を行い、帝国主義の一翼を担っていたわけだ。

そもそも植民地開拓の一行には必ずといっていいほど植物学者やプラントハンターが

王立植物園からオペラハウスを望む

同行していた。ジョセフ・バンクスは、キャプテン・クックのエンデバー号による第一次世界周航（一七六八～七一年）に同行した植物学者だ。バンクスが各地で採集した植物は、『バンクス植物図譜（花譜集）』に収録されている。この図譜にあるオーストラリア原産のヤマモガシ科の常緑樹「バンクシア」はバンクスにちなんで名づけられ、いまやオーストラリアを代表する植物だ。またクックが一七七〇年四月にエンデバー号を停泊させた「ボタニー（植物学）湾」は、さまざまな珍しい植物が発見されたことから名づけられた。

しかしシドニーの王立植物園の設立は、別の目的があった。植物園がつくられた一九世紀初頭の植民地では、イギリスからの囚人の数が急増していた。当時のラクラン・マックウォーリー植民地総督は、増えつづける囚人のメンタルヘルス対策として労働を重視し、その一環で農地の一画を壁で囲んで植物園とする計画を立てたことが始まりであったと言われている。

第4章　日本問題の登場――対外脅威と安全保障

1　日英同盟と日露戦争――日本との蜜月時代

なぜ日英同盟を支持したのか

英帝国の敵ロシアと、いかに対決するか。イギリスの妙案は、日本との軍事同盟であり、オーストラリアはほぼ無条件に日英同盟へ支持を与えた。一九〇二年一月三〇日、真冬のロンドンで締結された日英同盟は、イギリスとオーストラリアの利益が見事に一致した軍事同盟だが、常に両者の利益が一致したわけではない。

一九〇二年の日英同盟は第一次であり、日露戦争中の一九〇五年に第二次日英同盟が、そして日米危機が発生していた一九一一年に第三次日英同盟が調印されたように、国際情勢の変化に伴って日英同盟は質的転換を遂げ、およそ二〇年の生命を保ちつづけることが可能となった。

この二〇年間に数限りない国際問題が発生し、大国間のパワー・バランスに大きな変化が生じ、その結果、日英同盟の目的と機能が刻々と変質していった事実を忘れてはならない。同じ軍事同盟を結びつづけたというより、むしろ三つの異なった軍事同盟が調印されたと理解したほうがよい。この間にオーストラリアは、安全保障政策をめぐってイギリスと利益が一致することもあれば、衝突することもたびたびであった。第一次日英同盟の締結から、日露戦争の終結に至る三年半は、オーストラリアと日本が手放しで協調できた短い蜜月《みつげつ》の時代である。第二次から第三次日英同盟の時代は、オーストラリアの対日観が警戒論から脅威論へと転化し、日本問題が国家政策の中心課題となるなど、緊張関係が支配した。

ライオンがサルを助け、凶暴なクマと戦う――平和を満喫するカンガルー

イギリスから見れば小国に過ぎない日本が、ユーラシア大陸を制する大国ロシアに挑むことを政治的、軍事的、経済的、そして精神的に支援したのが、日英同盟である。オーストラリアやイギリスの風刺画では、日英露の確執を動物で例えることがしばしばであった。イギリスは威風堂々とした百獣の王ライオン、ロシアは凶暴なクマ、そして日本は狡猾《こうかつ》そうなサ

ルだ。ライオンがサルに歩み寄り、パートナーシップを結んで共通の敵であるクマと戦うという構図である。オーストラリアの風刺画では、平和を満喫するカンガルーの姿がよく描かれる。

イギリス外交の恐ろしさは、自らは一滴の血も流さないで、ロシアに勝利する方策を考えたことであり、その手段が日英同盟であった。日本が血と汗を流し、イギリスは巨額の戦費ローンと軍事情報を日本に流す、さらに親日の国際世論を形成することで、ロシアとの戦いに勝利するシナリオを描いていたわけである。日本があえてロシアと同盟を結び、日露戦争を回避する道も残されていたが、日英同盟によってこの選択肢は消えた。

ただイギリスにとって頭痛の種は、日英同盟の秘密交渉を行っている最中に、オーストラリアの連邦議会で、白豪政策の法制化が同時進行していたことであった。イギリスが日本に対してパートナーシップを口にする一方で、オーストラリア政府が日本人を含む有色人種の入国を原則禁止するという矛盾が露呈し、日本政府はイギリスに対して抗議を行っていた。ここに英帝国の統一外交というルールが、対日関係で崩壊することになった。オーストラリア政府に対して、イギリスは同盟交渉が最終段階にあることを説明することもできず、国際情勢の変化が生じつつある点を、婉曲に指摘することだけで精一杯であった。日英同盟の精神と白豪政策は矛盾するものであり、オーストラリアは日英同盟が消滅するまでのおよそ二

○年間、白豪主義の存続をめぐって日英両国と摩擦をもつことになった。

オーストラリアの移住制限法案が連邦議会で可決された一ヵ月後に、日英同盟が締結され、全世界に向けて発表された。オーストラリア政府が日英同盟の存在を初めて知ったのは、一九〇二年二月一三日である。真夏の盛り、ロンドン発の外電を掲載した新聞を通じてであった。ちょうどそのとき連邦議会が開会中であったが、不思議なことに日英同盟をめぐる質疑応答や議論はまったく行われなかった。与野党ばかりでなく、国防省でも同盟を議論した形跡はない。つい数ヵ月前まで、連邦議会であれほど白豪主義を議論し、日本人は優秀であるがゆえに排斥されなければならないと、時の有力議員ディーキン（後の首相）が主張していたのが、まるで嘘《うそ》のような静けさであった。ライオンとサルが結託して、獰猛《どうもう》なクマと戦うシナリオが完成したため、カンガルーは平和を満喫することができると、安堵感に包まれた。

三つの視点――安全保障、貿易、白豪政策

ではオーストラリアは、日英同盟に関して無関心であったのであろうか。事実はその逆で、エドモンド・バートン首相をはじめ多数の有力政治家のコメントや新聞記者の見解が、各州で影響力をもつ新聞を通じて広く伝えられている。オーストラリアの立場は、メルボルンの日刊紙『エイジ』（一九〇二年二月一四日付）が掲載したバートン首相のコメントに代表され

る。同首相は日英同盟の意義を、安全保障、東アジア貿易、白豪政策の三点から明快に述べている。

第一に、日英同盟は世界の軍事バランスから見てイギリスと英帝国に利益をもたらす。南下するロシアの脅威をくい止める抑止機能をもつ点で、「オーストラリア連邦にとってきわめて有益である」と、全面賛成論を展開した。とりわけ太平洋地域における英帝国の権益を守り、オーストラリアの防衛体制を「陸海軍の観点から」強化すると明言している。日英同盟が締結された当時、イギリス海軍省が極東の海軍力バランスを試算しているが、海軍力は対ロシア優位を決定的なものにしており、バートン首相の認識は正しかった（図4-1）。また同首相は後日、同盟は「世界平和を保障する」ものであり、英帝国と日本の海軍力が「同盟によって相互に増強される」点で、オーストラリア防衛に多大な貢献をするとも述べている。

第二に、オーストラリアが東アジア貿易を促進する上で、日英同盟は有利に作用するとの判断を示している。オーストラリアは当時、新しい貿易市場として日本と中国の将来性を期待しており、同盟条約の前文が中国と朝鮮半島における経済活動の機会均等を謳《うた》っている点に、注目し

	戦艦	1級巡洋艦	2級巡洋艦
ロシア	6	10	2
日本	6	6	27
イギリス	4	4	5

図4-1　**極東における海軍力バランス**（1901年）

たわけである。日英同盟が調印された一九〇二年、ニューサウスウェールズ州政府は東アジア貿易を振興する目的で、神戸に通商代表部を設置する決定を下している。東アジア貿易の視点から日英同盟を前向きに評価した首相のコメントは、的を射たものであった。

第三に、白豪政策の堅持を再確認している。英帝国と日本が軍事同盟関係になったにせよ、白豪政策は不変であり、日本人を白人と同様に扱うことはできないと、明瞭に述べている。日本を同盟国として受け入れるが、移民や外国人労働者として日本人は受け入れないという、虫のいい国益論が支配したのである。

バートン首相にとっての唯一の危惧は、日本政府が日英同盟を梃子《てこ》に、オーストラリアへ外交圧力を行使し、白豪政策の修正を迫ってくるのではないか、という問題であった。またイギリス政府がバートンに圧力を掛けてくるのではないか、との恐れもあった。こうした外交圧力を回避するために、バートンは日英同盟が白豪政策に影響を与えることはありえないと、再三にわたって政府見解を新聞紙上で発表したのであった。結局、日英両国からの圧力は行使されず、表面的に日豪関係は短いながらも蜜月の時代を迎えることになったのである。

支持と反対

バートン首相の見解は、労働党のワトソン党首や自由貿易派のリード党首らによっても支持され、日英同盟に対する賛成論が超党派で展開された。こうした政府見解は、ビクトリア州の日刊紙『エイジ』や『アーガス』、ニューサウスウェールズ州の『シドニー・モーニング・ヘラルド』と『デイリー・テレグラフ』、クイーンズランド州の『ブリスベン・クーリア』、南オーストラリアの『アドバタイザー』などでも紹介され、社説でも好意的な論調が目立った。

批判的な見解を寄せたのは大衆誌『ブレティン』がほぼ唯一である。同誌は白人至上主義とナショナリズムを売り物にすることで知られていた。批判のポイントは明快で、英帝国が「白いヨーロッパに対抗する目的で、有色国家と同盟を締結する」ことはきわめて不名誉である、というものである（一九〇二年二月二二日付）。白いヨーロッパとはロシアであり、有色国家とは日本を示す。『ブレティン』の同盟批判は人種的な観点に限定され、戦略論をまったく展開していなかったため、パワー・エリートや世論に大きな影響を与えることはできなかった。しかし後述するように、同誌の一貫した白人至上主義とナショナリズムは、日露戦争後のオーストラリア世論形成に無視できない影響を及ぼすことになる。

親日論の台頭——日露戦争の勃発

日露関係が悪化の一途をたどり、一触即発で戦争状態になるのではないかとの観測は、ロンドン発の外電を連日掲載していた新聞を通じて、逐一報道されていた。日露戦争は一九〇四年二月八日に発生し、一九〇五年五月の日本海海戦でロシアのバルチック艦隊が壊滅的被害を受け、九月五日にアメリカのポーツマスで講和条約が調印されて幕を閉じた。オーストラリアは、戦略論と反ロシア感情から日本に熱いエールを送った。

オーストラリアの世論が対日支持一色となっていたことは、日本警戒論を終始展開していた『ブレティン』でさえ、あらゆる新聞と雑誌が「足並みを揃《そろ》えて黄色人に味方している」ことを認めていたことからも、その様子がうかがえる（一九〇四年二月一八日付）。

当時の雰囲気を最もよく伝えているのが、シドニーで開かれた明治天皇の生誕祝賀会だ。毎年、日本国領事館は明治天皇の誕生日の一一月三日にシドニーで祝賀会を開いていた。日英同盟が締結された一九〇二年も同様であった。しかしいままでと違うのは、同盟国としての期待感が政治家、経済人、ジャーナリストから表明され、戦略的な観点から親日論が沸き上がったことである。白豪主義運動でみせた差別的な発言から一転して親日論が台頭したことは、日本政府にとっても意外であった。このような親日論は、日露戦争の開戦でピークを迎えることになる。

祝賀会では、ニューサウスウェールズ州首相カルーザーズ、シドニー市長リー、陸軍のフィン准将、経済界代表、ジャーナリスト、各国の外交団、シドニー在住の日本人や中国人らが多数集い、シドニー市内と埠頭《ふとう》には日の丸が掲揚されるなど、日本ブームが到来したかのような盛り上がりを見せた。挨拶に立った政界の重鎮フランシス・サターが、「偉大な国家」として日本を持ち上げ、続いてリー市長が日本の勝利は、必ずや世界平和に貢献するとの期待感を表明するなど、この場において対日批判は皆無であった。

オーストラリア側の参加者は異口同音に、日本が母国イギリスと軍事同盟を結び、共通の敵ロシアに戦いを挑んでいる点を高く評価した。スピーチではもちろん披露されなかったが、親日論の根拠として新たに登場したのは、日英同盟が日本の南下（豪州への接近）を抑止する機能をもつとの論理であった。同盟締結直後には、バートン首相らは日英同盟を梃子に日本が白豪政策に圧力を行使する危険性があるとの警戒心をもっていたが、時代の変化とともに論理も変転するものである。

反ロシア感情の裏返し

反ロシア感情の裏返しとして、親日論が急速に台頭した背景には、ドッガー・バンク事件が大きく作用している。一九〇四年一〇月二一日に、北海のドッガー・バンクで、イギリスのトロール船がバルチック艦隊から艦砲射撃を受け、英露両国が開戦の危機に直面した事件である。トロール船のなかに日本海軍の水雷艇が紛れ込んでいるとの軍事情報を鵜呑《うの》みにし、極東へ回航中のバルチック艦隊が突然発砲したというのが真相である。外電がこの卑劣な行為を伝えたため、オーストラリアでは反ロシア感情が一気に吹き出し、連邦議会では一〇月下旬にロシア非難決議が提出されるなど、強硬論が吹き荒れた。明治天皇の生誕祝賀会はまさにこの直後開かれたわけで、日本政府は予想をはるかに超えた親日論に接することになったのである。

もちろん日本警戒論が皆無であったわけではなく、白豪政策の観点から大衆誌『ブレティン』、労働党機関誌『トクシン』、ローマ・カトリック教会の機関誌『アドボケイト』などで表明されたものの、日英同盟と日露戦争を重ね合わせた戦略論が支配しており、この流れを変えることはできなかった。

2　日本は有望な貿易市場だ――情報収集と発信

日本人への特別扱い――パスポート協定

親日論と日本再評価は、日露戦争中の一九〇四年に締結された日豪パスポート協定に反映されている。これはアルフレッド・ディーキン首相（第一次政権一九〇三年九月～〇四年四月）が手掛けたもので、日本人が商業・教育・観光の目的で、オーストラリアに入国することを認めた画期的な協定であり、一〇月一日から運用が開始された。日本政府発行のパスポートを保持する日本人は、前記の目的と滞在期間を明記してあれば、入国に際して語学の書き取りテストを免除されるという内容だ。白豪主義を堅持しつつも、貿易という実質は手に入れたいとの国益論が背景にある。たしかに白豪政策は人種差別的な政策であるが、その一方で利益をもたらすと判断されれば、日本人を含む有色人種への特別待遇が存在したことも、また事実なのである。

同首相の意図は、第一に日豪関係の懸案事項（日本人の入国禁止）を解決する、第二に日本との通商関係を強化する、第三に白豪政策を堅持する立場から日本人の永住は許可しない、というものであった。オーストラリアは東アジア貿易を促進する政策を打ち出し、とりわけ対日貿易に大きな期待を寄せていた。日露戦争に際しては羊毛と軍馬が大量に輸出されており、日本は新興市場として注目されるようになっていた。しかし白豪政策によって、日本人ビジネスマンが自由に訪豪することはほぼ絶望的となり、オーストラリア政府は大きなジレンマに直面していた。実は移住制限法には抜け道の条項（section 3-h）があり、日本人ビジネスマンが事前に通知すれば、語学の書き取りテストを免除することも可能であったが、きわめて煩雑で、訪豪も保証されたものではなかった。

図4－2　ディーキン首相

このパスポート協定は、オーストラリアの対外関係で二つの意義をもつ。第一は、ディーキン首相が、シドニー駐在の日本総領事と直接交渉したことである。英帝国の外交慣例に従えば、対日交渉はイギリス政府を経由することになっており、直接交渉による協定等の締結は許されていなかった。こうした慣例を破って、ディーキンはパスポート協定の締結に踏み切った。

第二点として、短い交渉期間にもかかわらず、オーストラリアでは一九〇四年に政権交代が二度あり、一年間に三人の首相がパスポート協定の交渉に関わった。保護主義派のディーキン首相が交渉をはじめ、労働党のクリス・ワトソン首相（在任一九〇四年四月～八月）が進展させ、自由貿易派のジョージ・リード首相（在任一九〇四年八月～〇五年七月）がまとめ上げるという、異例の展開を見せた。立場の異なる三つの政党が、対日貿易の促進で足並みを揃え、超党派で取り組んだ結果が、パスポート協定として結実したわけだ。これを前例に、同様の協定がインドにも適用されることになった。連邦国家となったオーストラリアが、初めて経験した外交交渉である。

ディーキンは首相に返り咲いた翌年の一九〇五年、対日関係を配慮して移住制限法修正法案を上程し、語学の書き取りテストを「ヨーロッパ語」から「指定語」に変更して、日本の不満を緩和しようとしたことがある。ヨーロッパ語によるテストが日本人を差別扱いしているると、かねがね日本政府が批判していたことを考慮して、「指定語」へと修正したものだ。日本の顔を立てつつも、白豪政策は変更しないとの政治的判断である。

メルボルン大学の夜間コースで法律を学んだディーキンは、弁護士として活躍する一方、日刊紙『エイジ』に寄稿するなど、知性派の政治家として知られる。連邦運動の一翼を担い、連邦成立をめぐる対英交渉をロンドンで行った経験をもつ。バートン政権の初代司法長官への就任を振り出しに、首相として三度政権を樹立する間も、匿名で英国紙『モーニング・ポスト』にオーストラリア事情を寄稿しつづけた。国内改革では最低賃金制の導入、輸入品への課税制度、高齢者年金の採用などを手掛けており、オーストラリア政治史で最も評価の高い政治家の一人である。

夜空に輝く彗星――対日貿易への期待

対日強硬派のディーキン首相が、英帝国外交の慣例を打ち破ってまで、どうして日本との直接交渉に踏み切ったのであろうか。その背景には、オーストラリア原産の一次産品を日本や中国へ輸出したい、との強い期待感があった。オーストラリアはイギリス本国への特恵貿易で潤い、高い生活水準を維持してきたから、本来、それほど東アジア貿易にこだわる必要はないはずである。

この謎を解く答えは、一八九〇年代の経済不況に求めることができる。当時の最大輸出品目は羊毛であったが、海外市場での需要が低下し、供給が需要を大幅に上回って価格も暴落、大量の在庫を前に、羊毛産業では、失業が深刻な問題となりはじめていた。オーストラリアの経済的繁栄は、羊毛を柱とする一次産品の輸出に依存しており、中長期にわたる羊毛輸出の減少は、重大な政治問題として認識されるようになっていた。このとき、暗い闇夜《やみよ》に彗星《すいせい》のごとく登場したのが、近代化路線を驀進《ばくしん》する日本であった。

	輸出入	日本の対豪輸出	日本の対豪輸入
1891/93年	320	237	82
94/96	623	383	240
97/99	1004	604	400
1900/02	1414	823	590
03/05	2346	1186	1160
06/08	2924	1430	1494
09/11	3936	2046	1889

図4－3　**日豪貿易の推移**
3年ごとの貿易額平均値（万円）

経済不況を乗り越える手段としての東アジア貿易は、すでに一八九〇年代末に模索されていた（図4－3）。ニューサウスウェールズ、ビクトリア、南オーストラリアの植民地政府は、独自の判断で、イギリスやヨーロッパに通商使節を派遣するとともに、新興市場として注目されはじめた日本、中国、インドにも通商使節や調査員を派遣したのである。

日本は日清戦争で勝利を収め、日英通商航海条約を通じて英帝国の貿易パートナーになった新興工業国である。陸海軍を中心に羊毛需要が高く期待でき、さらに、羊毛が大衆化し、綿織物に代わって急速に需要が伸びはじめた有望市場として、これらの通商使節が以前から注目していた。とりわけ日本が、貿易市場として有望だと見込んだ上で、ディーキン首相は対日パスポート協定の交渉を進めたわけである。感情的な親日論ではなく、あくまで現実的な貿易論であったことを、忘れてはならない。

しかし不思議なことに、オーストラリアは対日貿易を促進させる上で、日英通商航海条約に加盟したことがない。最大の理由は、白豪政策の維持にある。同条約は優遇税制による貿易の促進とともに、人的往来の自由、さらに居住営業をある程度認めており、仮に加盟すれば、日本人が自由に訪豪する危険性があった。このためオーストラリアは、貿易に限定した通商協定の締結には関心を有していたが、人的往来の自由も規定した通商航海条約への調印には、終始反対の立場を貫いていた。

神戸に通商代表部を開設

ニューサウスウェールズ州政府が、通商代表部をイギリス、南アフリカ、日本に設置することを決定したのは、連邦国家成立直後の一九〇一年一月中旬であった。日本における候補地として横浜、神戸、長崎が検討されたが、輸入貿易港で第一位の神戸が選ばれた（輸出港では横浜が第一位)。

ニューサウスウェールズ州通商代表部の職務範囲は、日本ばかりでなく中国大陸、香港、朝鮮半島、ロシア極東地域、東南アジア(フィリピン、ジャワ、オランダ領東インド、シンガポール、ビルマ〈現ミャンマー〉、インド)など、広大なアジア地域が対象とされたため、地理的に中国大陸や東南アジアに近く、定期船のルートから考えても神戸が最適とされた。貿易港としての横浜は、中国や東南アジアから遠く、長崎は規模があまりに小さいとの理由であった。

東アジア貿易の実務に明るく、日本総領事館との関係も良好なE・ホワイトリーが一九〇二年、初代のニューサウスウェールズ州通商代表(コマーシャル・エージェント)として派遣された。しかしホワイトリーが急逝したため、ジョン・サターがその任務を受け継ぎ、フィリピンと香港を経由して一九〇三年一二月に着任した。サターは神戸で、日豪貿易の立役者として知られる兼松房治郎《かねまつふさじろう》の知遇を得ることになり、両者は羊毛貿易を強力に推進する車の両輪となった。サターの精力的な活動に刺激されて、クイーンズランド州政府と南オーストラリア州政府も通商代表部の設置を決め、ビクトリア州政府も通商調査員を任命していった。

日露戦争用に軍馬を輸出

オーストラリアの対日貿易は、図4-3（一二二頁）からも理解できるように、日清戦争と日露戦争の時期に、日本からの特需で大幅な伸びを記録している。とりわけ日本陸軍が、冬季用に羊毛のコートを大量に発注し、原料の良質な羊毛を買い付けたことが、大きな要因となっている。また日露戦争が始まった一九〇四年には、陸軍が九九五七頭の軍馬をオーストラリアから輸入しており、貿易量は急速に拡大した。残念ながら軍馬のうち一一〇三頭が長い航海の途中で息絶えている。これはなにも過去に限ったことではなく、現在でも中東のイスラム諸国に輸出される大量の羊が、苛酷なインド洋航海の途中で多数が圧死する。

日本に陸揚げされた軍馬は、もともと中国東北部での対ロシア戦が長期化することを念頭に置いたものだが、実際には戦争が予想よりはやく終結したことで、戦闘で使われることはなかったという。最終的には半数以上が繁殖用として全国の種馬牧場に提供され、日本における馬生産に大きな足跡を残すことになった。逆にオーストラリアでは、一度に大量に輸出したため、広大な国内開発や流通手段として欠かせない馬の絶対量が不足し、大きな社会問題を引き起こすまでになっていた。オーストラリア人は日露戦争のリアリティを、馬の絶対的な不足という局面で、実感することになった。

五つの情報源

当時のオーストラリアにとって、日本や東アジア情勢に関する情報源は、(1)イギリス植民地省経由で入手できる外交・安全保障レポート（英国ルート）、(2)シドニー駐在の日本総領事がもたらす情報（日本ルート）、(3)各州政府が派遣した通商代表部や通商調査員の情報（豪州ルート）、(4)新聞に掲載された報道記事（英国ルートと豪州ルート）、(5)日本や中国大陸を旅行して帰国したオーストラリア人からの生《なま》情報（豪州ルート）の、おもに五ルートがあった。

英国ルートは、定期的に情報が入手できるルートであったが、最も知りたい戦略情報は期待できず、イギリスにとって都合のよい情報が満載されているため、満足のいく情報源ではなかった。同様に日本総領事館の情報は、日本政府の立場を理解し、貿易関係を進展させる基礎情報源として便利であったが、日本の動向を的確に把握する上で難点があった。当然、日本側に不利な情報は流さないからである。

このためオーストラリアは、独自ルートで日本・東アジア情報の開拓が必要であるとの判断に傾き、ニューサウスウェールズ州が神戸に通商代表部を開設してサターを常駐させ、英国紙『ザ・タイムズ』に掲載された北京特派員ジョージ・モリソンによる記事に注目し、日本を訪問したオーストラリア人に土産話を聞くことで、情報ギャップを埋める作業を行っていた。モリソンは「チャイニーズ・モリソン」と呼ばれるほどの中国通であり、彼が寄せる日本や東アジアに関する情報は、オーストラリアの対日観形成に大きな役割を演じたと言えよう。

オーストラリア人としての視点

モリソンの対日観が、親日論から日本警戒論へ、そして日本脅威論へと大きく修正されていった軌跡は、ほぼそのままオーストラリアの対日観にも反映されている、と表現しても過言ではない。日露戦争後に日本が新たなパワーとして登場したことに対して、モリソンが「直感的な疑いをもつ一方、中国人に対して同情の念をもった」（ロンドン大学教授イアン・ニッシュ）ことが、その出発点にある。そしてモリソンの直感が現実となっていく。日本警戒論への傾斜は、日英両国の共通利益であった敵国ロシアの存在が、もはや両者にとって軍事的な脅威とならなくなったためである。

その一方、日本が中国東北部を中心にプレゼンスを高め、軍事力を背景に経済権益の拡大を進め、欧米諸国の対中進出に障害となるなど、新たな問題が登場してきた。さらにアメリカ西海岸のカリフォルニア州における日本人移民排斥運動をきっかけに、日米関係が急速に悪化するなど、日本を取り巻く国際環境が新たな様相を呈しはじめたことで、モリソンは日本警戒論者へと変質していった。論調も次第に反日へと傾斜し、『ザ・タイムズ』の編集方針と齟齬《そご》が生じるようになる。イギリスは対ドイツ戦を想定して、第二次日英同盟を最優先させる方針に変わりはなく、モリソンが振りかざす日本警戒論は、イギリスの国益にとって障害となりつつあった。第二次日英同盟の目的をめぐって、オーストラリアとイギリスの国益観に乖離《かいり》現象が生まれたが、その象徴的な存在がこのオーストラリア出身の記者であった。

3 日本脅威論と自主防衛

日本警戒論の胎動——第二次日英同盟

オーストラリアの対日観は、第二次日英同盟が調印された頃から微妙に変化しはじめる。オーストラリアとイギリス、そして日本の戦略的利益が見事に一致していた第一次日英同盟とは異なり、第二次日英同盟では三者の利益に不一致が生じはじめたからである。オーストラリアにとって深刻な問題は、イギリスの戦略的な利益との整合性が日露戦争後に失われる局面が発生したことだ。その転換点を、イギリス極東艦隊の主力艦が日露戦争後にヨーロッパ海域へ移動した時点に求めることができる。これを境にオーストラリアの親日論は対日脅威論へと転化していった。

日露戦争の終結をめぐる講和会議が、アメリカ北東部の町ポーツマスで開催されていたとき、第二次日英同盟協約が八月一二日にロンドンで調印（九月二七日公表）された。日本とイギリスが戦勝ムードで包まれていたときである。日本に対して、イギリス政府は、ロシア軍の動向に関する軍事情報の提供、戦費ローンの調達、さらにロシア海軍の艦船に石炭燃料を供給しないなど、あらゆる側面支援を惜しまなかった。イギリスから見れば、日露戦争はまさに日英のパートナーシップで勝ち取った戦争であった。このパートナーシップが発揮された第二次日英同盟は、⑴適用範囲をインドに拡大、⑵日本の韓国保護国化を承認、⑶防御同盟から攻守同盟への質的強化、⑷有効期限を五年から一〇年に延長するなど、軍事同盟としての性格を一層明瞭にさせたものとなった。

オーストラリアでは、連邦議会での審議や主要新聞が、戦略論に立脚して第二次日英同盟に好意的な反応を示していたが、軍事的な警戒論が登場したことは注目されてよい。政治に影響力をもつ『エイジ』（一九〇五年九月二九日付）は、イギリスが日本海軍に依存する傾向が加速され、英帝国の安全保障そのものが、日本海軍の手に委ねられる可能性と危険性を指摘した最初の日刊紙であった。

「アジアの平和は長期にわたって維持されるであろう」が、オーストラリアの安全保障環境は脆弱性を増すとの認識を示した点は注目される。解決策として『エイジ』は、イギリス海軍がシンガポール基地を整備するとともに、英帝国の海上防衛において、「オーストラリア連邦が独自の役割を演じるべきである」と論じた。「オーストラリア沿岸が現在、アジアからの海洋によって洗われているという現実を、オーストラリア人は直視すべきである」と警鐘を鳴らす。日本の影響力が飛躍的に向上したことで、白豪政策が侵食される可能性にも危惧を表明している。日本警戒論が始動したのである。いままでも日本批判論を一貫して展開し、孤立無援の状態であった雑誌『ブレティン』は、ようやく保守本流のメディアとともに、本格的な反日論を展開するようになる。

連邦議会での「反日」

連邦議会では、移住制限法の修正と日本人入国への特別配慮を審議した際に、第二次日英同盟がオーストラリアにもたらす意味が討議された。意見の大勢は賛成論であり、自由貿易派のジョセフ・クック（後に首相）が日本を「偉大なる東洋の国」と呼ぶなど、英帝国の防衛に欠かせない国であるとの認識が広く共有された。と同時に、日本への防衛依存こそが、オーストラリアの将来にとってはかり知れない問題を惹起させる、との考えが表明されたことも、また事実であった。

日露戦争中に訪日した労働党のウィリアム・マロニー議員が、帰国後にパンフレット『閃《せん》光《こう》日本と東洋』（一九〇五年）をメルボルンで出版し、日本視察記を柱としつつも、日本の軍事的脅威と白豪政策の重要性を力説したことがある。連邦議会では、自由貿易派の議員がマロニーの著作を取り上げ、人種的偏見に満ちあふれており、いたずらに反日的であると批判する声も聞かれた。

しかし、後に首相として大きな足跡を残した労働党のベテラン議員ウィリアム・ヒューズが、オーストラリアと英帝国が、白豪政策で締め出されている日本人に安全保障を委ねている矛盾を指摘した点は、それが事実であるがゆえに、多くの議員の脳裏に焼き付くことになった。共通の敵ロシアと戦争状態にあるという視点で巻き起こされた親日論ではあるが、その陰で日本警戒論は着実に浸透していく。この矛盾をいかに解決するかが、連邦政府に突き付けられた政策課題であった。

こうしてオーストラリアとイギリスは、第二次日英同盟の評価をめぐって、徐々に異なった政策判断をもちはじめたのである。オーストラリアはイギリスに追従し、国家意志は存在しないとの英帝国神話は、イギリス海軍政策の転換を契機にここでも崩壊していく。

イギリス極東艦隊が消えた

オーストラリアの対日脅威論は、イギリス極東艦隊の主力艦が一九〇五年に消え、さらに日米関係が移民問題をめぐって緊張状態に陥ったことで、一気に噴出する。小さな声に過ぎなかった日本警戒論が、大きな声となって脅威論へ転化する瞬間であった。

オーストラリアが最も頼りにしていたイギリス極東艦隊の主力艦は、なぜ消えたのであろうか。それはドイツが、新たな脅威として出現したからである。日露戦争でロシアが敗北し、ロシアがイギリスの仮想敵国リストから消えた直後、ドイツがその座を占めることになった。ドイツはウィルヘルム二世の治世下、イギリスとの間で熾烈な海軍力競争を展開し、日露戦争中はロシアのバルチック艦隊に石炭燃料を世界各地で補給、さらに海運業でもイギリスの権益を脅かすべく、商船隊を増強していた。イギリス海軍は、北海を中心としたヨーロッパ海域でドイツ海軍に対抗するため、極東海域に配備していたすべての戦艦を、北海に移動させる決断を行ったのである。

ではもう一つの競争相手フランスは、どうであろうか。一九世紀に植民地競争を展開してきたイギリスとフランスは、今度はドイツの野心的な進出に警戒感を共有するようになり、ドイツに対抗して英仏協商（一九〇四年）を結ぶまでになっていた。そして日露戦争が終わってからは、イギリスが敗者ロシアを誘って英露協商（一九〇七年）を成立させた。イギリスはフランスとロシアを抱き込んで三国協商を結成することに成功し、対ドイツ包囲網の形成に漕《こ》ぎ着けたのである。こうして仮想敵国リストからロシアとフランスが消え、残るはドイツのみとなった。ドイツに対抗するため、あらゆる手段が模索されることになる。オーストラリアの安全保障を左右する極東艦隊も、その例外ではなかった。

第二次日英同盟が発効したことを待って、イギリス政府は極東地域における英帝国の防衛を日本海軍に託すことを決め、すべての戦艦を一九〇五年、北海に移動させる戦略の大転換を行った。いままで二国標準主義（二正面作戦）を掲げてきたイギリスの海軍政策が、大きく修正させられたことを意味した。「平和」を意味する太平洋は広大な日本の海へと変身し、アジアと太平洋地域で日本の覇権が確立されたことは明らかであった。加えて、日米関係は移民問題で急速に悪化し、日米開戦のシナリオが語られるようになるなど、危機的な状況を迎えていた。

オーストラリア国内の新聞や雑誌は、こぞって安全保障問題を意識的に取り上げるようになり、その論調にも驚くほど共通点が見られる。論調は以下の四項目にまとめることができる。(1)将来、日英同盟が失効することになれば、日本はドイツなどと新たな軍事同盟を結ぶ可能性があり、その場合、日独同盟はオーストラリアにとって最悪のシナリオとなる。(2)仮に日米開戦となれば、イギリスは日英同盟によって日本を支援する義務があり、自動的にオーストラリアも対米戦の状況に置かれることになる。(3)日本の軍事力が強化されており、白豪政策破棄への外交的圧力が増す危険性がある。(4)極東地域ではイギリス海軍の主力艦が不在で、オーストラリアの安全保障は危機的な状況にあり、自主防衛を真剣に考えなければならない。そして白豪政策と安全保障政策は不可分である、との考えに疑いをもつ者は皆無であった。

アメリカ大西洋艦隊の世界周航

一九〇八年八月、南半球では冬の木枯らしが吹くなかで、アメリカ大西洋艦隊の戦艦一六隻がオーストラリアを訪問した。これはディーキン首相の外交イニシアチブのもと、イギリス政府の強い反対を押し切って実現したものである。戦艦はいずれも船体が白のペンキで塗られていたため、「偉大な白色艦隊」と呼ばれた。

日米関係が危機的状況を迎えていたとき、アメリカの大統領セオドア・ローズヴェルト(在任一九〇一~〇九年)は一九〇七年、大西洋艦隊の世界周航を発表した。その背景には、日本に対して軍事的デモンストレーションを展開するという政治的意図が、明らかに存在していた。オーストラリアでも日本脅威論がかまびすしく議論され、国防の不備が痛感されていただけに、この世界周航を国防の強化に結びつけようとする考えが、徐々に顕在化していった。

アメリカ艦隊は大西洋を南下し、南アメリカの最南端を経由してサンフランシスコに立ち寄ってから、オーストラリアに向かうことになるが、もともと寄港は予定に入っていなかった。パナマ運河が開通するのは一九一四年八月であり、マゼラン海峡の先まで南下し、サンフランシスコに向けて再び北上することを余儀なくされていた。

オーストラリア寄港は、ディーキン首相が一九〇七年一二月二四日のクリスマスイブの日に、メルボルン駐在の米国総領事ブライを通じて、ローズヴェルト大統領に直接要請したことで実現したものである。と同時にディーキンは、駐英米国大使リードにも、長文の手紙で同様の要請をしていた。要請文には、「オーストラリアを助けてほしい」との一文が挿入されており、米豪の白人連合が太平洋に平和をもたらすとの祈念が込められていた。イギリス政府にとって、英帝国外交の一体性を侵食する不愉快な出来事であったことは、想像に難くない。

ディーキン首相が真夏のクリスマスイブに手紙を書いてから、ちょうど八ヵ月後にアメリカ艦隊はシドニーを訪れる。歓迎組織委員会がシドニーとメルボルンで相次いで発足し、シドニー市内は歓迎の垂れ幕で埋め尽くされ、ニューサウスウェールズ州政府が『合衆国艦隊歓迎』のパンフレットを市民に配布するなど、異常な興奮が全土を覆った歴史的事件であった。イギリス極東艦隊の主力艦が不在のなか、オーストラリアの安全保障をアメリカ艦隊に託したいとの思いがオーストラリア人に共有されていた。

独自海軍の創設

オーストラリアは一九一一年、連邦国家として初めての巡洋戦艦「オーストラリア」を建造した。イギリス海軍政策に対する小さな抵抗であった。もともと「オーストラリア」は、イギリス極東艦隊とは独立した艦隊の編成を念頭に、その旗艦として建造されたものである。排水量一万九〇〇〇トン、速度二五ノット、おもな装備は一二インチ砲八門と四インチ砲一六門などであった。

イギリス海軍政策に対する不安と抗議が交錯するなかで、独自性を発揮せざるをえない立場に置かれたのであり、その象徴が独自海軍の創設であった。この構想には、植民地時代の海軍艦艇三隻を率いて義和団事件に参加したクレスウェル司令官の進言が、大きく影響している。黄色人種の日本人が支配する極東地域において、オーストラリアは小さな白色の点に過ぎないとの風景画を描くとき、言葉で表現しきれない恐怖感がオーストラリア人を襲う。こうした恐怖感は、第二次世界大戦が終了するまで連綿と続く。

この対外恐怖感を打ち消すために、このような巡洋戦艦が建造されたのである。イギリス政府は一九〇九年に、オーストラリアの独自海軍構想を渋々ながらも認め、自治領（ドミニオン）の反発を緩和する道を選んだ。自治領の離反をくい止めることが、英帝国の一体性を保持する最善の方策であると考えたのである。オーストラリアにとっての最悪の事態は、戦時において国土防衛を保障する海軍力が海域に配備されていないことである。こうした不安を払拭するための手段が、独自海軍の構想であった。

では、オーストラリア政府がこうした構想をもちはじめたのは、いつ頃からであろうか。それは日露戦争後の日本がアジア地域で覇権を確立し、日米関係が緊張していった一九〇八年前後である。ドイツの対外拡張政策が、英帝国への挑戦として認識された時期でもある。保守系の第二次ディーキン政権（一九〇五年七月～〇八年一一月）から労働党アンドリュー・フィッシャー政権（一九〇八年一一月～〇九年六月）へ、そして第三次ディーキン政権（一九〇九年六月～一〇年四月）にわたる三代の政権が、超党派で考案して実現させた海軍政策だ。それは国家政策と呼ぶにふさわしい、一つの政治決断であった。

軍事教練の義務化

独自海軍の建設と同時に構想されたのが、軍事教練の義務化であった。これもディーキン政権からフィッシャー政権で法案化され、実現されていった。構想の実現に一貫して尽力したのが、ジョージ・ピアス国防相（在任一九〇八～二一年）である。第一次世界大戦を挟んで六つの政権で国防相を務め、国防政策の骨格づくりに深く関与し、「オーストラリア国防の父」と呼ばれた。また陸軍の再編ではエドワード・ハットン少将が中心となって、植民地軍から連邦軍への脱皮が推し進められた。

中高等教育レベルにおける軍事教練が一九一一年に法制化され、一二歳から一八歳までの青少年全員が対象となった。軍事教練は年齢によってジュニア（一二〜一三歳、私服で訓練）とシニア（一四〜一八歳、軍服で訓練）に区別され、学校のカリキュラムに組み込まれた。全員といっても、病弱であったり、人口希薄な遠隔地の青少年は免除されていた。軍事教練は後に、徴兵制へと発展していくことになる。

もともと青少年の軍事教練は植民地時代から存在したが、連邦政府として取り組みはじめたのは日露戦争後であり、とりわけ一九〇七年にディーキン首相が軍事教練の強制化を提案したことが、その出発点であった。労働党が激論の末、翌年にディーキン提案を支持したことで、国家政策として実現することになった。

本構想を実現するためにディーキン首相は一九〇九年、イギリス陸軍に君臨していたハーバート・キッチナー元帥（インド総司令官一九〇二〜〇九年）を招待し、軍事専門家としての意見を聴取した。キッチナー元帥はボーア戦争を終結させたことで知られ、スター的存在であった。これによって首尾よくイギリスからのお墨付きも獲得することになる。

キッチナー提案は、(1)八万人の陸軍を編成する、(2)すべての兵士は少年期から強制軍事訓練を受ける、(3)陸軍士官学校を創設するの三点にまとめることができる。士官学校は、軍事訓練を実施する教官を育成する目的で提案されたもので、米国のウェスト・ポイント陸軍士官学校がモデルになっている。これは英国のサンドハースト陸軍士官学校が少人数・エリート養成に重点があり、教官の即戦力を多数育成するには、米国型が望ましいとの判断があったからである。

こうしてオーストラリア政府は強制軍事訓練をスタートさせ、キャンベラ郊外のダントルーンに陸軍士官学校を建設したのである。いずれも一九一一年の出来事であった。海軍訓練所は一三年、臨時の施設としてビクトリア州のジーロングに開設され、一五年に、ようやく正規の海軍兵学校がニューサウスウェールズ州のジャービス・ベイに設立された。イギリスへの完全な従属から、自立への道を少しずつ歩みはじめたオーストラリアにとって、それは決して平坦な道ではなく、苦渋に満ちた選択と実行の連続であった。侵略に対する恐怖心に突き動かされながら、揺れ動く国際社会で自分の姿を必死で描こうとした。

第三次日英同盟を歓迎

対日脅威論と日米危機に動揺していたオーストラリアは、日英同盟が一九一一年七月一三日に改定・更新されたとの報道に接し、安堵感に包まれながら第三次日英同盟を歓迎した。

反日論の論客ヒューズ（後の首相）を含め有力政治家、国防関係者、ジャーナリストの見解は、ほぼ一致して更新を受け入れたと言ってよい。有力日刊紙『シドニー・モーニング・ヘラルド』（一九一一年七月一七日付）が、社説で「これにまさる朗報はない」と断言したように、各紙とも同盟賛成論を迷わずに展開した点が印象的だ。反日論で知られる大衆誌『ブレティン』まで、珍しく沈黙を通すことで、同盟に暗黙の支持を与えたほどである。オーストラリアが第三次日英同盟を支持し、これ以後も同盟の維持に一貫して支持を与えてきた戦略的理由は、次の三点に集約することができる。

第一に、英米戦争を回避するための条項（総括的仲裁裁判条約）が、日英同盟に新たに挿入されたことである。これは締約国（イギリス）が、第三国（アメリカ）と総括的仲裁裁判条約を結んでいる場合、仮に日米戦争が発生しても、イギリスは日本を軍事的に支援して、アメリカと交戦する義務を負わないことになった。第二次日英同盟は、攻守同盟としての機能をもっており、日米開戦が英米開戦をもたらす可能性を内包していたため、日米関係の悪化は取りも直さず英米関係を危機に陥れるものであった。オーストラリアは英帝国の一員として、日米が開戦した場合、対米戦を覚悟しなければならないという最悪のシナリオに脅えていた。こうした問題が、第三次日英同盟によって解消したことで、安堵感に包まれたのである。

第二に、日英同盟が更新されたことで、日本がオーストラリアの敵国になる可能性が、少なくとも一〇年消えたことになる。有力な政治家や国防関係者はこれを猶予期間と捉え、一〇年を無駄にすることなく、将来の対日戦を想定して国防体制と英帝国防衛を整備すべきだと考えていた。こうした発言からも、対日脅威論がいかに根強く浸透していたかが理解できよう。陸軍と海軍の整備には、同盟が存続する一〇年間を見据えて着手された計画も多い。また日英同盟は、日本の軍事的行動を抑止する機能をもつと見られていたため、対日抑止論の観点からも歓迎されたのである。

第三に、日独同盟の危険性が遠のいたことが指摘できる。仮に日英同盟が失効する事態が生まれれば、日本とドイツが歩み寄って、新たに日独同盟を結成する可能性も残されていたわけで、これはオーストラリアが最も恐れていた同盟の力学であった。仮に日独同盟が結ばれても、日英同盟が更新されたことで、日本とドイツが共同してオーストラリアを侵略するという可能性もなくなったと、理解されたのである。

4　第一次世界大戦——参戦とその配当

参戦の国益

第二次世界大戦前のオーストラリアは、あくまでもイギリスの植民地であり、英帝国の一部に過ぎず、国家としての意志をもたなかったと、多くの歴史書で語られてきた。これがオーストラリアに対する、一般的な国家イメージである。アメリカのように、イギリスに反抗して独立戦争を行えば、国家意識は明確にならざるをえないが、オーストラリアはそのような歴史を歩まなかった。英帝国のなかで繁栄を享受しつつ、独自性を発揮する道を選んだ。それは、いかにイギリスからの利益を極大化させ、不利益を極小化させるかにほかならない。イギリスへの無条件な追従や従属のみでは、繁栄を維持することができないという政治判断が、オーストラリアの政策決定者にはあったからである。

では、オーストラリアがイギリスの一部に過ぎないというイメージは、どのようにつくられてきたのであろうか。それは第一次世界大戦（一九一四年七月〜一八年一一月）への参加表明に、その一因を求めることができる。第一次世界大戦が勃発した直後、オーストラリアでは二人の政治家が、対英関係で有名な発言を残している。自由党のジョセフ・クック首相（在任一九一三年六月〜一四年九月）と、労働党のアンドリュー・フィッシャー党首である。

クック首相は、「英帝国が戦争であれば、それはオーストラリアにとっても戦争である」と述べ、フィッシャー党首は、「母国（イギリス）を助け、そして守るために、最後の一人まで、そして最後の一シリングまで」戦うと発言したことで知られる。フィッシャー党首は、この直後に首相（在任一九一四年九月～一五年一〇月）に就任したことで、この言葉に重みが生まれてしまった。

これらの発言は英帝国の一体化を象徴する名言として、あまたの本で引用されてきた。母国イギリスに対する忠誠心と愛情を表現し、オーストラリアの対英感情を象徴する言葉であることに異論はないが、これが国家イメージを歪曲《わいきょく》させてきたことも事実である。

図4－4　フィッシャー首相

これらの発言を額面どおりに受け止めると、オーストラリアには国家意志がなく、イギリスのために自らが存在することになる。しかしこれまで述べてきたように、現実は必ずしもそうではない。日露戦争後における対日政策は、英豪間の利益がいかに一致しないかの代表例であったことを想起すればよい。両者の利益が共有されることが本来、最も望ましい状況であったにせよ、むしろオーストラリアは自らの利益と、イギリスの国益が一致しないことを痛感してきた。対ドイツ参戦は、両者の利益が一致した対外政策であった。そうであるがゆえに、オーストラリアは超党派で参戦を支持したのである。

アンザック伝説の誕生

日露戦争後のオーストラリアにとって、仮想敵国はドイツと日本である。ドイツに関しては、南太平洋地域における膨張主義的な政策に、かねがね危惧の念を抱いてきた。ニューギニア島の北東部を筆頭に、赤道を挟む南洋諸島を次々と領有化していったドイツは、海運業でもイギリスやオーストラリアを脅かす存在となり、海軍の英独建艦競争は対立関係に拍車をかけていた。いつ戦争が起きても不思議ではない状況が、暗雲のように垂れ込めていたのである。対ドイツ戦でイギリスが敗北するようなことがあれば、それはオーストラリアの生存が脅かされ、経済的な繁栄を維持することも不可能となる。

参戦の直後、オーストラリアは海軍を派遣してドイツ領ニューギニア島や南洋諸島を占領、さらに義勇兵三〇万人以上を中東・ヨーロッパ戦線へ投入するなど、対ドイツ戦で大きな役割を演じることになる。これは単にイギリスとドイツの戦争ではなく、英帝国とドイツとの戦争でもあった。とりわけオーストラリアから見れば、喉元《のどもと》にドイツの海軍と植民地が存在していたのであり、ドイツ勢力を南太平洋から駆逐することが最優先の課題であった。四年間の戦争を通じて戦死者五万八〇〇〇人、負傷者一五万六〇〇〇人を数え、除隊後の入院生活者も二〇〇〇人を超えるなど、予想を上回る損失を記録した。

参加したオーストラリア兵（すべて義勇兵）は、ニュージーランドとの合同軍を編成していたため、一般には「アンザック（ANZAC）」と呼ばれていた。第1章で説明したように、オーストラリア・ニュージーランド合同軍の頭文字から生まれた言葉である。しかしオーストラリアの独自性を意識して、オーストラリア軍を単独で示す名称として、「オーストラリア帝国軍（AIF）」が採用されたことは特筆されてよい。

AIF初代司令官ウィリアム・ブリッジズは、二つの意味を込めてAIFの名前を決めたという。一つはオーストラリア国家のための軍隊、もう一つは英帝国のための軍隊という意味である。後者はオーストラリア国民が提供した国王陛下の軍隊という意味であり、オーストラリアの存在感を積極的に示した言葉だ。第一次および第二次世界大戦で海外展開した部隊を、オーストラリアではAIFと呼んでいる。カナダとニュージーランドは、「遠征軍」という名称を海外展開部隊に採用しており、オーストラリアは英帝国のなかで意識的に差別化を図ったと言えよう。

このように見ていくと、イギリスの傭兵という性格を否定できなかったボーア戦争に比べ、第一次世界大戦は明らかに性格を異にしていた。また一九一五年、トルコのガリポリ半島上陸作戦で約二万六〇〇〇人の死傷者（うち死者八一四一人）を出し、作戦そのものは失敗であったにもかかわらず、戦死者を追悼し、その功績を称える目的で、あえて上陸記念日（四月二五日）を「アンザック・デー」（第1章参照）として制定したことは、オーストラリアが自らの足で歩みはじめたことを意味していた。かれらはオーストラリアのために命を懸けたのであり、だからこそ後世に語り継がれるべき存在として、伝説のなかに蘇《よみがえ》らせなければならない。社会や国家建設を意識するとき、国民統合のシンボルとして伝説が誕生する。アンザック伝説には、そうした政治的意味が宿っている。

国民に海外派兵を問う——ヒューズ首相の挑戦

第一次世界大戦に多数の兵士を送りつづけるため、ウィリアム・ヒューズ首相（在任一九一五年一〇月～二三年二月）は、二度にわたり徴兵制の導入を図ったが、国民投票（一九一六、一七年）にいずれも僅差《きんさ》で敗れ、断念せざるをえなかった。すでに軍事教練を義務化しており、国民投票の争点は海外への派兵を、連邦政府の権限に加えるかどうかに絞られていた。国防法（一九〇三年）の規定により、オーストラリア域外への派兵（海外派兵）が禁止されていたため、海外での紛争に参加する兵士は義勇兵に限定されていた。ボーア戦争や義和団事件への派兵も義勇兵であったことが、国防法制定にも影響を与えていたのである。

一九一六年になると、イギリスとオーストラリアの両軍が、ヨーロッパ戦線で失った兵士の数が甚大となり、オーストラリア国内でも義勇兵の待機部隊が底をつくなど、戦闘続行が困難な状況が予想されるようになった。対ドイツ戦争に勝利することが、オーストラリアの国益であるとの判断から、ヒューズ首相は徴兵制の導入を模索した。ドイツ海軍がインド洋から極東海域、さらに太平洋で作戦行動を展開しており、オーストラリアにとって海上の生命線が脅かされていたことも、対英協力の正当性を高めていると、考えたのである。

ヒューズ首相はヨーロッパの最前線を視察しており、非常に背が低かった（リトル）ことから、兵士に「リトル・ディガー」と親しまれた。ディガーとは「（金の）採掘人」のことであり、ヨーロッパ戦線で塹壕《ざんごう》を掘ったオーストラリア兵が、自らを形容した言葉である。オーストラリアを代表する政治家ヒューズは、ロンドン生まれのウェールズ人であり、二〇歳で移民としてやってきた。職を転々としながら労働組合運動に参加し、港湾労働者組合の書記長になったことをきっかけに、政治家への道が開けてきた。小さいながらも、大きな声が幸いして存在感のある政治家として知られるようになり、数多くの閣僚ポストを歴任している。

図4－5　ヒューズ首相

なぜ徴兵制は否決されたのか――カトリック教会のパワー

仮にオーストラリアに国家意志がなく、単にイギリスに追従する植民地であったならば、なぜイギリスへの戦争協力を求めた徴兵制を拒否したのであろうか。フィッシャー労働党党首（後の首相）が言うように、最後の一兵士を投入してまでイギリスに戦争協力をするのであれば、徴兵制は格好の手段であり、イギリスへの忠誠心を示す証しであったはずだ。しかしオーストラリア国民は、投票で否決したのである。

徴兵制が問われた国民投票は、一九一六年と翌一七年に行われ、海外で作戦行動に従事していた義勇兵にも投票権が与えられていた。徴兵制の導入は労働党内部でも激論が戦わされ、結局、党内で合意に達することができず、ヒューズ首相は突破口として国民投票に訴える道を選ぶことになる。しかし国論も見事に二分され、オーストラリア国民の揺らぎを反映する結果となり、労働党は分裂状態となった。

支持派は各州の有力新聞、すべての州政府（クィーンズランドを除く）、プロテスタント系教会であり、反対派は労働党の平党員《ひら》、労働組合、カトリック系教会などが主力であった。反対派から卵をぶつけられたヒューズ首相は、州の警察官に犯人を逮捕するよう指示したものの、警察官が首相の逮捕要請を拒否したことがある。これに腹を立てた同首相が、州とは別組織の連邦警察を創設する決断を下した、との逸話も残っている。

国民投票否決の陰には、政治を左右するカトリック勢力がある。とりわけメルボルンを拠点に、絶大な影響力をもっていた大司教ダニエル・マニックス（在位一九一七～六三年）の存在が大きかったと言われている。

アイルランド出身のマニックスは、イギリスによる容赦のないアイルランド弾圧に反感をもち、イギリスの戦争遂行に非協力的な姿勢を貫いて、この延長線上に徴兵制問題を位置づけたのであった。強い個性と強靭《きょうじん》な意志で、カトリック教徒に社会的連帯を呼びかけ、世論形成を通じて連邦・州政府の政策形成に多大な影響力を行使したのである。州政府による教会系学校への補助を実現し、ヒューズ提案の徴兵制に反対、冷戦時代には反共政策の演出者として名を馳《は》せた。冷戦時代に、メルボルンの知識人バーソロミュー・サンタマリアを反共の戦士として登場させた裏には、マニックスの存在があった。

第一回目の国民投票で敗れたヒューズ首相は党内で不信任され、ヒューズ派議員（党内の三割）とともに脱党し、野党勢力であったリベラル派と合流して、新たにナショナリスト党政権を一九一七年に誕生させた。しかし第二回目の国民投票にも敗れ、徴兵制をめぐる議論に一応終止符が打たれることになった。

海外派兵を伴う徴兵制反対の理由は、国土防衛が手薄になる、個人の選択権や自由が奪われるなど、実際は一様ではなかったが、国家の自画像を描くプロセスで考えると、対英協力をめぐって国民に揺らぎが生じていたことが理解できる。国益第一主義から対英協力を進めるヒューズ首相、無条件に対英協力を訴える保守派、対英非協力を主張したカトリック教会など、さまざまな勢力が多様な声を張り上げていたのである。もはやイギリスと英帝国の権威のみで、対英協力をする時代ではないことは明らかであった。

海外派兵を伴う徴兵制が導入されたのは第二次世界大戦中であり、日本軍によるダーウィン爆撃やシドニー湾攻撃で、オーストラリアが戦場となるまで待たなければならなかった。ヒューズが失敗した国民投票から二五年の歳月を経て、ようやく実現に漕ぎ着けることができた。

参戦で何を獲得したのか

第一次世界大戦に参加し、多数の犠牲を払ったオーストラリアは、パリ講和会議とベルサイユ条約を通じて、いったい何を獲得することができたのであろうか。それは旧ドイツ領南洋諸島の獲得、国際連盟規約への調印、白豪政策の堅持、そしてイギリスに対する発言権の強化の四点に、集約することができる。

「勝てば官軍」は、国際政治にもそのまま当てはまる。第一次世界大戦で勝利した連合国は、ドイツに多額の賠償金を課すとともに、海外の旧ドイツ領を獲得し、敗戦国ドイツは心身ともに衰弱していった。苛酷すぎる賠償が、ドイツに全体主義思想ナチズムを台頭させ、第二次世界大戦を発生させたことは、歴史に記されている通りである。第一次世界大戦を終結させるためのパリ講和会議（一九一九年一～六月）が開催され、五つの敗戦国（ドイツ、オーストリア、ブルガリア、ハンガリー、トルコ）と個別に五つの講和条約が調印された。ドイツとの講和条約をベルサイユ条約と呼ぶ。オーストラリアはベルサイユ条約によって、ドイツとの戦争状態に終止符を打ち、講和の配当を受けた。

旧ドイツ領の獲得

参戦の代償としての具体的な領土獲得は旧ドイツ領の南洋諸島であった。これらの領土は赤道を挟んで南北に点在していたが、オーストラリアが赤道以南を、そして日本が赤道以北を獲得することで決着がついた。講和会議にイギリス全権団の一員として参加していたヒューズ首相は、赤道以北の領土も要求したが実現しなかった。ヒューズとしては、日本の南下を少しでも阻止したいとの戦略的な発想が働いていたことは間違いない。

最大の収穫は、独領ニューギニアと呼ばれてきた領土の獲得であった。一八八四年にドイツ領になって以来、オーストラリア北部から見れば最も近い敵国の植民地であった。参戦直後の一九一四年八月中旬に、オーストラリア海軍はシドニー港からニューギニア攻略作戦に出撃（九月中旬占領）したが、おもな理由はラバウルの東南地点にあるドイツ海軍の無線施設を占拠することであった。これ以後、ニューギニアはオーストラリアの軍政下に置かれ、一九二一年からは国際連盟の委任統治地域として、オーストラリア政府が管理することになる。これでオーストラリアの植民地パプアと合わせて、パプアニューギニアという行政単位が誕生することになった。

国際連盟の委任統治方式は、妥協の産物である。アメリカのウッドロー・ウィルソン大統領（在任一九一三〜二一年）は、米領ハワイとフィリピンの間に点在する旧ドイツ領が、日本と英帝国に分割され、植民地化されることに反対の立場であった。両者の溝を埋める妥協案として編み出されたのが、C式委任統治と呼ばれるもので、オーストラリアや日本などの受任国は、「施政および立法の完全な権力」を保障されていた（A式は旧トルコ領、B式は中央アフリカの旧ドイツ領、C式は太平洋と南西アフリカの旧ドイツ領）。ヒューズ首相は、こうした委任統治方式に反対であったが、実質的に植民地として管理できるということで、受け入れに応じたのである。法的には国際連盟の委任統治領として、管理を委任されたものであるが、実質的には新たな植民地の獲得にほかならない。

一九一九年九月の連邦議会でパリ講和会議の結果報告をした際、ヒューズ首相は南太平洋地域にモンロー主義が適用されるべきであると、熱弁をふるったことがある。南北アメリカ大陸に対して、アメリカ政府がモンロー主義を主張した歴史的事実を踏まえ、オーストラリアは南太平洋に対して同様のドクトリンを持ち込むと、宣言したのである。「太平洋に関しては、少なくともオーストラリアの影響力がおよぶ地域と領域であれば、そこはモンロー主義が適用されるべきである。そこは我々（オーストラリア人）が住む所であり、他の何人《なんぴと》にも許されない」と述べ、日本の南進を強く牽制したのである。オーストラリアの首相が、連邦議会の場で公に、南太平洋モンロー主義を掲げた初めての演説であった。

国際連盟規約に署名

国際連盟規約は、オーストラリアが、多国間の国際条約に署名行為を行った初めてのケースである。イギリス外交の伝統として、対外交渉と条約締結はイギリス政府が「英帝国」を代表して、一元的に行うことになっていたが、この伝統に大きな修正を加えたのがパリ講和会議であった。オーストラリアを筆頭に、英帝国は総力で対ドイツ戦に参加したのであり、オーストラリアは血と汗を流したことで、対英発言権を急速に高めることになる。パリ講和会議に脇役として部分的に参加し、国際連盟規約に署名する権利を獲得した。主たる活動の場も常設委任統治委員会（連盟理事会の補佐機関）にほぼ限られていた。本委員会への参加は、オーストラリアが旧ドイツ領ニューギニアをC式委任統治したことで認められたものである。

しかし署名といっても、正式参加国として単独に署名したのではなく、イギリス全権団の一員として名を連ねたに過ぎない。オーストラリアにとっては発言権と独自性の獲得が最優先であり、イギリスから見れば英帝国をいかに維持するか、もしくは崩壊させないかが課題であった。英帝国は常に、利害の妥協を繰り返しながら存続してきたのであり、パリ講和会議へのオーストラリア参加と、国際連盟規約への署名もその例外ではない。オーストラリア人の自尊心と国家意識は、パリ講和会議への参加と連盟規約への署名で、高まりを見せたことは間違いない。

白豪主義の堅持

オーストラリア人の自尊心と国家意識を最も高めたのは、白豪政策をめぐる問題であった。国家政策の根幹であり、一歩も譲れない問題が、白豪政策の堅持であったことは言うまでもない。

パリ講和会議の場で日本政府は一九一九年二月、国際連盟規約に人種差別撤廃条項を挿入するよう求めたが、徒労に終わったことがある。日本の提案に対して、最も強硬な反対論を展開したのがヒューズ首相であった。パリ講和会議が、ウィルソン米国大統領の一四ヵ条を基本に進められることが判明した段階で、日本政府は要求の一項目として、人種差別撤廃条項を国際連盟規約に盛り込むことを決めていた。予想に反して、アメリカ代表団（ランシング国務長官や大統領顧問ハウス大佐）から好意的な反応を得たため、対英交渉に踏み切る。

しかし、日本の外交攻勢に真正面から反撃したのが、オーストラリアとカナダであった。とりわけヒューズ首相が白豪政策の堅持を主張し、激しく抵抗したことで、英米両国はオーストラリア寄りに軌道修正し、日本提案は葬り去られることになる。オーストラリアでは、これをヒューズ外交の勝利として称え、大国日本を向こうに回して国是である白豪主義を堅持することができたと、国民感情が一気に高揚した。

対英発言権の強化

二〇世紀の英帝国は、戦争のたびに衰弱していった。第一次世界大戦で英帝国は消耗し、第二次世界大戦で崩壊することになる。もはやイギリス単独では戦争を遂行できなくなり、二〇世紀の戦争では、オーストラリアなど自治領の防衛協力が必要不可欠となった。海軍力を維持するためにも、自治領からの資金援助が必要とされ、毎年多額の献金をしていたオーストラリアなどは、対英協力で地位を向上させることになった。

第一次世界大戦に参加して血と汗を流した行為は、オーストラリアなど自治領の対英発言力を急速に高めることになる。労働組合を支持母体にもつヒューズ首相にしてみれば、汗を流した労働者に発言権は許されるべきとの発想であり、自治領の地位向上を強く迫ったことは言うまでもない。第一次世界大戦中に、オーストラリアはイギリスと軍事情報を交換するようになり、帝国戦時内閣が招集されて、対ドイツ共同作戦を議論するなど、いままでにない状況が生まれることになった。

こうした自治領との関係を再定義したのがバルフォア宣言（一九二六年）であり、ウェストミンスター憲章（一九三一年）であった。イギリスは言葉の上で自治領を対等に扱い、意識的にパートナーシップを口にするようになる。そういえば、植民地会議の名称を一九一一年から帝国会議へと変更したことも、イギリスの視点に立脚すれば、自治領対策の工夫に過ぎない。イギリスはある程度、名を捨てることで実を取ることができるならば、迷わず実を優先してきた。アメリカが独立した教訓を、決して忘れることはなかったのである。逆に自治領の立場で考えれば、地位が向上したことになる。このようにイギリスと自治領の関係は、常に駆け引きのゲームの上に成り立ってきた。

オーストラリア政府が対日脅威論を叫んで、ロンドンに足を運びシンガポール海軍基地建設を陳情した際、イギリス政府はとりあえず陳情を聞き入れ、基地建設を約束するなど、自治領の不満吸収にかけては、天才的な能力を発揮する。相手の自尊心をくすぐり、面子《メンツ》を立てながらも、最終的には己の国益を追求し、実質を取るのがイギリス外交の常套《じょうとう》手段である。

こうしたイギリスにどこまでついていけるかという判断を、オーストラリアは常に迫られてきた。戦争のたびに国民意識に目覚め、独自性を高めてきたが、その一方で、英帝国の存在なくして国家生存と経済的繁栄を維持できないことも、厳しい現実として受け入れていた。オーストラリアは、このジレンマに直面しながら「国益」を追い求めてきたのである。疲弊する英帝国を背景画に据え、自らの姿を描く苦しい作業が連綿と続いたのが、戦間期と呼ばれる一九二〇年代から三〇年代の時代だ。

5　最後に残った仮想敵国――対日情報収集

対日情報戦のはじまり――シドニー大学日本研究

第一次世界大戦中、日本海軍がヨーロッパ戦線に向かうオーストラリア兵を護衛して、インド洋を航行したことがある。共通の敵ドイツとの戦争を前に、オーストラリアが同盟国である日本と協力した美談として、日豪関係を語るときにしばしば引き合いに出されるエピソードである。

この美談の陰でオーストラリアは、対日スパイ機関を組織し、さらに対日情報収集のスタッフを養成する目的で、シドニー大学で日本語教育を行う決定を下している。また東方学講座(オリエンタル・スタディーズ)も開設されたが、これも日本を研究するためであった。すべては、仮想敵国の日本に関する情報を収集し、分析するために、安全保障政策の観点から決断したものであった。

外国語の学習と地域研究は、もともと高度に戦略的な目的をもつ。純粋に学術研究の対象として外国語、人類学、民族学が存在したのではなく、あくまで国益の手段として考えられていた。第二次世界大戦を契機に日本研究が本格化するが、これも戦争目的からであった。したがって日本研究の第一世代は、対日情報作戦に動員された経験をもつ。第二次世界大戦前のオーストラリアでは、シドニー大学がその役割を担っていた。

一八五〇年に設立されたシドニー大学は、オーストラリアで最も古い大学である。市内を見下ろす小高い丘に建設され、多くの政治家や官僚を輩出してきた歴史をもつ。ここに東方学講座が開設されたことは象徴的である。もちろん時代の変化とともに、日本研究のあり方も大きく変化していったが、本来の目的は高度な戦略性を帯びていた。

高級なスパイ

東方学講座の教授に任命されたジェームズ・マードックは、大著『日本史』（英文、全三巻）の著者として知られる研究者である。日本語が堪能で、日本史に造詣《ぞうけい》が深かったため、オーストラリアでは貴重な存在であった。マードックは着任してから、シドニー大学で週二日、そしてダントルーン陸軍士官学校で週三日の日本語教育を行う以外に、オーストラリア政府が提供した日本情報や、日本から取り寄せた新聞などを翻訳・解析して、現状分析を提供していた。マードックの任命は大戦中の一九一七年、それも教育省の所管ではなく、国防省であったことからも、その性格が理解できよう。

マードックは一九一八年一〇月から翌年三月にかけて日本を訪れている。連邦政府としては、軍事的な色彩が目立つのを避けるため、わざわざニューサウスウェールズ州の商工会議所を介在させるなど、カモフラージュにも工夫を施していた。かつて英語教師として日本に滞在した経験があるものの、ただ単に懐かしさや親近感だけから、再び訪れたわけではない。大学の夏休みを利用し、さらに特別許可を獲得して、半年間も大学を留守にして日本視察をしたというのも、マードックが背負った特別な使命ゆえであろう。それは高級なスパイ以外の何物でもなかった。

図4－6　シドニー大学

マードックの活動を舞台裏から強力に支援したのが、陸軍情報局の初代局長エドモンド・ピースであった。ピースは第一次世界大戦中の一九一四年一一月、陸軍作戦本部の要請で情報部門に登用され、一九一六年には新設の情報局で、日本問題をおもに担当する目的で、初代局長に任命された。第一次世界大戦の終結をめぐるパリ講和会議の最中、ヒューズ首相が白豪主義の正当性を声高に主張して、日豪関係が緊張状態に置かれたときに、連邦政府は首相府に属する情報収集・分析機関として太平洋室（パシフィック・ブランチ）を、一九一九年五月に開設することを決定している。太平洋室とは体裁のよい名前で、その本質は日本情報を分析することであり、初代室長に任命されたのもピースであった。

マードックの手ほどきを受けながら、日本語の学習を始めたことからも理解できるように、ピースは対日情報戦の陣頭指揮をとり、自らも情報収集の最前線に身を置いた。一九二三年に太平洋室長を辞任した後も、対日問題に深い関心を寄せ、世論形成に影響力を行使していった。

対日情報収集の多角化

第一次世界大戦中、オーストラリアの情報機関では日本の膨張主義に神経をとがらせ、対華二一ヵ条に代表される日本の対中進出と、将来予想される南進への野望に重大な関心が寄せられた。とりわけ日本が赤道以北の旧ドイツ領南洋諸島を「占領」しており、赤道を挟んでオーストラリアと国境を接する事態が発生したことは、ピースらの対日脅威論を増幅させることになった。ドイツ海軍は大戦中に消滅していったが、イギリス極東艦隊には依然として主力艦が皆無であり、極東地域は完全に日本海軍の支配下にあった。こうしたなかで、ピースを柱とする対日情報戦は多層的な広がりをもちはじめる。

オーストラリア本土では、マードック教授による日本語学習と日本情報の翻訳・分析、日本では神戸に設置されていたニューサウスウェールズ州通商代表部による現地での生《なま》情報収集、そして中国では中国政府の政策顧問に就任していた「チャイニーズ・モリソン」(一二六頁)による対日情報収集、さらにイギリス植民地省を通じたイギリス陸海軍の対日情報など、あらゆる情報資源が動員された。小さいながらも独自に情報を収集・分析する組織をつくり、人的ネットワークを動員して情報網の整備を始めたのである。

対日情報収集は継続して行われることになるが、時代の変化とともに需給関係にも影響があるものだ。国際平和が訪れた一九二〇年代は需要が減り、国際政治経済が不安定になった一九三〇年代には、再び需要が高まることになる。

6　英帝国の残り火

英帝国と対日宥和

外交・防衛問題で独自の考えをもち、しばしばイギリスと対立してきたオーストラリアであったが、第一次世界大戦が終了し、第二次世界大戦が勃発するまでの二〇年間については、イギリスへの依存に傾斜し、英帝国の結束強化を図っていた。この時代におけるオーストラリア外交の特色は、以下の三点にまとめることができる。

第一に対日脅威論が一九二〇年代に下火となり、イギリスへの依存心（英帝国防衛）が再び顕在化したことである。第二点として一九二九年に経済恐慌が突然発生し、対英依存（英帝国経済ブロック）に傾斜する以外に方法がなかったことを指摘できる。そして第三に、日本が一九三〇年代に対中進出を強行して国際連盟を脱退したとき、オーストラリアでは逆に南進の危険性が低くなったと判断され、対日宥和《ゆうわ》政策が積極的に模索された。

シンガポール戦略——英帝国防衛への傾斜

第一次世界大戦後に訪れた一九二〇年代は、世界が平和を謳歌《おうか》した「国際協調の時代」と呼ばれるが、これに伴い対日脅威論も影を潜め、外交・防衛政策でことさら独自性を意識する必要がなくなった。オーストラリアの利益が脅かされることがなくなり、イギリスの国益とも一致したからである。また、イギリスが一九二三年の英帝国会議で極東艦隊を強化する方針を打ち出し、シンガポール海軍基地の建設（シンガポール戦略）を決定したことも、安心感を与えることになる。表面的には国際平和を実現する国際連盟が存在し、大国間での軍縮が大幅に進んだことで、対日脅威論は勢いを失い、対日情報収集も緊急性が徐々に失われていった。

シンガポール戦略とは、巨大なシンガポール海軍基地の存在そのものが、日本の膨張主義に対する抑止力になるとの考えである。英帝国会議に出席したスタンレー・ブルース首相（在任一九二三年二月～二九年一〇月）は、イギリス政府が売り込むシンガポール戦略に同意した。戦後の経済ブームで景気が好転し、オーストラリアを楽観論が支配していた時代であったことも、この戦略を受け入れた心理的要因の一つである。シドニーを象徴するハーバー・ブリッジの建設が始まったのも、同じく一九二三年（完成一九三二年）であり、自信と活気がみなぎっていた時代だ。

イギリス海軍の主力艦が一九〇五年にヨーロッパへ移動して以来、オーストラリアはイギリスに見捨てられるのではないかと、疑心暗鬼に駆られていたが、これでようやく極東地域で、本来の英帝国防衛が再構築されるとの期待感が高まることになる。ヒューズ（元首相）

やピース（元首相府太平洋室長）など、依然として対日脅威論者は健在であったが、世論の大勢は戦争や国際問題に疲れ、その結果として国内世論は内向きに傾斜していく。シンガポール戦略の破綻《はたん》は当時、まったく想定されていなかったと言っても過言ではない。

対日脅威論に突き動かされた対日情報収集は、少なくともワシントン軍縮会議（一九二一〜二二年）が開催され、海軍軍縮条約（二二年二月）で、日本海軍の主力艦総トン数が対英米比率で六割に削減（英五・米五・日三の割合に設定）されるまで続く。また中国に関する九ヵ国条約で、日本軍が中国から撤退することが決まったことも、対日脅威論を軟化させる一因となり、これに伴い対日情報収集の重要性も低下する。オーストラリアは第三次日英同盟が破棄されることに終始反対していたが、これはひとえに日本に対する軍事的抑止効果が失われ、日本の対外膨張政策に歯止めがかからなくなる、との恐怖感によるものであった。

英帝国経済ブロック

国際平和の時代に、直下型の地震とも呼ぶべき経済恐慌が突如発生し、世界を驚愕《きょうがく》させたのは一九二九年のことであった。これによってオーストラリアも未曽有の経済危機に直面し、イギリスとの経済一体化によって危機を乗り切る道を選択した。アメリカを震源地としつつも、世界で同時多発的な経済恐慌が発生したことによって、イギリス政府は一九三一年に金本位制を停止した。第一次世界大戦を転機に、イギリスが対米債務国に転落していたことで、すでにパックス・ブリタニカは終焉を迎えていた。

翌三二年七月にカナダのオタワで英帝国経済会議を開催し、イギリスは英帝国経済の危機管理策として、保護貿易政策を採択した。これは英帝国内の貿易に防護壁を構築したもので、ブロック経済と呼ばれる。オーストラリアからはギャレット貿易相が参加した。統一オーストラリア党のジョセフ・ライオンズ首相（在任一九三二年一月〜三九年四月）は、英帝国貿易の再興に期待を寄せ、これに同意したのである。

英帝国の保護貿易体制に組み込まれたオーストラリアは、日本やアメリカの工業製品に対して高い関税を課す一方、イギリス製品に対しては低い輸入関税を設定して優遇することになった。あえて、高い製品をイギリスから買う決定を下したのである。その見返りとして一次産品（食肉、酪農製品、小麦など）をイギリスに対して無制限に輸出できる権利を獲得し、安定市場の確保に安堵感を覚える。経済恐慌によって一次産品が世界的にだぶつき、価格が大幅に下落するなど、オーストラリア経済にとっては死活問題となっており、イギリスへの無制限輸出は一筋の光明と映った。いままでは対英貿易比率を低くして、貿易の多角化を進めてきたオーストラリアではあったが、結局、対英依存による一次産品の安定輸出が、最善の策として選択されたわけである。

この延長線上に、一九三六年五月に突如発表された貿易大転換政策がある。これは繊維製品（おもに綿製品とレーヨン）の輸入に関して、イギリス製品を優先し、日本製品を購入しないというもので、明らかに差別的な貿易政策であった。この政策によってアメリカも被害をこうむったが、最大の被害者は日本であった。日本は、オーストラリアからの羊毛輸入を激減させる報復措置を発動し、両国間の経済紛争へと発展していく。

	対英輸出	対日輸出
1930/31年	10258	6479
1931/32	11842	7513
1932/33	11480	7970
1933/34	17763	12128
1934/35	16008	8680
1935/36	18379	14594
1936/37	23025	7514
1937/38	20248	4042
1938/39	18513	3804
1939/40	38704	3196
1940/41	13527	3919
1941/42	15399	737
1942/43	13593	——

図4－7　**オーストラリアの羊毛輸出額**（単位，千ポンド）

オーストラリア国内では、対日貿易に従事する一次産品業者が政府批判を展開し、なんらかの貿易調整が必要であることも痛感されるようになった。同年一二月に日豪間で通商協定が結ばれ、羊毛と繊維製品に関してクォーター（数量規制）を設定し、両国で貿易を管理することで一応決着したが、日本のオーストラリア不信感が増幅されたことは言うまでもない（図4－7）。

英帝国ブロック経済を振り返ってみると、最大の恩恵に浴したのはイギリスであったという。

オタワ協定が世界貿易全体を縮小させるなかで、世界貿易に占めるイギリスの割合は一九三二年の二七・五%から、一九三五年には三〇・四%へと拡大することになった。オーストラリアは対英貿易で食肉輸出を著しく増大させることができたが、長期トレンドで見る限り対英貿易は下降線を示しており、オタワ協定は決して魔法の杖《つえ》ではなかった。やはりイギリスが最大の受益者であった。第二次世界大戦後にオーストラリアが、対外貿易戦略を英帝国指向から、アジア太平洋指向へと急速に変化させていった一つの背景を、ここに求めることができる。

対日宥和政策――レーサム使節団の訪日

ジョン・レーサム外相が一九三四年に、「オーストラリア東方親善使節団」を率いて日本を訪問し、両国間の貿易促進を訴えたことがある。これはオーストラリアが海外に派遣した初の外交使節団とも言うべきものだが、隠された真の目的は日本の現状を把握することであった。メルボルン出身の弁護士レーサムは、メルボルン大学で法律と哲学を講義したこともあり、またパリ講和会議のスタッフとして第一次世界大戦の終結を見届け、ドイツ領ニューギニアをC式委任統治にする上で尽力した経験をもつ。一九二二年に下院議員に当選してからも国際問題に強い関心をもち、とりわけ日本の動向に終始注意を払っていた。

この訪日を通じてレーサム外相は、日本の目が中国大陸に向けられていることを確認、またオーストラリアを脅かすような南進の危険性が低いと判断して、対日宥和政策こそが、日本の脅威を解消する道であると考えるようになる。日本は中国大陸に築いた既得権益を手放すはずはなく、国際社会は日本を追い詰めて孤立感を煽《あお》るより、むしろ中国大陸における権益を承認することこそが、東アジア情勢を安定に導くとの結論に至る。レーサム訪日の翌三五年、首相府から外務省が分離独立し、オーストラリア独自の対外交渉がより一層活発化していく。

レーサム外相が訪日する直前の日本を振り返ると、満洲《まんしゅう》事変（三一年九月）、上海事変（三二年一月）、リットン調査団来日（同二月）、満洲国建国宣言（同三月）、五・一五事件（同五月）、国際連盟脱退通告（三三年三月）、ワシントン海軍軍縮条約破棄（三四年一二月）などが立て続けに起きている。日本の中国進出が顕在化し、日本の海軍力増強を阻止していた軍縮条約も失効するなど、東アジア情勢は大きな変動期に入っていた。対日政策を形成する上で最新の日本情報が必要不可欠となり、また対日宥和政策を探る観点からも、訪日を決断したのであった。

レーサムに代表される対日宥和論者に共通して見られる発想は、再び日英同盟を締結することで、東アジアと太平洋に平和を取り戻すことであったが、苛酷な現実はそのような発想を寄せつけなかった。

こうした対日宥和論に立脚して一九三七年、オーストラリア政府によって、太平洋協定（パシフィック・パクト）構想が、ロンドンで開催された英帝国会議で提案されたのである。これは集団安全保障構想を太平洋地域に適用しようとするもので、すべての太平洋諸国が、領土などの既得権益を相互に承認することを目指したものである。日本の中国支配を認め、アメリカの中立主義や孤立主義を緩和させ、太平洋問題に関与させるとの政治的意図が背景にある。ジョセフ・ライオンズ首相は本構想を推進しようと試みたが、結局、英米両国が対日宥和政策に反対で、日本も手足を縛られると懐疑的であり、さらに盧溝橋《ろこうきょう》事件（一九三七年）が発生したため、太平洋協定は日の目を見ることはなかった。

オーストラリアは一九四〇年、東京に初めて公使館を設置し、初代公使レーサムが就任した。これと同時にアメリカの首都ワシントンにも公使館を開設している。ワシントンでは、リチャード・ケーシー公使が対米交渉に従事していた。ロバート・メンジース首相（在任第一期一九三九年四月〜四一年八月）への極秘電報（一九四〇年六月二五日付）で、ケーシー公使は対日宥和政策の必要性を説いており、レーサムと立場を共有していたことが判明している。アメリカには日本の膨張政策を阻止する考えがなく、オーストラリアとしては対日宥和政策しか選択肢がない、との嘆きが聞こえてくる。オーストラリア政府が導入した貿易大転換政策によって、対日関係が急速に悪化したことを踏まえ、レーサムやクーシーが対日宥和論へさらに傾斜したことは間違いない。

再び自主防衛路線へ

英帝国防衛への過度な依存に限界を感じ、オーストラリアは再び独自外交を再構築する必要性に迫られていた。最大の理由は、シンガポール戦略が実質的に破綻し、イギリス政府が極東の安全保障を放棄する決定を下していたからである。また英帝国の友邦国アメリカが孤立政策を維持し、防衛協力を拒んでいたことも、焦燥感を与えることになる。無力感と孤独感に苛《さいな》まれながら、オーストラリアは自画像を描く筆が定まらなくなる。

太平洋戦争が始まった一九四一年一二月、失意に包まれたレーサムは帰国を余儀なくされる。残念ながら対日宥和政策は功を奏さず、レーサムは政治の世界から身を引いて、法曹界へと戻っていった。

7　シンガポール陥落とダーウィン爆撃――英帝国への決別宣言

英帝国の呪縛から解放される

オーストラリアが安全保障政策で、イギリスと英帝国に決別を告げたのは一九四二年二月である。太平洋戦争下、日本軍がシンガポール英国海軍基地を陥落させ、北部の都市ダーウィンを爆撃したときだ。この二つの象徴的な事件は、オーストラリアに独立国家としての存在を問い掛ける決定的な要因となる。これらの事件は、オーストラリアにとって三つの意味をもたらした。

第一は一九〇五年以来、仮想敵国であった日本が仮想ではなく、正真正銘の敵国・交戦国となったことである。約三五年間にわたって、オーストラリアを悩ませつづけた日本問題に、最終的な決着をつける時が到来したのである。

第二は、イギリスの公約が反故《ほご》にされ、実質的に英帝国が崩壊したことである。オーストラリア防衛の要《かなめ》として、イギリス政府提案のシンガポール戦略（海軍基地の建設）が採用され、対日抑止力として期待されていたにもかかわらず、基地建設は遅々として進まなかった。しかも完成直後に、シンガポールは陥落してしまった。またイギリス極東艦隊の中核戦力であった戦艦「レパルス」と「プリンス・オブ・ウェールズ」も、空爆で一瞬にして海の藻屑《もくず》

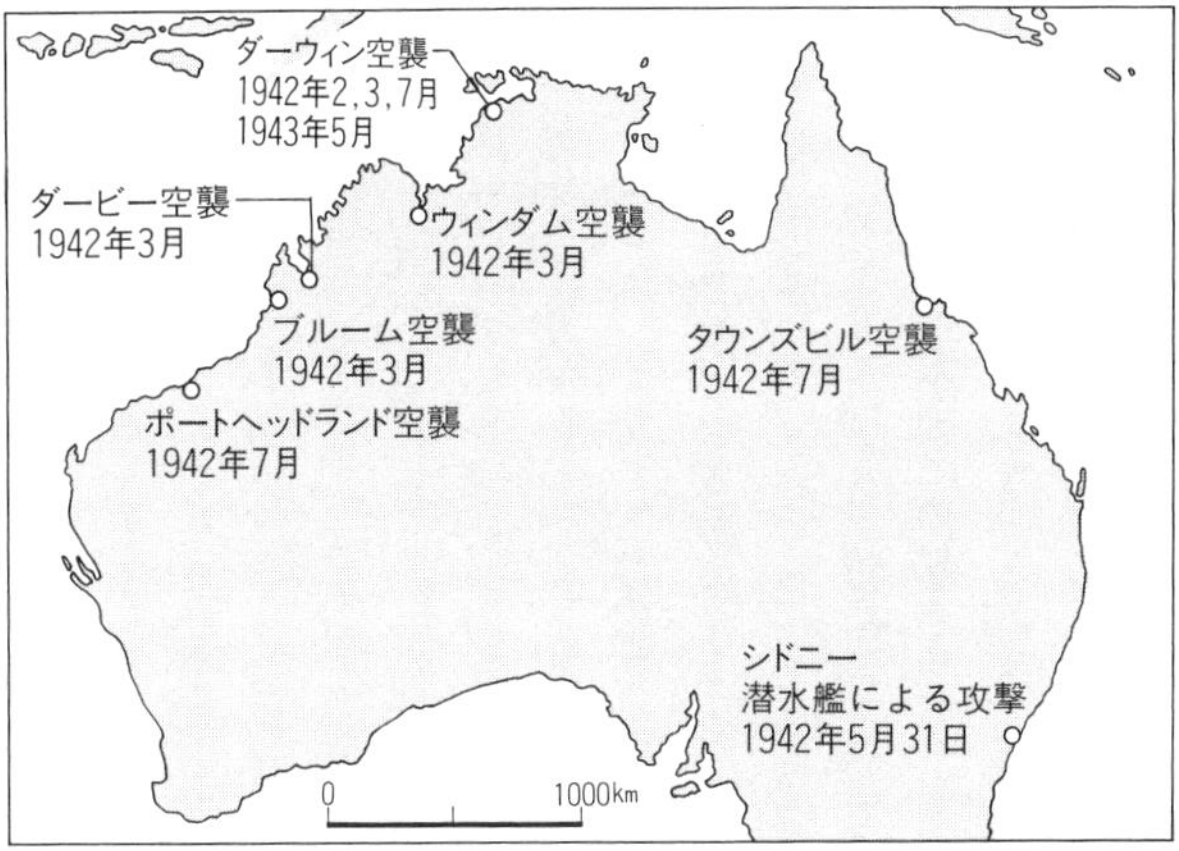

図4－8　日本軍のオーストラリア攻撃

となり、イギリス海軍が描いたシンガポール戦略は完全に破綻したのである。

さらに、ダーウィンが一九四二年二月一九日に爆撃されたことは、英帝国の防衛体制が破綻したことを意味した。イギリスを中核とする英帝国は、自治領・植民地を防衛することができて初めて存在できるのであり、それが根底から崩れたわけである。日本軍によるオーストラリア攻撃は、ダーウィン空爆と、シドニー湾への小型潜水艦による攻撃（四二年五月三一日）が知られているが、少なくとも空爆は六ヵ所（ダーウィン、タウンズビル、ウィンダム、ダービー、ブルーム、ポートヘッドランド）で確認されている。また潜水艦による船舶攻撃も、ニューサウスウェールズ州南部からブリスベンに至る海岸線、つまりシドニーを挟んで南北に一五〇〇キロの範囲で発生し、約二〇隻の艦艇が撃沈された。

救世主マッカーサー――対米同盟関係の原点

第三は、安全保障をアメリカに委ねる決断を下したことである。日本軍による真珠湾攻撃（一九四一年一二月八日）から約二週間後、労働党のジョン・カーティン首相（在任一九四一年一〇月～四五年七月）は、一九四二年用の新年メッセージを起草し、そのなかで「オーストラリアはアメリカを求める。イギリスとの伝統的な紐帯《ちゅうたい》や血縁関係が存在するものの、これから生じる激痛からオーストラリアは解放される」と、英帝国との決別宣言を行ったのである。そして、イギリス首相ウィンストン・チャーチルに送った極秘電報で、イギリスがシンガポール海軍基地を放棄することは、「弁解の余地がない背信行為」そのものであると、強い調子で迫った。

オーストラリアは本土防衛のために、中東・北アフリカ戦線に投入した兵士を、イギリスの要請に反して本国に帰還させることを決定し、これにより英帝国が誇った統一防衛システムは瓦解《がかい》していく。オーストラリア国内では一九四三年二月、海外派兵を伴う徴兵制が法律となり、ようやく国論を二分してきた問題にも決着がついた。オーストラリアの「国益」のために海外派兵を認めようという、国民的合意が形成されたことを意味する。イギリス本国によって体よく利用されることはない、との自信の表明でもあった。

オーストラリア政府が、ウェストミンスター憲章の批准（一九四二年）を決定したのも、イギリス離れを物語る。一九三一年に採択された同憲章は、オーストラリアなど自治領を英帝国内において、一つの独立した政治体として認め、イギリスと対等の関係にあると規定し、立法行為に関してもイギリス議会の承認を得なくてもよいことを明文化したもので、曖昧性を帯びたバルフォア宣言（一九二六年）の精神を、より明確化したものであった。英帝国防衛の根幹であるシンガポール戦略を実現するためにも、オーストラリアは対英関係の強化が得策であると判断し、あえてウェストミンスター憲章を一〇年間も批准してこなかったが、もはや特別な配慮は必要ではない。こうして自治領の立法行為に関しても、英帝国の法的システムは溶解していった。

図4－9　**カーティン首相**

ダグラス・マッカーサー米極東軍司令官が日本軍の占領したフィリピンから脱出し、オーストラリアに避難してくれたことは、まさに天の恵みであったに違いない。アメリカ軍はすでに一九四一年一二月からオーストラリア駐留をはじめ、翌四二年二月からマッカーサー司令官の指揮下に置かれていた。同司令官とオーストラリア政府との合意に基づき、このときからオーストラリア軍は、アメリカ軍との一体作戦を経験するようになった。

こうした米豪協力はアンザス（ANZUS）同盟として、第二次世界大戦後に結実していく。連邦議会で海外派兵を伴う徴兵制が一九四三年に通過したとき、カーティン首相は思わず、これですべてのオーストラリア兵をマッカーサー司令官の指揮下に置くことができる、と発言したことがあるが、カーティン首相の対米重視路線はこの発言にも表れている。すでにアメリカの存在なくして、オーストラリアの生存を語ることができない状況が生まれていた。

カーティン政権は、第二次世界大戦をアメリカと運命を共にする戦争と位置づけ、対米同盟を外交・防衛政策の根幹に据えていった。もはやオーストラリアの安全保障に、イギリスの姿はない。オーストラリアは、マッカーサーとの協議をもとに戦時体制を築いていったのであり、冷戦時代を貫く対米同盟関係の原点を、ここに求めることができる。このときからオーストラリアは、まったく異なる景色を背景に自画像を描くようになる。かつて背景画の中心であったイギリスがアメリカに代わった瞬間から、オーストラリアの新しい歴史が動いた。

以下の五五冊のリストは、一九四〇年代を中心としたオーストラリア（「濠州」）ならびに大洋州に関する文献の一覧である。特にオーストラリア関連本は四二～四三年に集中しており、「オーストラリア・ブーム」さながらだ。太平洋戦争の舞台が太平洋全域に広がるなか、日本の関心が「敵を知る」という問題意識、英米の軍事的拠点としてのオーストラリアに向かっていたからである。

貿易商社の兼松商店調査部が発行する、日本読者向けの概説書『濠洲』（一九四三年）を見てみよう。ちなみに兼松商店は一八八九年に「濠州貿易兼松房治郎商店」として創業。翌年にはシドニー支店を開設して、豪産羊毛輸入を開始。オーストラリアとの付き合いが最も古い日本企業の一つである。なお、創業者の兼松房治郎は起業の前年、半年かけてオーストラリアを視察し、「日濠貿易の前途、極めて、有望」であることを確認したという。現社名は「兼松株式会社」だ。『濠洲』はおよそ六〇〇頁に及ぶ本格的なオーストラリア入門書。この時代には珍しく経済統計がふんだんに用いられており、当時のオーストラリアを知る上できわめて貴重な資料となる。前半は歴史、地理、政治経済、文化などの分析があり、後半は主要産業に関する詳細な解説が並ぶ。序文で「もっぱら濠洲は地理的にも経済的にも我が国にとってすこぶる重要なる地位にあるのみならず、太平洋の永久的平和を希《ねが》う皇国として濠洲を敵の制圧下に残存さすべきでない、いわんや大東亜共栄圏の確立に絶対不可欠の一大陸である」とオーストラリアを敵として決めつける前に、相手を知る重要性を強調しているのは、現地で事業を展開しているゆえの主張と言えるであろう。

そして日豪関係の進むべき道についても、商社らしく、オーストラリアの将来にとって日本との関係強化が賢明な道だと訴えていた。しかし出版当時の状況はといえば、東南アジアを舞台に日豪はすでに戦火を交えており、日豪連携の夢は消えていたのである。

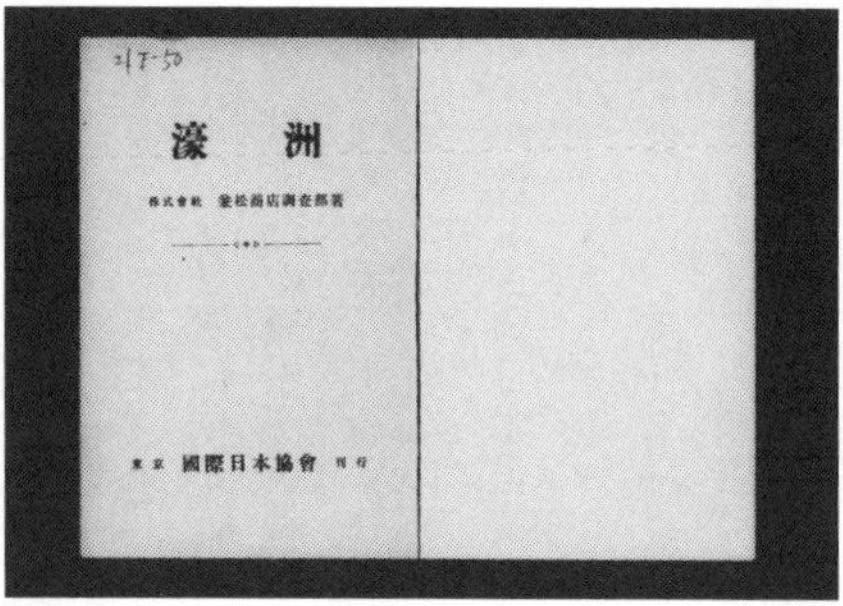

兼松商店調査部『濠洲』表紙

＊

浅香末起『南洋經濟研究』千倉書房、一九四一年
朝日新聞大阪本社編『南方圏要覧』朝日新聞社、一九四二年
石田龍次郎編著『世界地理第一〇巻（濠洲・太平洋・南極）』河出書房、一九四〇年
泉信介『濠洲史』人文閣、一九四二年
市川泰治郎『濠洲經濟史研究』象山閣、一九四四年
伊東敬『現代濠洲論』三省堂、一九四三年
伊東敬『印度洋問題』大和書店、一九四二年
伊藤孝一『濠洲の現勢（太平洋叢書）』海洋文化社、一九四一年
井上昇三『動く濠洲』宝雲舎、一九四二年
G・H・ウィルキンス／山本政喜訳『濠洲の土と人』生活社、一九四二年
イー・ロナルド・ウォーカー／中島正信訳『濠洲の戦時經濟』西東社、一九四三年
岡倉古志郎『濠洲の社會と經濟』電通出版部、一九四三年
外務省監修、濠亞調査所訳『全譯濠洲年鑑（一九四〇年版）』科學社、一九四〇年
兼松商店調査部『濠洲』國際日本協會、一九四三年
イーニアス・ガン／宮田峯一訳『南十字星と濠洲（新日本圈叢書一九）』育生社弘道閣、一九四二年
小林織之助『東印度及濠洲の點描』統正社、一九四二年
小林織之助『南太平洋諸島』統正社、一九四二年
ダグラス・コブランド／徳増栄太郎訳『濠洲経済論』経済図書、一九四三年
佐藤貢『濠洲及新西蘭の農畜産業』歐亜通信社、一九四三年
白石譽夫『濠領ニウギニア風土誌』岡倉書房、一九四三年
ジャック・シェパード／濠洲研究会訳『東亜に於ける濠洲の利益と政策』濠洲研究会、一九四三年

A・W・ジョーズ／井上留次郎訳『濠洲及其諸島』大日本文明協會、一九一四年
新潮社編『世界現状大観第五巻（印度・濠洲・加奈陀篇）』新潮社、一九三一年
エドワード・スキートマン／本間幸次郎訳『濠洲政治發達史』大日本出版株式會社、一九四三年
末廣一雄『濠洲印度探検誌』日本講演協會、一九四三年
E・スコット／濠亞調査所訳『スコット濠洲史』霞ヶ關書房、一九四四年
イリーナア・ダーク／前田河廣一郎訳『長編小説濠洲』有光社、一九四二年
太平洋協會編『濠洲の自然と社會』中央公論社、一九四三年
太平洋問題調査部編『日本及び濠洲間の政治經濟關係』日本外政協会、一九四二年
臺灣銀行調査部『濠洲聯邦の産業概要』臺灣銀行調査部、一九四二年
J・A・デッカー／楊井克己訳『太平洋諸島の勞働事情』生活社、一九四二年
長倉嬌介『最近の濠洲及南太平洋』明治図書株式會社、一九二九年
長倉嬌介『濠洲及び南太平洋』日本書房、一九四三年
生江孝之『新しき國新西蘭と濠洲』新生堂、一九二九年
繩田正造『南方圏の展開』明治図書、一九四二年
南方産業調査会編『濠洲（南進叢書第8巻）』南進社、一九四二年
南洋経済研究所『濠洲地名索引（南洋資料第一七九号）』一九四三年
西川忠一郎『最近の濠洲事情』三洋堂書店、一九四二年
日本國際協會太平洋問題調査部編『太平洋問題―第六回太平洋會議報告』日本國際協會、一九三七年
日本青年外交協會研究部編『太平洋讀本』日本青年外交協會出版部、一九四一年
日本拓殖協會『濠洲（拓殖叢書第七篇）』中井書房、一九四二年
ハウスホーファー／太平洋協會編訳『太平洋地政學』岩波書店、一九四二年
羽生操『南方の民族』興風館、一九四四年

H・L・ハリス／太平洋貿易研究所訳『濠洲の政治経済構造』富山房、一九四二年
平中十郎『オーストラリアの地理』山口県立柳井高等女学校内地理研究会、一九三三年
福井英一郎『南方圏の氣候』東京堂、一九四二年
H・プリースト／大澤貞藏訳『濠洲踏破記』地平社、一九四二年
米國太平洋問題調査會／山本廣治訳『太平洋地域の交通』東亞研究所、一九四三年
A・G・ボラム／石井三男訳『濠洲大陸横断記』室戸書房、一九四二年
班目文雄『濠洲侵略史』歐文社、一九四二年
松崎萬之丞『濠洲史』晴光館書店、一九〇七年
松永外雄『濠洲印象記』羽田書店、一九四二年
松本悟郎『印度と濠洲』聖紀書房、一九四二年
宮崎亮『東亜経済叢書　濠洲經濟事情』東亞經濟研究所、一九四二年
宮田峯一『濠洲（新世代叢書）』育生社弘道閣、一九四一年
宮田峯一『濠洲聯邦』紘文社、一九四二年
宮田峯一『濠洲の資源と植民問題』照林堂、一九四四年
村上福一『濠洲はどんな國か』新日本同盟、一九四二年

第5章　国連外交と冷戦の戦士——大国政治への関与と挫折

大国政治への四局面

第二次世界大戦の終結からベトナム戦争の幕切れへ至る三〇年間、オーストラリアは国際政治への参画を希求し、新たな同盟国アメリカとともに、国際政治のマネジメントを模索したことがある。一九七〇年代に萌芽《ほうが》をもつミドルパワーの国家観は、実はそれ以前に求めた大国政治への参加が果たされず、その夢が挫折したことに対する反省から生まれたものである。

第二次世界大戦を乗り切った労働党政権が、エバット外相の下で取り組んだ国連外交や、アンザス（ANZUS）同盟を軸に対米同盟外交を推進した保守系政権が、メンジース首相の政治指導で冷戦の戦士へと変貌していった姿を振り返ると、かつてオーストラリアがどのような国家像を描こうとしていたかが、おぼろげながら見えてくる。

オーストラリアは決して大国ではないが、大国の右腕と自負し、また大国に対して影響力を行使することで国際政治をデザインすることは可能であると、エバットやメンジースは確信していたに相違ない。大国とは第一にアメリカであり、第二にイギリスであった。対米同盟と対英同盟を両輪に、オーストラリアは大国政治への関与を模索したのである。英帝国が消滅して英連邦へと変質し、国際政治ではパックス・アメリカーナの時代が訪れていた。大国政治への関与は時代の流れとともに推移し、次のように四つの局面で変遷を遂げている。

(1)大国政治への参画を希望しつつも実現せず、オーストラリア抜きの大国政治に対する反発と警戒感の局面

(2)オーストラリアに代表される中小国の利益を代表する局面

(3)大国の影響力と関与を阻止する局面

(4)大国への積極的な協力を通じて大国政治に影響力を行使する局面

以下で触れるカイロ会談は第一局面であり、国際連合（国連）の創設とアンザック協定は第二局面、南太平洋委員会（SPC）の創設は第三局面、そしてANZUS同盟とアジア地域紛争への軍事関与は、第四局面を物語っている。

1　大国政治への反発と国連外交――労働党のエバット外相

ニュージーランドとの連携

第二次世界大戦後の国際秩序と国連構想が、米英などの大国主導で行われることに、オーストラリアは不満をもっていたが、こうした不満はすでに大戦中のアンザック協定調印にも現れていた。この協定も、後述するエバット外相の外交指導によって生まれたものである。

一九四四年一月、オーストラリアとニュージーランド両国は、戦争遂行に関してオーストラリア＝ニュージーランド協定（アンザック〈ANZAC〉協定、二月一日発効）を締結した。本協定はオーストラリアの首都キャンベラで調印したことからキャンベラ協定とも呼ばれる。本協定の背景には、戦争遂行について三ヵ国（米、英、中）が、一九四三年一一月末にカイロ会談を開催し、オーストラリア抜きで対日共同作戦の目的を決定したことに対する不満と恨みがある。

米国大統領フランクリン・ローズヴェルト、英国首相チャーチル、中国国民政府主席蔣《しょう》介石《かいせき》が同席した会談に、オーストラリア首相カーティンも招待されるべきであった、というのがオーストラリアの本音である。対日戦を遂行しているという点では、オーストラリアも同格であり、むしろ太平洋地域ではイギリスの役割は限定されていたという事実がある。それにもかかわらず、イギリスが英帝国を代表してカイロ会談に参加し、オーストラリアが無視されているのであれば、こういう状況は受け入れられないというものであった。

会談の成果は一二月一日にカイロ宣言として発表され、このなかで三ヵ国は「日本侵略の阻止と懲罰」を目的と規定し、第一次世界大戦で「日本が獲得した太平洋のすべての島嶼を剝奪《はくだつ》する」、満洲（中国東北部）と台湾を中国へ返還する、朝鮮を自由独立させる、日本へ無条件降伏を要求することを宣言した。これが後にポツダム宣言の基礎となる。

カイロ宣言は、一二月三日にオーストラリアの新聞紙上に掲載されたことで、政府もその全貌を知った。オーストラリアとしては、少なくとも太平洋地域の島嶼をめぐる処理に対して、発言権を有するとの認識があり、事前協議さえもなかったことに深い憤りを禁じえなかった。戦後の国際秩序と国連構想が、大国主導で進められることに対する不信感は、カイロ会談に出発点をもつ。

大国の関与を阻止する——南太平洋委員会の創設

アンザック協定は三六条から成り、休戦会談への参加、太平洋問題に関する国際会議の開催、地域安全保障の推進、南太平洋の地域協力と開発などが柱となっている。アンザック協定の意義は、次の四点に集約することができる。とりわけオーストラリアが重視したのが、南太平洋地域の安全保障に関して、オーストラリアとニュージーランド両国が、主たる責任を有するという点であった。

第一は、具体的な成果として、一九四七年に南太平洋委員会（SPC）が設立されたことである。これは南太平洋地域に誕生した初めての地域協力機構で、一九四七年二月にキャンベラで協定文書が調印されたことから、キャンベラ協定（The Canberra Agreement）と呼ばれる。前述のアンザック協定もキャンベラ協定（The Canberra Pact）やキャンベラ条約と訳されており、しばしば両者が混同されて理解されている。英語名称ではアグリーメント（Agreement）とパクト（Pact）で使い分けされているが、オーストラリアでも専門家でない限り、両者の相違を理解している人はきわめて少ない。

原加盟国はオーストラリア、ニュージーランド、フランス、オランダ、イギリス、アメリカの六ヵ国で、南太平洋の島々は独立とともに加盟を認められていった。本委員会の目的は、域内の島嶼地域をめぐる経済開発、社会発展、教育・文化の振興などに限られており、政治的役割は内政干渉を引き起こす可能性があるとして放棄している。オーストラリアの視点から考えれば、政治的役割の放棄は、米英などの大国が政治的影響力を行使することを恐れたためで、域内問題への大国の関与を阻止するという政治的意図が隠されている。

第二は、太平洋地域における安全保障体制の原型を、ニュージーランドとともにつくりあげたことである。アンザック協定は対日戦を前提にした軍事同盟であるが、これにアメリカを加えたものがANZUS同盟（一九五一年調印）となる。オーストラリアの視点で見れば、対日戦を前提としつつ、大国の国際政治に関与するチャネルとして、ANZUS同盟を捉えたのである。このように考えると、ANZUS同盟の原点はアンザック協定ということになる。もちろんアメリカの立場からすれば、ANZUS同盟は冷戦戦略の一環として構築したものに過ぎない。太平洋の安全保障体制をめぐっては、オーストラリアとアメリカは同床異夢の関係にあったと言えよう。

第三は、英帝国の伝統と習慣に反して、自治領のオーストラリアとニュージーランドが主権国家として政府間協定を結び、イギリスを関与させなかったことである。こうした自治領の小さな反乱が積み重ねられ、英帝国の存在意義は徐々に消滅していくことになる。

第四は、オーストラリアが大国主導に警戒感をもち、中小国の意見と利益を反映させるべきである、との政治的意志を示したことだ。こうした発想の延長線上に、国連憲章の見直しと修正に向けたエバット外交が展開された。一九八〇年代から九〇年代半ばにホーク＝キーティング労働党政権がミドルパワー外交を展開し、中規模国家オーストラリアの存在感と役割を、国際政治のなかで追求していった労働党外交の原点を、ここに求めることができる。

エバット外相の強烈な個性と外交イニシアチブがあったからこそ、アンザック協定が誕生し、南太平洋委員会も設立されることになった。エバットは対米同盟関係を強化したいが、だからといって対日共同作戦や戦後構想の協議から除外されることは許しがたい、との立場を鮮明にしてきたのである。しかしその強い個性が災いして、英米両国の政治家や外交官に疎まれることもしばしばであった。アメリカ政府がアンザック協定に不快感を表明したのは、その一例である。この点でオーストラリアの対米関係は、第二次世界大戦末期から国連創設にかけて、不協和音を内在させていたと言えよう。

国連の創設に参加

国際社会でオーストラリアが、主権国家として明確な立場を表すことができたのが、国連への加盟であった。一九四五年に設立された国連に、オーストラリアは原加盟国として参加したばかりでなく、さらに国連の創設そのものに深く関わったからである。たしかにオーストラリアは、第一次世界大戦後の国際連盟に加盟する機会を得たものの、主権国家として一〇〇％認知されたものではない。半人前の国家として加盟した国際連盟とは異なり、オーストラリアは一人前の主権国家として、国際連合の設計図を引きなおす作業に関与することができた。その立役者は、労働党政権のハーバート・エバット外相であった。

エバットは一九四一年から一九四九年までの約八年間、外相としてオーストラリア外交を

図5－1　エバット外相

主導してきた中心人物である。この期間は、第二次世界大戦の遂行と戦後復興への取り組みが求められた時代であり、労働党の三政権（カーティン、フォード、チフリー）に外相として入閣し、乱世を生き抜くことになった。エバットは第二次世界大戦中における対米同盟関係の強化、ニュージーランドとの安全保障協定（アンザック協定）の調印、国連創設への参画、国連総会議長への就任など、オーストラリアが独立した地位を確保する基礎を築いた。これはエバット外相にとって、イギリスと英帝国への決別宣言であり、独自外交を標榜する労働党外交の原点となった。

エバット外交のなかで特筆されるのが、国連外交である。一九四五年にサンフランシスコ会議で戦後秩序構想と国連の設立が討議されたとき、エバットは国連憲章の起草に深く関与することになる。国連の草案作成は前年に、ダンバートン・オークス（米国の首都ワシントン）で作業が行われ、すでに安全保障理事会の目的と組織に関する提案がまとめられていた。構想の中核は、安全保障理事会を拒否権をもつ五つの常任理事国（米、英、仏、ソ、中）と、拒否権をもたない非常任理事国六ヵ国で構成するというものであった。

サンフランシスコ会議でエバット外相は、安全保障理事会の権限と機能を見直し、常任理事国に与えられる拒否権の範囲を限定すべきであると主張、さらに全加盟国が参加できる総会の権限を強化することに尽力するなど、国連建設の設計図を自ら手掛ける機会に恵まれた。エバット外相は「P5（ピーファイブ）」と呼ばれる五大国が安全保障理事会の常任理事国として重要事項を決定する権限をもち、その一方で大半の中小国が、政策決定プロセスで蚊帳《かや》の外に置かれる状況に、深い憂慮の念を抱いていた。これは英帝国のなかで、自治領と植民地がイギリス政府の決定に身を委ね、重要な政策決定に関与することができなかったという、オーストラリアの経験が問題意識として底流にある。英帝国で開催されてきた植民地会議と帝国会議が、将来における国連の姿に重なり合ったからである。

英帝国はファースト・クラス（一等）のイギリス、セカンド・クラス（二等）の自治領、サード・クラス（三等）の植民地に階層化されており、オーストラリア人やカナダ人などは長い間、二等国民としての地位に甘んじてきた歴史をもつ。三等国民は、アジア・アフリカの植民地に暮らすネイティブ（土着）の人々だ。エバットは、新しい国際秩序を構築する国連が、再び英帝国のように階層化された組織になることを恐れ、サンフランシスコ会議の場を通じて国連憲章の修正作業に没頭したのである。会議参加国は五〇を数えたが、五大国を除けば残りは中小国であり、こうした中小国の意見を反映させることができた点で、エバットは高い評価を獲得することになった。

こうした実績をもって、エバットは一九四八年に国連総会の議長に就任した。これはオーストラリア外交が、国際社会で広く評価された初めての経験であったと言ってよい。一九四五年一〇月二四日に発効した国連憲章（この日を国連記念日と呼ぶ）には、前記のエバット提案が盛り込まれており、オーストラリアから見れば国際秩序形成への参画の証しとなった。

外相や司法長官として輝いた人生を送ることができたが、一九四九年の総選挙で労働党が敗北して以来、エバットは再び主役として国際社会で活躍することはなく、党の分裂（一九五五年）によって首相になる道も断たれてしまった。一方、この総選挙で労働党を敗北させ、保守王国を築いたのが自由党のメンジース首相であった。冷戦外交の幕開けである。

2　冷戦の戦士——メンジース首相の反共政策と対米同盟

保守系政権

冷戦の戦士として、オーストラリアの国家像をつくりあげたのが、自由党のロバート・メンジース首相であった。アメリカの冷戦外交を後押しし、反共十字軍の闘士として、オーストラリアの新しい国家イメージを定着させた政治家である。

労働党のエバット外相とは対照的に、メンジース首相は米英がデザインする大国主導の世界戦略を支持し、冷却化した対米英関係を修復して、西側ブロックの誠実な同盟国として自己規定していった。良好な対米英関係を築くことで、大国政治に影響力を行使する道を選択したのである。

労働党の前政権がつくりあげた外交枠組み（対米軍事協力、アンザック協定、国連重視）は踏襲しつつも、冷却化した米英両国との関係を修復、さらに米英との同盟関係を再構築することに成功したばかりでなく、空前の好景気の恩恵に浴したのがメンジースであった。豊かさの象徴として、一九五六年にメルボルンでオリンピックが開催された。このため国内政治ばかりでなく、対外関係においても安定した支持を手に入れ、一六年間にわたって首相として君臨することができたのである。

図5－2　メンジース首相

メンジースは第二次世界大戦が勃発したときにも、首相を二年半ほど経験（在任一九三九年四月〜四一年八月）しており、通算で約一九年間、政権を運営した。現在に至るまで、この記録を破った首相はいない。メンジースが首相を辞任した後も、メンジースの影響下にあった四人の後継者が、彼の遺産と負債を継承していった。ハロルド・ホルト、ジョン・マッキュエン、ジョン・ゴートン、ウィリアム・マクマーンの四首相は、メンジースの呪縛《じゅばく》から解き放たれることがなかったことから、一九四九年から七二年までの二三年間をメンジース時代と呼ぶ（図5－3）。

首相名	在任期間
ロバート・メンジース	1949年12月～66年1月
ハロルド・ホルト	1966年1月～67年12月
ジョン・マッキュエン	1967年12月～68年1月
ジョン・ゴートン	1968年1月～71年3月
ウィリアム・マクマーン	1971年3月～72年12月

図5－3　**メンジース時代の歴代政権**

二三年間におよぶメンジース時代は、同じく保守系の地方党（現在の国民党）との連立政権によって可能となった。オーストラリアの保守政権は常に連立政権であり、単独の保守政権は存在したことがない。戦後のフレーザー政権もハワード政権も、例外ではない。オーストラリア政治はアメリカと同様に、二大政党制が機能している。しかしアメリカは共和党と民主党の文字通り二大政党だが、オーストラリアでは保守系二政党の連立と労働党の二大勢力が拮抗《きっこう》状態にあり、完全な二大政党制ではない。メンジース時代の保守系政党とは、自由党と地方党なのである。

メンジースははじめから成功したわけではない。一九三九年に初めて首相の座を手に入れたが、連立政権をスムーズに運営することができず、結局、連立政権の解消を迫られて、野党に転落したという苦い経験を味わっている。この失敗を繰り返さないとの覚悟で、一九四九年に二度目の連立政権を発足させたのである。

保守王国を樹立しつつ、自由党党首として君臨しつづけることができたのは、党内で自らの地位を脅かす有力者を、次々と排除する政治手法を取り入れたからである。これは強力な指導者が独裁政権を維持する常套手段で、メンジースの場合は、政敵を駐英の高等弁務官（英帝国や英連邦内部では大使を高等弁務官と呼ぶ）に任命するなど、第一級の名誉職を周到に準備して排除した。常に後継者の椅子を空席にしてきた手法も見逃せない。

反共国家を宣言――労働党の分裂

反共主義は、メンジース自由党党首の選挙公約であり、首相に就任してからの政治目標でもあった。一九四九年の総選挙で勝利して以来、首相を辞任して政界を引退するまでの一六年間、メンジース首相は反共路線を一貫して推し進め、自由主義と民主主義を標榜するアメリカの片腕として、反共国家を自負した。

一九五〇年に共産党非合法化法案を議会で通過させて、選挙公約を達成したものの、野党勢力が高等法院に提訴したため、法案を成立させることができなかった。このためメンジースは国民投票に持ち込み、再び共産党の非合法化を試みたが、これも失敗に終わるなど、選挙公約をなかなか達成できない焦燥感に駆られたこともある。メンジースの誤算は、国民の大半が反共政策に支持を与えており、共産党の非合法化に大きな困難はない、と判断したことであった。

たしかに国民の多くは反共路線に支持を与えていたが、言論の自由が束縛される危険性が高いと判断して、共産党の非合法化にはあえて反対したという経緯がある。その一方で、国民はメンジース保守系政権の存続を望み、反共政策に支持を与えたのである。

メンジース首相は、共産党を非合法化することはできなかったが、連邦議会での法案審議や、国民投票を前提にした国民的議論において、共産主義イデオロギーとその運動が投げかける問題点（西欧型自由民主主義の否定）を、国民に十分浸透させることができ、共産党そのものに壊滅的な打撃を与えることができた。加えて、社会主義運動を支持してきた労働党を分裂状態に陥れることに成功し、二大政党制の一翼である労働党を弱小野党に転落させ、事実上、一党独裁に近い政治状況をつくりあげた。

こうしたメンジース政治を背後から支えたのが、民主労働党（DLP）と、メルボルンを拠点に反共活動を展開していたカトリック教会である。一九五五年、労働党内で路線闘争が激化し、党内の反共グループが脱党して民主労働党を結成した。いずれの政党も本来、政権を獲得することに最大の目的を置くものだが、民主労働党の目的は労働党に政権を担当させないことであった。労働党の支持母体である労働組合が共産化しつつあり、労働党は共産勢力の影響を受けて変質したとして、労働党内部で激しい反共運動が沸き起こり、この反共グループが民主労働党を旗揚げしたのである。これ以後、労働党は共産党とほぼ同列に見られることになり、危険政党との烙印《らくいん》を押されることになった。労働党が二三年間にわたって野党の地位に甘んじてきたのは、ここに主たる理由を見いだすことができる。

労働党に政権を担当させないという点で、民主労働党の政治活動が、きわめて効果的であったことは否定できない。一九五四年の総選挙前夜、在豪ソ連大使館のペトロフ夫妻がスパイであったことが発覚し、大きな政治問題に発展したことがある。この事件は反共政策を高揚させ、民主労働党の反労働党キャンペーンを、さらに活発化させることに多大な貢献をしたと言われている。

加えて民主労働党の活動を側面から支援していたのが、同じ政治路線を推進していたカトリック教会である。カトリック教会に君臨したダニエル・マニックス大司教と、イタリア系移民の国際政治学者バーソロミュー・サンタマリアが、反共十字軍を代表する知識人として、共産主義と労働党を批判の対象にしていたためだ。二〇〇〇年に行われた韓国の総選挙では、当選させたくない政治家のリストが、多数の市民団体によって公表され、多くの候補者が落選の憂き目に遭ったが、同様のことが一九五〇年代から一九六〇年代のオーストラリア社会で、すでに行われていたと考えればよい。こうした反共政治勢力にも支えられて、メンジース首相は長期政権を樹立することが可能となった。

グローバル同盟の視点――ANZUS条約

冷戦時代にオーストラリアは、アメリカ外交のパートナーとして自画像を明確に描いたが、それを象徴したのがANZUS同盟とSEATO同盟の構築であり、朝鮮戦争とベトナム戦争への参加であった。エバット時代に見られた大国への強い反発と警戒感はない。イギリスの同盟国という色彩が薄れ、アメリカの同盟国という性格がより深まったのが、一九五〇年代から六〇年代であった。

ANZUSは一九五一年九月に調印された軍事条約で、正式名称は「オーストラリア、ニュージーランド、アメリカ合衆国間の安全保障条約」という。三つの締約国であるオーストラリア（A）、ニュージーランド（NZ）、アメリカ（US）の頭文字をとって、通称のANZUSが定着した。ANZUSの交渉は、一九五一年二月に真夏のキャンベラで行われ、オーストラリア側の代表はパーシー・スペンダー外相、アメリカ側はハリー・トルーマン大統領（在任一九四五～五三年）が任命したジョン・ダレス国務省顧問（アイゼンハワー政権の国務長官）であった。両者の共通点は、弁護士であったことだ。交渉は、朝鮮戦争が激しく戦われ、対日講和条約に向けた日米交渉が行われていた時期に重なり合う。そして北大西洋条約機構（NATO）が冷戦外交の牙城《がじょう》として一九四九年四月に設立されてから、ちょうど一年半の時が経過しようとしていた。NATOの存在感が、日増しに大きくなっていたことを、スペンダーは重く受け止めはじめていた。

オーストラリアはどのような目的で、ANZUS条約を調印したのであろうか。代表的な説明は、日本の再軍備を恐れ、日本が再びオーストラリアを攻撃した場合に備えて、アメリカの対豪防衛協力を確保するというものである。事実、スペンダーは交渉が開始された段階で、アメリカが示した寛大な対日講和条件に不満を表明し、オーストラリアの安全保障に関する対策を詰め寄っており、ANZUSに対日要因が大きく反映されていることは間違いない。しかしスペンダー外相らが抱いたANZUS構想は、この目的をはるかに超えるものであった。

オーストラリアは同盟交渉に際して、グローバルな安全保障の視点と、大国との関係を通じた国際政治運営への参加を明確に意識しており、それは以下の三点にまとめることができる。

第一に、条約の第四条で適用範囲を「太平洋地域」と規定しているが、これはオーストラリアの利益に関わる地域と理解されるべきで、想定される範囲は広い。日本の再軍備などを前提に条約交渉が進められたにせよ、ソ連や中国など共産勢力の拡大をも念頭に置いたものであり、太平洋地域をめぐる安全保障に関する条約であるというのが、オーストラリア側の立場だ。

第二に、大国との協議機構を設立するとの希望が託されていた。オーストラリアは国家を総動員して、第二次世界大戦を戦ったのであり、大国とともに戦後秩序と国際政治を語る立場に置かれるべきである、との発想が底流にある。ANZUSは協議機構としても機能すべきで、その目的も対日関係における有事の軍事同盟に限定されるべきではない。アメリカとの平時における安全保障協議を実施する場として、ANZUSを位置づけた。

第三点として、グローバルな安全保障網の確立を指摘することができる。ANZUSは結局、北大西洋条約機構（NATO）と軍事的に連携すべきであり、西側が築くグローバルな安全保障網の一翼を担うべきであるとの考えである。具体的には、ANZUSの下に三ヵ国が設置する定例協議会をNATOとリンクさせることで、グローバルな安全保障協議機構への参画を目指した。

こうしたスペンダー外相の発想は、かつて労働党政権のエバット外相が、カイロ会談から国連創設に至る間、アメリカに提起した問題意識の延長線上にあるもので、両者の発想には驚くほど共通点が見いだされる。カイロ会談に代表される大国主導の国際政治に、エバット外相が憤りを表明し、国連に中小国の利益を反映させるべきだと主張した考え方に通じる。

国際政治から置き去りにされたくない——オーストラリアという「小さな国」（スペンダー外相）が直面した危機意識であった。

またメンジース首相は当時、第三次世界大戦が発生することを想定していたと言われており、仮に世界大戦が再び起きるのであれば、オーストラリアは欧米諸国とともに、共同作戦に向けた心の準備を整えなければならない、との考えが背景にあった可能性は十分にある。オーストラリアは前年の一九五〇年に、アメリカとともに朝鮮戦争（一九五〇〜五三年）に派兵しており、西側同盟の一員として冷戦外交を、最前線で展開していた。こうした派兵実績を考慮に入れれば、スペンダー外相がANZUS同盟を構想したことはなんら不思議ではない。このように考えれば、ANZUSは協議機構としての制度をもつべきで、さらにNATOと制度的にリンクする必要があったのである。

こうしたグローバル思考を背景に、オーストラリアはアメリカと個別に協定を結んで、米軍の大規模通信施設（パインギャップ、ナランガー、ノースウェストケープの三ヵ所）を建設することに同意した経緯が理解できよう。

アメリカの重要性は、経済・金融の世界でも同じであった。オーストラリアが英国ポンド・スターリング経済圏から離脱し、十進法のドルへ移行したのは一九六六年である。当時、オーストラリアの対英輸出は一九％にまで凋落《ちょうらく》しており、決済通貨としてのポンドは有名無実となっていた。また翌六七年には、連邦政府がイギリス枢密院司法委員会への上訴廃止を表明し、司法の世界でもイギリス離れが急速に進んだ。これによって、オーストラリア高等法院が名実ともに最高裁として機能することになった。しかし州政府はこれに拘束されないこととなり、司法の世界では対英関係で二重構造が生まれることになった。このようにオーストラリアの対英関係ははなはだ複雑であり、そして曖昧性に満ちている。しかしあらゆる局面で、イギリス離れが着実に進んでいったことだけは間違いない。

3　冷戦政策とアジア地域への関与

反共政策としての日豪通商協定

オーストラリアは一九五七年七月、日本との間に日豪通商協定を締結した。これを境に対日経済関係は飛躍的に向上し、後に日豪貿易関係は「相互補完関係」と形容されることとなる。対英貿易関係に見切りをつけ、日本に代表されるアジア市場を開拓するために、国内の反日論を押し切って、将来の対日経済関係を優先させた英断として知られる。極東国際軍事裁判でオーストラリアは、対日強硬派の急先鋒であったことが想起されよう。しかし本通商協定の調印を可能にしたのは、メンジース政権がオーストラリアの反共政策の一環として本協定を位置づけ、対日強硬派の声が大きい国内世論を、巧みに取り込んだからである。メンジース政権はおもに政治的、経済的な二つの理由から、対日通商協定の調印に踏み切ったが、現実の交渉プロセスは複雑であり、さまざまな国際的・国内的要因が交錯していたことを忘れてはならない。

第一は、反共政策の一環として対日政策を捉え、日豪通商協定の締結を日本の社会主義国化や日中の接近を阻止するという戦略的な目標の上に位置づけた。有効な政治的・戦略的手段として、対日貿易関係の正常化を考えたわけである。

当時オーストラリアは、日本で左派勢力が台頭してきたことを憂慮していた。リチャード・ケーシー外相は一九五四年七月、閣議に提出した秘密メモで、日本の政治が混乱状態にあり、「極右の民族主義グループが活動的になる一方で、共産主義者とその支持者は数を伸ばし、影響力を拡大している」と指摘、さらに「日本は、穏健で平和的な政府をもちつづけるべきで、これがオーストラリアにとって最も重要である」と述べた。その結論は、対日関係の障害をなるべく除去し、日本を経済的に発展させて、日本社会の左傾化を阻止することであり、その手段として日豪通商協定の締結を構想した。

ケーシー・メモの翌年（一九五五年）になると、日本では民間労組による春闘共闘、砂川《すながわ》基地反対闘争、日本社会党の統一などがあり、メンジース政権は日本における左派勢力の動向に一層神経をとがらせるようになる。オーストラリアにとって最悪のシナリオは、日本が社会主義化し、共産中国と同盟関係を結ぶことであった。いまから考えれば一笑に付されるようなシナリオだが、日中民間漁業協定が同年に調印されており、メンジース政権が日中関係は緊密化しているとの印象を抱いたとしても、なんら不自然ではない。

ケーシー外相の対日観が、英米両国の戦略的な発想に影響された点も見逃せない。イギリス政府は、日本の技術力と設備が中国の労働力と結びつけば、日中両国ははかり知れない影響力をもち、世界の大国関係（バランス・オブ・パワー）を再定義させかねない危険性をもつとの考えであり、またアメリカ政府は、反共政策の最前線基地として日本を利用したいとの立場を明確にしていた。こうした考え方に共鳴したのが、ケーシーである。

オーストラリア国内の反対派を説得できる唯一の理由が、グローバルな視点に立った反共政策であった。白豪主義を標榜する労働党は、伝統的に反有色人種＝反日であり、貿易政策では保護主義の立場をとる。国内では製造業者が、日本の輸出する商品に駆逐されてしまうと、労働党の支持を得て反対論を展開していた。労働党から分裂した民主労働党も、同じ価値観をもっていたが、反共政策で大きく路線を異にしていた。メンジース政権は連邦議会で日豪通商協定の批准を求める際、キャスティング・ボートを握る民主労働党の協力が不可欠と判断した。民主労働党とカトリック教会は、保守勢力と並んで反共路線の急先鋒を形成しており、メンジース政権は反共政策の観点から両者を説得し、ようやく本通商協定の批准に漕ぎ着けたのであった。

第二は、イギリスに代表される対欧州貿易が減少傾向を示しており、新規の有望市場を開拓する必要性に迫られていたという、経済的な要因である。オーストラリアの対日貿易は、すでに総輸出額で第二位を占めるまでに伸びており、伝統的なイギリス市場を凌駕する勢いを見せていた。一九五六年七月に発表された日本の『経済白書』（副題「日本経済の成長と近代化」）は、日本経済を「もはや戦後ではない」と規定し、すでに第二次世界大戦前の平和時における経済水準へ回復したことを宣言しており、日本市場は有望性を実証しつつあった。

東南アジアでの存在感

対米関係を深める過程でオーストラリアは、東南アジア地域をめぐる安全保障体制の構築に積極的に関与し、自らの存在感を増大させていった。経済開発と教育を重視したコロンボ計画や、多国間安全保障の枠組みとしてのSEATOや五ヵ国防衛協定（FPDA）は、その代表例である。

(1)反共の戦略援助（コロンボ計画）――メンジース政権の反共政策を、東南アジア諸国への途上国援助という形態で推進したのが、コロンボ計画であった。スペンダー外相が一九五〇年一月、セイロン（現在のスリランカ）の首都コロンボで開催された初の英連邦外相会議で提唱したことからこう呼ばれているが、オーストラリア外交ではスペンダー計画の名称で呼ぶこともある。スペンダーの東南アジア援助論は、貧困を解消することが共産主義を阻止する有効な手段であり、反共政策の一環として途上国援助を捉えたことに特色がある。それも短期的な視点ではなく、長期的な展望で東南アジア援助を展開すべきであるとし、援助計画の中核に経済開発と教育を据えた点は注目されてよい。スペンダーは一九五〇年三月、連邦議会における演説でも本計画の特色を明快に説明している。

コロンボ計画の教育プログラムを通じて、オーストラリアは多数の留学生を東南アジア地域から招聘《しょうへい》しており、途上国の人材開発で重要な貢献を行ってきた。とりわけインドネシアは最重点国として位置づけられ、特別枠が設定されるほどであった。スハルト政権以降のインドネシアの権力構造において、オーストラリア留学組が、常にパワー・エリート集団に参加していたことからも、コロンボ計画が優れて政治的な性格を帯びていたことが理解できよう。途上国援助において教育プログラムと留学が、高度に政治的な手段になりうることがわかる。

(2)地域安全保障体制（SEATOとFPDA）——反共路線を推進したメンジース政権は、

ANZUSとSEATOという二つの軍事同盟に、原加盟国として参加している。東南アジア条約機構（SEATO）は、一九五四年九月のマニラ条約をもとに形成された軍事機構で、アメリカの反共政策が反映されたものである。第一次インドシナ戦争（一九四六～五四年）で、北ベトナムに対して西側諸国が統一行動を展開できず、結局ディエンビエンフーで敗北したという教訓から、ダレス米国務長官が熱心に提唱して、一九五五年に誕生したのがSEATO（本部バンコク）であった。アメリカの世界戦略の一環を担う軍事同盟だが、東南アジア地域における共産勢力に対抗することを目的としており、明らかに標的は中国と北ベトナムであった。

加盟国は提唱国のアメリカ、オーストラリア、イギリス、フランス、ニュージーランド、タイ、パキスタン、フィリピンの八ヵ国であったが、各国の戦略的優先度が異なり、ダレスが望んだ統一行動はついに実現することはなかった。とりわけ米仏間の対立が顕在化し、一九七五年にベトナム戦争が終結したことで存在意義も失い、一九七七年に解散した。オーストラリアは、対米軍事協力を一貫して進めた加盟国であり、反共政策を東南アジア地域で展開する枠組みを獲得することになった。オーストラリアの視点に立てば、ベトナム戦争への派兵はSEATO下の軍事協力ということになる。

オーストラリアは長期保守政権が終焉する直前の一九七一年四月、マレーシアとシンガポールの防衛を確約したＦＰＤＡを、提唱国イギリスやニュージーランドとともに調印した。これはイギリスの国防政策が、スエズ以東からの軍事力撤退を決定したことを踏まえた対応策である。東南アジアで力の空白が生じて、地域安全保障が不安定となることを未然に防ぎ、さらに新興独立国であるマレーシアとシンガポールが、独自の軍事力を構築するまでの準備期間を与える目的で、ＦＰＤＡが締結された。オーストラリアは、ＦＰＤＡで主体的な役割を担うことになったが、それは東南アジアの安全保障に重要な役割を演じるべきだという、自己認識を醸成する一つの場になった。

ＳＥＡＴＯと異なり、ＦＰＤＡは現在でも機能している。かつてオーストラリアは、マレーシア西海岸のバターワース空軍基地（ペナン島の対岸）に、ミラージュ戦闘機の二個中隊を駐留させてきた。しかし東南アジア地域の安定化に伴って、一九八三年に一個中隊を本土に引き上げ、さらに八六年には残る一個中隊も撤収させた。この背景にはオーストラリアの国防費削減という、国内事情もある。その代わり一年間に最低一六週の期間を設定してＦⅢ戦闘機を、次いでＦ18戦闘機を派遣して、共同訓練を続ける決定を行った。

オーストラリア空軍施設はマレーシア空軍のもとに置かれ、現在でもＦＰＤＡの統合領域防衛システムの司令部として機能し、マレー半島の防空を担っている。

海外派兵――マラヤ危機

メンジース時代の国防政策は「前進防衛政策」と呼ばれている。海外の紛争地域にオーストラリア軍を投入（海外派兵）し、地域紛争を早期に処理することによって、オーストラリア本土への脅威を未然に防ぐというものである。反共政策と一体化した前進防衛政策によって、オーストラリアは英領マラヤ、朝鮮半島、ベトナムに派兵した。メンジース首相は、共産勢力によるグローバル展開への危機感をしばしば表明しており、アジアの地域紛争も、グローバルな視点から捉えていた点は注目されてよい。これらの海外派兵を通じて、オーストラリアは冷戦の戦士としてのイメージを定着させた。

第二次世界大戦後、初めての海外派兵がマラヤ危機であった。オーストラリアは一九五〇年に空軍（爆撃機部隊と輸送機部隊）を初期投入し、五五年に陸軍を派遣している。この派兵で五一人の兵士を失った。マラヤ危機は一九四八年六月、英領マラヤ（現在のマレーシア）の北部ペラ州にあるゴム農園で、中国系共産ゲリラが農園経営者を殺害したことが発端で発生した。この頃は共産勢力が中国、ビルマ、インド、インドネシア、ベトナム、フィリピンで活発に行動しはじめたときで、マラヤではイギリス資本のゴム農園、スズ鉱山、港湾施設、工場などが、次々と共産ゲリラの標的（殺人、放火、強奪、暴動、破壊）となり、マラヤを恐怖のどん底に陥れた。ゲリラは「マラヤ民族解放軍」として知られるようになり、その最終目的もイギリスの植民地支配を終焉させることであった。

イギリス政府の要請を受けたメンジース首相は、一九五〇年五月三一日の連邦議会において、とりあえずダコタ輸送機部隊を、マラヤに派遣すると発表している。爆撃機の派遣は時期尚早であると、世論の動向を見極めていたのである。首相はその際、「帝国主義的な共産主義者の侵略は世界の趨勢《すうせい》である」と強調し、西側同盟国のオーストラリアは、反共政策を推進することで国家の繁栄を享受できることを正当化した。

朝鮮戦争が発生した直後の六月二七日、メンジースは閣議で国際的な共産主義の問題を再び議論し、マラヤ防衛が「オーストラリアの安全保障にとって死活的である」と明言して、爆撃機の派遣を最終的に決定した。そして一九五〇年六月に戦闘部隊を投入して以来、六三年に撤収するまでの一三年間、マラヤ植民地へ海外派兵を継続することになった。この間に、マラヤは独立（五七年）を達成している。

この海外派兵は、メンジース政権の反共政策を物語るものだが、同時にイギリスへの軍事協力という側面をもつ。対英協力は、一九五五年に設立された極東戦略予備軍（FESR）の一翼を担うことになり、その目的はマラヤ半島の防衛に置かれた。この部隊はSEATOと連携することが想定されており、メンジース政権の反共政策がグローバルな視点に立脚して、軍事的に体系性を求めていたことがうかがえる。

メンジース首相の決断でマラヤ危機への派兵が決定され、空軍のダコタ輸送機部隊がマラヤに到着したのは六月二〇日であった。その五日後に朝鮮戦争が勃発する。

朝鮮戦争とベトナム戦争

オーストラリアの反共政策と国連政策が、見事に重なったのが朝鮮戦争（一九五〇～五三年）への参加であった。アメリカが躊躇していたANZUS条約の早期成立をアメリカに迫る上で、有利な交渉材料となった海外派兵が朝鮮戦争であった。一九五〇年六月二五日、北朝鮮（朝鮮民主主義人民共和国）が韓国を侵略したとして朝鮮戦争は始まった。メンジースは直後に閣議を招集し、マラヤ危機と朝鮮戦争の二つの地域紛争への対応を協議した結果、マラヤ危機への対応を最優先とし、朝鮮戦争への派兵を見送る。この直後に国連安全保障理事会が北朝鮮非難の決議案を採択し、七月七日にはアメリカ軍主導の国連軍派遣を決定していったが、この段階になってオーストラリアは、戦闘部隊を国連軍として派遣することを決定した。

当時、占領下の日本には、オーストラリア軍が英連邦占領軍の一員として岩国《いわくに》や呉《くれ》に駐留し、米国のマッカーサー連合国軍最高司令官の指揮下にあった。朝鮮戦争勃発によって、マッカーサーは国連軍最高司令官にも就任し、オーストラリアの対米軍事協力が加速されていった。オーストラリア政府は米軍との協議を経て、岩国駐留のムスタング戦闘機部隊を急派することを決め、七月下旬には本土からの増派部隊の派遣も決定した。最終的にオーストラリアは約一万八〇〇〇人の兵士を投入し、約三五〇人を戦闘で失った。オーストラリア軍の増派を引き出すために、アメリカはANZUS条約の交渉を引き延ばしたが、一方、スペンダー外相は朝鮮戦争をチャンスと捉え、アメリカとANZUS条約を締結する上で、オーストラリアの対米軍事協力を証明できる場として考えていた。このように朝鮮戦争では、両者の思惑がANZUSをめぐって交差することにもなった。

反共政策を推し進め、対米同盟関係を強化できる証しとして、五万人の兵士を派遣したのがベトナム戦争（一九六一～七五年）であった。共産勢力の北ベトナムと、自由主義勢力の南ベトナムの対立に、オーストラリアが初めて軍事的に関与したのは一九六二年であった。メンジース政権は五月二四日、軍事顧問団を南ベトナムに派遣することを発表し、六五年四月には戦闘部隊一五〇〇人の派兵を決定したことで、本格的な介入が開始された。リチャード・ケーシー外相やポール・ハズラック外相は、自由主義と共産主義が対決する戦場としてベトナムを捉え、不退転の覚悟で対米軍事協力を進めることによって、冷戦の戦士としてのオーストラリアを国際社会に印象づけた。

メンジースは「南ベトナムの喪失はオーストラリアばかりでなく、南アジアそして東南アジアのすべての国々にとって、直接的な脅威である」と述べ、これは「共産中国による猛攻」によって、この危機が迫っていると国民に訴えた。世論も当初はメンジースを支持したが、オーストラリア兵の死傷者が増大するにつれて批判的となり、一九七〇年五月には一五万人の反戦デモが起きるまでになっていた。反戦運動を前にゴートン首相、マクマーン首相は段階的な撤兵を決意したものの、死者の数が五〇〇人に達し、国民の反戦と厭戦《えんせん》ムードも急速に広がっていった。メンジース王朝は、反共政策の象徴であったベトナム戦争でつまずき、長期にわたった保守系政権の支配は終幕を迎えたのである。

大国政治への積極的な協力がベトナム戦争で失敗したことにより、オーストラリアは、国家のあり方を根本的に見直す局面に立たされることになった。その答えが、国際社会におけるミドルパワーの自己認識であり、国内社会における多文化主義の受容であった。アジア人との共存を目指す多文化政策は、ベトナム戦争での敗北がもたらした一つの副産物という面をもつ。もちろん多文化政策は、ヨーロッパ系移民の受け入れ基準の変更など、さまざまな要素が絡み合ったものであるが、ベトナム戦争が大きなインパクトを与えたことは間違いない。戦争後に発生した大量のベトナム難民がオーストラリアに漂着し、巨大なベトナム社会を形成するようになったからである。

コラム5　南極とオーストラリア

地球の最南端に位置する氷の大陸、南極。手つかずの雄大な自然に、アザラシ、ペンギン、鯨などが生息している。地球で最も寒い過酷な環境にもかかわらず、毎年多くの観光客が訪れ、国際南極旅行業協会によれば、二〇一九年一〇月から半年間の観光客数は七万四四〇一人にのぼった。

南極観光には南米のアルゼンチンやチリから向かうのが定番とされるが、日本から行く場合の最短ルートは、オーストラリアからであろう。ホバート（タスマニア）からクルーズ船で向かうツアーがある。ほかには上陸はできないものの、メルボルンやシドニー空港から飛行機で南極大陸上空を周航するツアーもある。

「テラ・オーストラリス・インコグニタ」（南方に存在するかくれた陸地や島）の存在が最初に確認されたのが一九世紀前半だ。欧米各国による探検が本格的に展開されるのは一九世紀末以降のことである。

南極大陸への関心の背景には、アザラシや鯨といった海獣の存在があった。植民地初期のオーストラリアではアザラシ漁と捕鯨が重要な産業だったが、乱獲が進み、一九世紀前半には捕獲量が減少。捕鯨船は獲物を求めてさらなる南方へと向かったことが、南極探検へとつながっていった。

そして南極への科学的関心の口火を切ったのが、一九世紀末のカルステン・ボルフグレビンク（ノルウェー）による探検である。彼はオーストラリアで教師として働いていたが、ノルウェーの捕鯨船に水夫として乗船する機会を得て、アマチュアながら科学的調査を行った。

オーストラリア初の南極探検隊が撮影した南極（1910年代）

欧米諸国の南極への関心は、やがて領土的なものへと変わっていく。一九〇八年にイギリスが最初に領土権を主張。オーストラリアもイギリスが主張していた領土を譲り受ける形で、一九三三年に「オーストラリア南極領土（大陸全体の四二%）」を宣言した。英豪のほか、アルゼンチン、チリ、フランス、ニュージーランド、ノルウェーも領土権を主張していたが、一九五九年に南極条約が締結され、各国の主張は凍結されることとなった。

南極条約が締結されて六〇年あまり経つが、オーストラリアは中国の動向に神経をとがらせている。オーストラリアが領土権を凍結した南極地域に、中国は三つの研究拠点をもち、豊富な資源にとどまらず、軍事的利用まで考えているのではないかとの憶測も広がっている。

第6章　多文化ミドルパワーの国家像——ベンチャー型中企業国家

多文化ミドルパワーとは何か

二〇世紀末のオーストラリアは、多文化社会とミドルパワーの発想を一体化させ、多文化ミドルパワーとしての国家像をもつ。

一般的には多文化社会とミドルパワーを分離して議論するため、多文化ミドルパワーという言葉に違和感をもつ読者がいるかもしれない。国内社会を論じるときは多文化社会論であり、国際社会ではミドルパワー論が幅をきかすが、本書では両者を合成させ、オーストラリアの国家像を多文化ミドルパワーとして捉えることを提唱したい。これは単に二つの概念を結びつけたものである以上に、整合性があるからである。

現在の多文化社会は、アジア系移民・難民の存在を前提に構築されたもので、ミドルパワー外交のおもな対象地域である東アジア地域（北東アジア・東南アジア）と重なっており、相互に密接な関連性をもつ。白豪政策と決別し、アジア系移民の受け入れを是認する一方、ベトナム難民に代表されるインドシナ難民を大量に受け入れたことで、オーストラリア社会はアジア人を抱える多文化社会へと変貌していった。

これとほぼ同じ時期に、オーストラリアは大国政治への参画を断念して、総合的な国力から見て中規模の国家（ミドルパワー）が歩むべき独自の道を探し求め、ベンチャー精神に突き動かされたミドルパワー外交の発想を、アジア太平洋地域を舞台に醸成しはじめたのである。

第1章でも素描したように、いずれの原点も一九七〇年代前半のウィットラム政権に求めることができる。続くフレーザー政権で方向性が確定し、さらに一九八〇年代以降になるとホーク＝キーティング政権やハワード政権が、一層の深化を模索するようになった。連邦国家が誕生して以来、歴代のオーストラリア政権を悩ましつづけた自画像の描写は、ようやく多文化ミドルパワーとして結実していくことになった。

1　原点――独自ブランドを求めた労働党

労働党政権の革新外交――ウィットラム首相

冷戦の戦士という国家イメージと決別し、オーストラリアが進むべき新しい道を探し求めたのが、労働党のゴフ・ウィットラム首相（在任一九七二年一二月～七五年一一月）であった。独自外交を叫び、中国との国交正常化に象徴される第三世界外交の推進、アメリカ軍事戦略への追従に反対、ベトナム戦争への派兵を完全停止、前進防衛政策の破棄、大陸防衛（専守防衛）政策の導入、資源ナショナリズムの主張、フランス核実験への反対、さらに人種差別と白豪主義への批判など、メンジース時代の遺産を否定するような対外政策を、次々と打ち出していった。とりわけ首相就任直後の対中国交正常化は、ウィットラム労働党外交の新鮮さを内外にアピールするものであった。

図6－1　**ウィットラム首相**

ウィットラムは一九七二年一二月、首相就任から二日目に、中国との国交正常化交渉をフランスの首都パリで開始した。アラン・ルヌフ駐仏オーストラリア大使と黄鎮《こうちん》中国大使が、両国を代表して交渉を進め、クリスマス休暇直前の一二月二一日に、中国との国交正常化に漕ぎ着けることができた。その一年後にウィットラム首相は訪中（一九七三年一〇月三一日～一一月四日）を果たした。野党党首時代のウィットラムは七一年七月、中国の周恩来《しゅうおんらい》首相の招待で北京を訪問しており、労働党の対中外交はすでに開始されていたが、その実績を踏まえた上での国交正常化であった。現在に至るオーストラリアの対中関係は、ウィットラム時代に萌芽をもつ。

対中国交正常化は、オーストラリアと社会主義諸国との関係改善を象徴するものだ。一九七二年一二月に東ドイツ、ポーランド、ハンガリー、翌七三年には北ベトナム、七四年にアルジェリア、北朝鮮（七五年に北朝鮮が一方的に断交し、二〇〇〇年五月に再び国交回復）と正常化して話題となり、そして七五年には南ベトナム臨時革命政府とも外交関係を樹立するなど、オーストラリア外交は西側世界でも注目される存在となった。

対米関係の再定義

メンジース時代の発想と決定的に違うのは、大国アメリカとの関係である。ウィットラムは大国指向の発想を退け、中規模の国家としてふさわしい発想と地位を獲得しようとした。メンジース時代には、米英主導の国際政治運営に参画したいとの願望が強く、対米同盟関係の強化を通じて、これを実現しようとしてきた。朝鮮戦争やベトナム戦争への派兵は、それを物語っている。しかしウィットラムは、オーストラリア国民に発想の転換を迫り、国民もそれを受け入れたのである。

ベトナム戦争からの撤兵は、すでにマクマーン保守系政権の時代から進められていたが、完全撤退を決定したのはウィットラムである。アメリカ軍がベトナムから引き上げ、イギリス軍も「スエズ以東」からの撤退を決定するなかで、ウィットラムは、海外派兵を正当化してきた前進防衛政策を破棄し、専守防衛を軸とした大陸防衛政策を採択した。これはボーア戦争や義和団事件への派兵以来、オーストラリアが伝統的に採用してきた国防政策を、革命的に変更するものであった。ランス・バーナード国防相は、「今後一五年間は脅威が存在しない」との見通しを立て、国防政策の変革を押し切った。

ウィットラム政権では対米関係が悪化して、ANZUS同盟にもひびが入ったと言われる。たしかにウィットラム首相は、アメリカの世界戦略を批判し、オーストラリアが無条件に対米追従することを否定したが、対米同盟関係の枠組みには手をつけていない。ANZUS条約や個別の対米軍事協定は維持されており、大きな変更を伴ったものはない。国内にある米軍通信施設の運営を共同管理し、オーストラリアの主権が及ぶように、軍事協定を多少修正したことはあるものの、米軍施設の閉鎖はなく、ANZUS条約の改定もなかった。つまり条件付きで、対米軍事協力を行ったと理解すべきだ。

ウィットラムからすれば、メンジース時代は対米関係が、あまりにも緊密化・一体化の方向に進みすぎたとの認識であり、その結果、オーストラリアは外交政策のオプションをもてなくなった。アメリカから多少距離を置くことで、自国が置かれた立場を冷静に認識し、国際社会での役割を再定義できるはずだと、ウィットラム首相は考えたのである。ANZUS同盟を維持しつつも、中規模国家オーストラリアにふさわしい独自外交を展開するという、現実的な外交オプションを選択したわけである。また多国間アプローチの有効性を認め、国連を活用することを考え、アジア太平洋地域に多国間協議体を構想するなど、後のホーク＝キーティング労働党政権が推進した政策体系の原点を、ここに見いだすことができる。

こうした考えの背景には、国際政治の地殻変動がある。ベトナム戦争に疲弊したアメリカが、劇的な対中国交正常化を推し進めたからだ。昨日までの敵中国が、一晩でアメリカの友好国に変質していった姿を目の当たりにしたとき、オーストラリアの保守系政権（マクマーン首相）は対応に苦慮し、自己否定の状況に置かれていった。

ヘンリー・キッシンジャー米大統領補佐官が国交正常化のために秘密裏に訪中していた同じ時期に、実はウィットラムも中国を訪問していた。一九七一年七月のことだ。マクマーン首相は、労働党代表団を率いたウィットラム党首を「オーストラリアを、東南アジアばかりでなく、西側世界においても孤立化させる」と、厳しい口調で非難しただけに、米中国交正常化に驚愕し、心の動揺を隠せなかった。このように大国アメリカの一方的な対中政策の変更に振り回されることのないように、ウィットラム首相はオーストラリア外交の独自性を追求することが国益であると認識し、その独自性を象徴する言葉としてミドルパワーが登場することになる。

ニクソン・ドクトリンが一九六九年七月に発表されて、米軍のベトナム戦争からの撤退を示唆し、七一年八月には金＝ドル交換停止の実施に踏み切るなど、対外政策に根本的な修正を迫られるほど、アメリカの世界戦略は破綻状況に追い込まれていた。同盟国としてのオーストラリアが、再び何の事前協議もなく、アメリカ外交から取り残されてしまった、との失望感に包まれたことは言うまでもない。かつて対日共同作戦を協議したカイロ会談（一九四三年）で、労働党のカーティン首相やエバット外相が味わった悲哀を、今回は保守系政権が味わうことになった。このように国際政治が構造変動したことを受けて、ウィットラム労働党政権が誕生したのである。

白人社会の多民族化

多文化主義（マルチカルチャリズム）が公式の政策として登場したのは、アルバート・グラズビー移民相が一九七三年に発表した多文化政策が最初である。これは決してアジア系移民社会を前提としたものではない。東欧・南欧からの大陸系ヨーロッパ人移民が大量に流入し、明らかに伝統的なアングロサクソン文化と異なる白人社会が生まれつつあることを念頭に、発案されたものである。

オーストラリアでは第二次世界大戦中から、労働党政権が大量移民計画を練り上げてきた。チフリー政権下の一九四五年八月には移民省が創設され、初代の移民相にアーサー・コールウェルが任命された。そして大規模移民計画が一九四七年にスタートし、戦乱で祖国を追われた東欧・南欧の難民が、オーストラリア政府の補助金を得て続々と移住してきたのである。

大量移民計画の目的は、⑴国土防衛のための兵員確保、⑵経済開発のための労働力確保、⑶人口の自然増加率の低下に歯止めをかける手段――の三点に集約することができる。戦時中から戦争直後の時代にあって、とりわけ安全保障の観点が重視されたことは言うまでもない。オーストラリア政府の係官が当時、わざわざ東欧・南欧諸国に足を運び、新規の移民を各国で勧誘したことからも、熱意のほどが伝わってくる。

コールウェル移民相が作成した計画によると、オーストラリアの年間人口増加率を二％に設定し、自然増加率で不足する人口（一％）を移民で補充するというものである。当時の総人口を約七五〇〇万人とすれば、一％にあたる七万五〇〇〇人の移民を毎年、受け入れるという計画であった。一九〇一～三〇年における移民の年間受け入れ平均は、一万八七〇〇人であり、三一～四〇年が平均で三二二四人であったことを振り返ると、計画がいかに野心的であったかがわかる。この目標を達成するためには、従来のイギリス、スコットランド、アイルランドに加えて、ヨーロッパ大陸からの移民が不可欠とされた。

オーストラリア統計局の資料によると一九四七年の総人口（七五八万人）のうち、海外で

	1947	1954	1961	1971	1981	1991	2001	2011	2021
英国・アイルランド	541.3	664.2	755.4	1,054.7	1,120.9	1,104.6	1,175.9	1,271.7	967.4
インド	8.2	12.0	14.2	29.2	41.0	61.0	98.1	337.1	710.4
中国	6.4	10.3	14.5	17.6	25.2	77.9	153.4	387.4	595.6
ニュージーランド	43.6	43.4	47.0	80.5	160.7	264.1	389.6	544.0	560.0
フィリピン	0.1	0.2	0.4	2.6	14.8	73.0	114.3	193.0	310.6
ベトナム	n.a.	n.a.	n.a.	n.a.	40.7	121.8	163.5	207.6	268.2
南アフリカ	5.9	6.0	7.9	12.7	26.5	49.0	86.8	161.6	201.9
旧ユーゴ	5.9	22.9	49.8	129.8	148.6	160.6	203.0	204.5	177.0
マレーシア	n.a.	2.3	5.8	14.9	30.5	71.7	86.4	134.1	172.3
イタリア	33.6	119.9	228.3	289.5	275.0	253.4	229.9	201.7	171.3
スリランカ	n.a.	2.0	3.4	9.1	16.8	37.3	60.6	99.7	145.8
ドイツ	14.6	65.4	109.3	110.8	109.3	112.0	118.3	125.8	107.9
ギリシャ	12.3	25.9	77.3	160.2	145.8	135.9	128.7	121.2	100.7
海外出生者合計	744.2	1,286.5	1,778.8	2,579.3	3,123.0	4,053.8	4,452.4	6,018.2	7,502.5
オーストラリア生まれ	6,835.2	7,700.1	8,729.4	10,176.3	11,393.9	12,718.0	14,822.4	16,321.8	18,235.7
総人口	7,579.4	8,986.5	10,508.2	12,755.6	14,516.9	16,771.8	19,274.7	2,234.0	25,738.1

図6-2　出生地別人口（千人）

出生した者が七四万人おり、一九七一年には総人口（一二七六万人）のうち、同二五八万人であったことから、一八四万人が新規の移民としてオーストラリアに移住したことになる。しかしこの期間の移民数は二七〇万人とも言われており、そうすると八六万人が消えたことになる。

これらの数字は、あくまで目安と考えたほうがよい。二七〇万人は定住目的の入国者数であり、これにはオーストラリア生まれのオーストラリア人も含まれることになる。しかし出生地統計は、海外で出生した者を対象としたもので、海外で出生したオーストラリア人も含まれる。またオーストラリアへ移住した者が全員、定住するわけではない。イギリス系移民はしばしば数年後に帰国したり、カナダに再移住する傾向があり、現実の移民動向を把握するのは容易ではない。ここではヨーロッパ大陸系の移民が、オーストラリアへ多数流入した点を確認するにとどめたい。

一九七一年段階における海外出生者のうち、ヨーロッパ大陸系が約七九万人に達している。これらの大陸系移民は、オーストラリア社会で新規労働力（＝移民）として歓迎され、その大半が都市近郊で生活を営んでいた。とりわけギリシャ、イタリア、ドイツ、旧ユーゴスラビアからの移民は、巨大な移民社会を形成していった。メルボルンではギリシャ人町が誕生し、シドニーでもイタリア人町が存在感を高めつつあった。粗放農業のオーストラリアでは、農村地域で移民の需要がほとんどなく、たとえ遠隔地にある鉱山開発で就職しても、蓄財した移民は再び都市部へ還流するというパターンが定着していた。あらゆる理由から移民は都市部に集中することになり、都市における多文化状況は、急速に進展していくことになった。

これらの事実を踏まえてウィットラム政権は、多文化政策の必要性を国民に訴えたのである。それまでのオーストラリア社会では、単一民族神話としてのアングロサクソン文化への同化が求められてきた。オーストラリア流の生活様式が存在するとの前提で、あらゆる移民は同化政策を受け入れることになっていた。こうした保守系政権の発想を転換させたのが、ウィットラム政権である。ヨーロッパ人の多民族化・多文化状況が、オーストラリア社会の変革をもたらした第一の起爆剤となった。後述する第二の起爆剤は、アジア系移民・難民の受け入れであった。

白豪政策との決別——隠された意図

ウィットラム首相は、白豪政策に終止符を打った政治家として知られる。南アフリカの人種差別政策であるアパルトヘイトを批判し、国連による南ア経済制裁にも同調するなど、いままでには見られない斬新さが際立っていた。また白豪政策を時代錯誤であると糾弾し、オーストラリアが国際社会で尊敬される地位を獲得するには、白豪政策との決別が必要であると発言し、国際的に名声を博することにもなった（労働党が党綱領から白豪政策をはずしたのは一九六五年）。こうした考え方を移民政策に反映させたのが、移民の個人能力を重視した移民の選別方式「ポイント・システム」の採用である。

従来の移民政策は、白人の移民希望者をほぼ無条件に受け入れ、非白人を締め出すという人種差別政策の典型であった。第二次世界大戦直後に、コールウェル移民相が打ち出した大量移民計画も、すべて白人移民を対象としたものであり、東欧・南欧諸国から、英語を母国語としない多数の移民が流入することになった。こうした移民政策を制度的に改革したのが、ウィットラム首相である。

同首相は人種を基準とした移民審査を廃止し、個人のさまざまな能力をポイント（点数）で表示し、合計点の高い移民を受け入れる新方式の導入を決断した。この方式はカナダで考案されたもので、移民希望者の年齢、教育水準、技能、職歴などにポイントを設定し、ポイント合計が高い移民を優先的に受け入れるというものである。社会的ニーズとともにテスト項目と配点は若干変化するが、基本的にはこのような項目で審査され、ある一定水準以上の合計点を獲得した者が、移民として受け入れられることになる。新しい移民制度の導入によって、ウィットラム首相は白豪政策を終焉に導いた政治家として、歴史に名を残すことになった。

しかしポイント・システムは、アジア人に代表される非白人を受け入れるために導入したものではない。ポイント・システムの真の狙いは、優秀な白人移民を受け入れることにあり、教育程度が低く、英語の運用能力に欠け、技術力もない白人移民を、あくまで合法的に排除するための制度に過ぎない。オーストラリア経済の発展に寄与することができる白人移民を求む――これがウィットラムの真意であった。

ポイント・システムの副産物は、優秀なアジア人が高いポイントを獲得して、合法的に移住してきたことである。カナダの先例に学べば、アジア系移民は副産物として避けられないことも承知の上である。しかし皮肉なことに、副産物のアジア系が移民の主役となりはじめ、主役であるはずの白人移民が伸び悩むなど、ウィットラム構想は逆の結果をもたらすことになった。優秀な白人移民をもっぱら受け入れ、非白人は最小限度にくい止めたいとの構想が頓挫したことで、逆にウィットラムは後に高い評価を獲得することになった。

アジア系難民を初めて受け入れる

ウィットラム首相は、多数のベトナム難民の受け入れを決断した政治家として知られる。政権末期の一九七五年四月三〇日に南ベトナムの首都サイゴン（現ホーチミン）が陥落し、ベトナム戦争は実質的に終わりを告げた。北ベトナムと南ベトナム解放民族戦線（ベトコン）の勝利であり、南ベトナム政府の瓦解によって、南ベトナム政府の軍人や官僚は争って国外脱出を試みるようになる。政府系のビジネスマンも同様の運命であった。こうした事態に直面してウィットラム政権は、ベトナム難民の受け入れを表明し、最終的に一〇九三人の受け入れを決断した。

この決定は、白人移民の国家オーストラリアにとって革命的な意味をもつ。オーストラリアはいままでにも多数の難民を受け入れてきたが、その実体はヨーロッパ系白人の難民である。第二次世界大戦後の東欧・南欧からおびただしい数の難民を受け入れたが、戦後復興期にあっては貴重な潜在的労働力であり、ヨーロッパ系難民を実質的には移民として受け入れた。つまり東欧難民と呼ばれる人々は、難民としてヨーロッパを離れたにもかかわらず、移民としてオーストラリアに入国したことになる。オーストラリアにとって、白人であれば移民と難民の区別はほとんど意味のないことであった。

そのような中で、ベトナム難民に象徴されるインドシナ難民の出現は、青天の霹靂《へきれき》であった。実質的にオーストラリアは初めて、難民問題を経験することになったからである。ベトナム難民は、白豪政策の対象であった有色人種であるばかりでなく、その受け入れも恒久的であり、しかも国内政治的にも大きな賭けになる可能性があると、ウィットラム政権は危惧の念を抱いたからである。

革新政権のイメージとは逆に、ウィットラム政権は当初、ベトナム難民の受け入れにきわめて消極的であった。その理由として二つの要因を指摘することができる。第一に、北ベトナム政府と国交を正常化する上で、北ベトナムに対立する南ベトナム難民を受け入れることが外交上マイナスに作用する問題である。第二に、難民が反共主義者であった点だ。ベトナム難民は反共主義者であり、反共主義者の難民を多数受け入れることは労働党の批判勢力を増大させる、との政治的判断があったからである。ここには苦い歴史の教訓が生きていたことを忘れてはならない。

第二次世界大戦後に、東欧諸国から大量に受け入れた難民（実質的には移民労働力）が、ソ連の弾圧から逃亡してきた反共主義者であり、労働党を批判する勢力として、労働組合で大きな存在感を示した実績があった。そのために労働党は政権から一層遠ざけられたとの思いが強い。ベトナム難民が東欧難民の再来となるのではないか、との警戒感がウィットラム首相の脳裏をよぎったのである。

そのため、ウィットラム時代に受け入れた難民は、南ベトナムの首都サイゴンのオーストラリア大使館で勤務していた人、オーストラリアと密接な関係をもつ人（貿易商社、軍関係者）、オーストラリア留学中の学生などであり、いずれも個人の能力が高く、しかもウィットラム政権にとって安心なベトナム人に、ほぼ限定されていた。難民そのものが政治的存在であるように、受け入れ政策も政治的考慮によって大きく左右される典型的な例だ。ウィットラム政権は意図せざる結果として、アジア系移民へ門戸を開放し、さらにベトナム難民を多数受け入れた点で、まさにアジア系社会を内包する多文化社会を建設したことになる。いままでにもヨーロッパ大陸から移民と難民を大量に受け入れ、イギリス系とは異なる大陸系の文化が持ち込まれたことで、すでに多文化社会を築いていたが、これらはあくまで白人社会の多文化現象に過ぎなかった。アジア系移民とベトナム難民の存在は、オーストラリア社会に存在しなかった新たな移民文化を持ち込んだ点で、きわめて画期的である。こうした新たな移民文化は本来、ウィットラム首相が求めたものではないにせよ、結果的にアジア系移民・難民社会を出現させたことは間違いない。この点に着目すれば、オーストラリアを多文化社会へと変貌させ、ミドルパワー外交を推進することで、多文化ミドルパワー国家像を形成した創始者として、ウィットラムを位置づけることが可能となる。

国内改革にも辣腕

国内政治でもウィットラムは、矢継ぎ早に新しいプログラムを導入していった。大学教育の無料化、連邦政府による学校補助金の交付、国民皆保険制度の採用、女性の地位向上、文化芸術活動への資金援助、さらにアボリジニの土地所有権を承認するなど、ありとあらゆる方面で改革を進めた結果、歳出が急速に膨らんで経済運営そのものが困難となった。連邦議会では野党の反対で、予算法案を通過させることができず、一九七五年一一月、連邦総督ジョン・カーが大権を発動して、ついに首相の職務を罷免された。憲政危機がオーストラリアを襲ったものの、自由党のフレーザー党首が選挙管理内閣を組織し、政治的混乱を収束させた。短命政権にもかかわらず、ウィットラムが描きはじめた新しい政策体系は、それ以後の政権に多大な影響を及ぼすことになる。

2　輪郭——舞台は第三世界だ

新冷戦下の対米同盟強化

ウィットラム首相の革新外交を継承し、米ソの新冷戦（第二次冷戦）を巧みに利用しながら、対米同盟関係を再強化し、第三世界外交と呼ばれる途上国政策を展開したのが、自由党のマルコム・フレーザー首相（在任一九七五年一一月〜八三年三月）である。あえて国民党と連立することで、長期保守系政権を成立させることに成功したフレーザーは、メルボルンの豊かな農業経営者の家庭に生まれ、英国オックスフォード大学で政治学と経済学を学び、青年時代から党活動に参加するなど、保守本流を代表する政治家だ。

フレーザーにとって新冷戦は、神が与えてくれた恵み以外の何物でもない。ソ連が一九七九年一二月にアフガニスタンへ侵攻したことでデタントが崩壊し、米中両国がソ連に対抗する図式が鮮明となり、これを新冷戦と呼ぶようになった。

図6－3　フレーザー首相

こうした国際政治状況は、突然起きたものではない。米中による国交樹立（七九年一月）、中ソ友好同盟相互援助条約の破棄（同年四月）、米中貿易協定の調印（同年七月）によって、米中関係の緊密化と中ソ関係の冷却化が際立つようになった。加えてソ越友好協力援助条約（七八年一一月）の後押しを受けて、ベトナムがカンボジアに武力侵攻し、プノンペンに親越政権を樹立したことで、中越紛争が一九七九年二月に勃発するなど、ベトナム・カンボジア紛争をめぐる中ソ対立も、一層激しさを増すことになった。こうした流れのなかでソ連のアフガニスタン侵攻が発生し、国際政治は一気に緊張度を高めたのである。
フレーザー首相はこうした国際政治の緊張化を好機と捉え、自由党の対外政策を、反共政策から反ソ政策へと巧みに軌道修正した。親中・反ソがオーストラリア外交の柱となり、「悪の帝国」ソ連に対する米中の戦略的パートナーシップを、オーストラリアが支援する立場を鮮明にしていった。ソ連の対外膨張政策が、アフリカ大陸およびインド洋に拡大されている点を強調して、インド洋での安全保障を確保するという大義名分の下、冷却化していた対米同盟関係を、再び活性化させることにも力を注いだ。米空軍B52爆撃機の豪州北部・西部への飛来、米海軍の核兵器搭載艦による寄港、米軍による戦略通信施設の安定使用などは、活性化プログラムの代表例である。なかでもコウバンサウンド海軍基地（西オーストラリア州の港町フリーマントル南方）を、米海軍に使用させる決定は、ソ連の海洋進出に対抗するインド洋戦略として注目された。

ミドルパワー論の精緻化――第三世界外交

オーストラリアは自らが主役になれる場を、ようやく第三世界（途上国）に見つけ出した。フレーザー首相は、ミドルパワー論を第三世界との関係で定式化しようとしたのである。具体的にいえば、第三世界との関係においてオーストラリアの影響力を拡大し、外交の独自性を発揮しようとするものだ。とりわけ欧米の大国が、手足を縛られて関与できない問題や、まだ手を出していない新しい問題に、フレーザーは関心を寄せたのである。かつての英帝国は消滅したにせよ、英連邦として第二次世界大戦後に再生し、さらにコモンウェルス（諸国民の連合）として定着していた事実に着目して、旧英連邦やコモンウェルスを舞台に、オーストラリア外交の存在感を高めようとした。

フレーザーが想定していた第三世界とは、アジア・アフリカ・南太平洋地域の途上国である。これらはさらに、英連邦に属する途上国と、アジア太平洋地域の途上国に分類されることになる。第三世界外交の特色として、三点を指摘することができる。第一は反ソ政策としての途上国支援であり、第二はアジア太平洋地域での政治的影響力の増大、そして第三に人種差別政策への反対が挙げられる。

第三世界外交を策定するに当たってフレーザーは、「オーストラリアと第三世界との関係に関する委員会」（オーエン・ハリーズ委員長）を一九七八年四月に発足させ、総合的な提言を求めた。本委員会が示したオーストラリアの第三世界観は、⑴政治的ブロックとして第三世界を捉える、⑵アジア太平洋中心の地域主義を形成する、⑶途上国とは相互依存の発想で関係を構築する、⑷ソ連の拡張主義に警戒する、⑸途上国における体制内改革を支援する——以上の五項目は以後、オーストラリアの途上国政策に大きな影響を与えることになる。

つまりウィットラム首相が提起した抽象的なミドルパワー論をより精緻《せいち》化して、国際政治におけるミドルパワーの姿や、アジア太平洋地域でのオーストラリア外交の方向性を示したのである。ハリーズ委員会が示したミドルパワー論を、一九八〇年代以降のオーストラリア外交に当てはめて考えてみると、⑴英連邦とASEAN（東南アジア諸国連合）を政治的グループとして位置づける、⑵APEC（アジア太平洋経済協力会議）を自ら提案し、ARF（ASEAN地域フォーラム）へ積極的に参加する、⑶ASEANやSPF（南太平洋フォーラム）とはパートナーシップを築く、⑷対米同盟を強化し、西側世界の一員として行動する、⑸南アのアパルトヘイト政策を止めさせ、ジンバブエ共和国の建国に貢献し、途上国における人権・民主化運動を支援する、というものである。

英連邦の構成国が、その大半を途上国で占められていることに着目して、第三世界外交の観点から英連邦を見直す作業も行われ、オーストラリアの立場から、英連邦の再定義を進めた点は注目されてよい。かつて歴史上の英帝国はイギリスに支配されていたが、英連邦を舞台にオーストラリアが、ようやく主役になる可能性が生まれたからである。

とりわけ英連邦諸国内の人種差別に反対し、南アフリカによるアパルトヘイト政策を糾弾、さらにローデシア内戦を終結させて和平協定の調印に持ち込み、ジンバブエ共和国として独立（一九八〇年）させた陰の功労者が、フレーザーであった。こうして英連邦内での政治力を高め、オーストラリアが主体的な役割を演じることができる場として、英連邦を再定義していった。第三世界外交の発想を可能にした最大の要因は、米ソ対立・中ソ対立・米中デタントが、同時並行ドラマとして進んだ新冷戦である。

かつてエバット外相やメンジース首相は、大国政治への参加にオーストラリア外交の目標を設定したが、ついに実現することができなかった。エバットが中小国の利益を国連に反映させようとした点に注目すれば、ミドルパワーの起源をエバットに求めることも可能だが、そのような発想はなかったと言ってよい。エバットはあくまで大国政治への関与を探っていたのである。

その点フレーザー首相は大国政治への参画を求めず、あくまで大国政治への側面支援と、再定義した英連邦内での指導力発揮に、オーストラリアの新たな役割を見いだそうとしたのだ。ウィットラム首相が着想し、フレーザー首相が具体的な構想へと肉づけしたことで、ミドルパワー国家像は明確な輪郭を描きはじめた。

ベトナム難民の受け入れ

第三世界外交を展開する過程で発生したのが、ベトナム難民問題であった。ベトナム戦争に参加したことから、オーストラリアはベトナム難民に対して贖罪感《しょくざいかん》をもち、人道的な関心も高い。一九七五年にウィットラム政権が初めて受け入れて以来、オーストラリアは絶えることなくベトナム難民とその家族を受け入れてきた。

フレーザー政権が一九七七年に難民政策の大綱を発表したが、これはオーストラリアにとっての難民受け入れに関する初の政策指針であった。サイゴン陥落を契機に、南ベトナムから難民が流出しつづけていた事態への対処方針を示したもので、人道的な対応と国際的義務を強調するとともに、難民受け入れの決定権はあくまでオーストラリア政府に属する点も強調している。第二次世界大戦後に政府の補助金を支出して、東欧諸国からおびただしい数の白人難民を受け入れてきたにもかかわらず、難民政策と呼べるような政策体系が不在であったことと対照的である。

ベトナム難民を継続的に、しかも大量に受け入れる枠組みをつくったのは、保守本流の政治家として知られるフレーザー首相である。ベトナム難民を受け入れることは、たしかにフレーザー政権の第三世界外交を実証するものだが、実は難民問題に関して見る限り、結果として実績になったに過ぎない。フレーザー首相は当初、ベトナム難民を抑制された範囲でしか受け入れてこなかったからである。

そうした消極的な姿勢を一変させたのが、「ボート・ピープル」の出現であり、ASEANの外交圧力であった。フレーザー時代にベトナム難民問題は最悪の状況となり、一九八三年までにおよそ一〇〇万人以上が難民として脱出し、なかでも小船で海に脱出したボート・ピープルの救援が、国際政治を揺るがすまでになっていた。こうした難民が漂着したのが、ベトナムの近隣諸国であるタイ、マレーシア、フィリピン、シンガポール、インドネシアであり、いずれもASEAN加盟国であった。ASEAN諸国は、広大な面積をもつ豊かなオーストラリアが、ほとんど難民を受け入れずに平和を謳歌していることを強く非難し、フレーザー政権に難民の受け入れを迫ったのである。

こうした非難に応じるべく、オーストラリア政府はチャーター機を用意して、ASEAN諸国の難民キャンプからベトナム難民を引き取る対策を打ち出していった。飛行機で入国する難民を「エアー・ピープル」と呼ぶ。しかしASEAN諸国の豪州非難は、これで終息することはなかった。オーストラリアは難民キャンプから、優秀な難民を選別して引き取っていったとASEAN諸国は主張し、新たな対豪非難の材料となったからである。ここで注目されたのが、ASEANの実力行使であった。ASEAN諸国は、英語もできず教育程度も低い難民を選別し、ボート・ピープルとして組織的にオーストラリアに送り込むことを始めるようになる。

難民船は、インドネシア海域からティモール海を渡り、オーストラリア北部海岸に漂着していたが、その大半は見事にダーウィン付近へ接岸している。レーダーを装備していない難民船が、正確に北部海岸の港町にたどり着く光景は、オーストラリアの政策決定者を震撼させることになった。一九七六年に一一一人であったボート・ピープルが、翌年には八倍の八

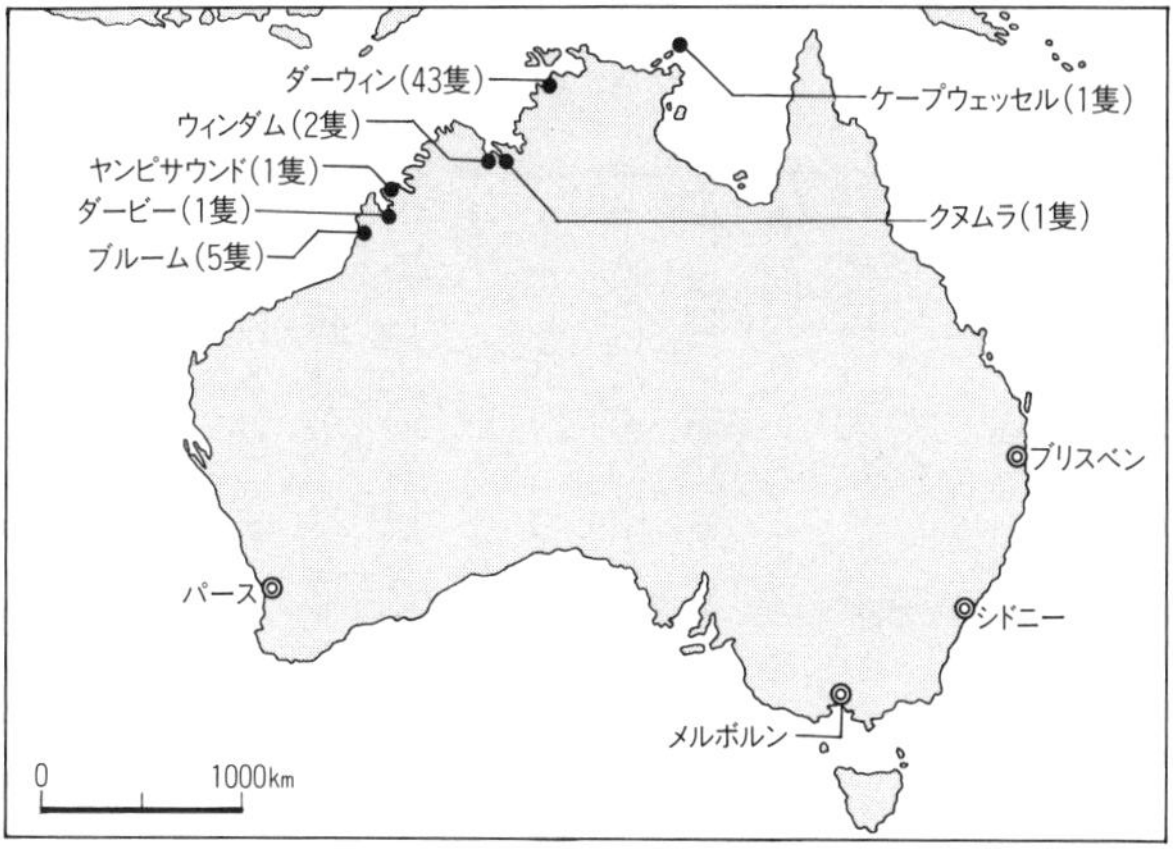

図6－4　難民船の接岸地点と隻数

	ベトナム		ラオス	カンボジア	合計
	エアー・ピープル	ボート・ピープル			
1975年	1069	——	12	5	1086
1976	194	111	319	241	865
1977	1490	868	509	91	2958
1978	7579	746	1478	388	10191
1979	12392	304	1121	287	14104
1980	12588	——	1400	1327	15315
1981	12245	36	682	1613	14576
1982	8154	0	398	2236	10788

図6－5　オーストラリアのインドシナ難民受け入れ

六八人に急増、七八年には七四六人、七九年には三〇四人を記録するなど、明らかに組織・計画された難民の流入であることは間違いなかった。こうした圧力を回避するために、オーストラリアは一九七八年からエアー・ピープルの受け入れを拡大させ、七九年には約一万二〇〇〇人を受け入れるまでになった（図6－5）。

フレーザー政権が、ベトナム難民を積極的に受け入れる政策へと転じ、オーストラリアが年間に一万人以上の難民を受け入れた段階で、ASEAN諸国はボート・ピープルを組織的に送り出すことを取りやめた。

現在ベトナム系約二七万人を柱に、およそ三二万人のインドシナ人が暮らす多文化社会は、フレーザー時代にその出発点をもつ。そして巨大なインドシナ人口という重い既成事実の上に、多文化政策が構想されたのである。ただ単に美しい理念から生まれたのではなく、厳しい現実に直面したからこそ、多文化政策が紡ぎ出されていったのである。逆に言えば多文化政策なくして、巨大なインドシナ社会をオーストラリアに組み込むことはできない。

アジア系多文化社会の出現

オーストラリアが多文化社会としての意識を飛躍的に高めたのは、アジア系人口が都市部を中心に急増したからであり、なかでもベトナム難民に代表されるインドシナ難民の存在が大きい。もともとインドシナ系人口（約三二万人）の大半はシドニー、メルボルン、ブリスベンなどの都市郊外に集中して居住し、大きな地域社会を形成してきた。シドニー西部郊外のカブラマッタ市は、ベトナム人の町へと変貌した。都市近郊の選挙区では、インドシナ系有権者の投票行動が、選挙結果を左右するようになり、とりわけ労働党候補者にとっては無視できない存在となった。

インドシナとは、インドとシナ（中国）に挟まれた地域で、かつて仏領インドシナと呼ばれたベトナム、ラオス、カンボジアの三ヵ国を示す。ミャンマー（ビルマ）は、英領インドシナとも呼ばれていたが、現在ではインドシナに含めない。オーストラリア政府は一九七〇年代末から、インドシナ難民を本格的に受け入れはじめ、人口比を見ても世界で有数の難民受け入れ国となった。アメリカは絶対数で最大であるものの、人口比では小さい。

インドシナ系人口は、難民と移民に大別される。難民は、直接オーストラリアに漂着した人、東南アジア諸国の難民キャンプから移送された人、日本や香港の一時収容施設から移送された人など、おもに三つのルートで定住してきた。インドシナ系で移民の扱いを受ける対象は、ベトナム政府との了解覚書（一九八二年三月）により、オーストラリアが「合法出国プログラム（ＯＤＰ）」に沿って、人道的な配慮から受け入れた人々で、すでに定住している難民の家族に限定されている。

こうした人道的移民は、移民政策における「家族呼び寄せ計画」の下で受け入れられるもので、前述のポイント・システムによる審査の対象とならない。そして現在では、難民や移民として定住しているインドシナ人家庭で、オーストラリア生まれの次世代が次々と誕生しており、インドシナ系人口の増大要因となっている。

3 開花——ベンチャー型中企業国家の誕生

労働党政権下の自画像

一九八三年から一三年間にわたって、オーストラリアでは労働党が長期政権を築き、黄金時代を出現させた。ロバート・ホーク政権（一九八三年三月〜九一年一二月）と、後継のポール・キーティング政権（一九九一年一二月〜九六年三月）であった。二つの政権を一括してホーク＝キーティング政権と呼ぶが、ホーク政権末期に権力闘争が熾烈化して、両者は犬猿の仲となったことを考えると、この表現はふさわしくないかもしれない。

しかし多文化政策やミドルパワー外交の局面で見る限り、両政権には驚くほどの一貫性があり、ホーク＝キーティング政権の呼称に妥当性があることも事実だ。もちろん両者の個性から、各国ごとに見た対外関係には振幅が認められるものの、全体としては国家の自画像に歪《ゆが》みはない。両者が目指したものは多文化主義を信奉するミドルパワー国家、つまり多文化ミドルパワーの国家像である。

フレーザー前政権の多文化政策を継承するとともに、アジア系移民の受け入れでは、制度的に増大させる方針を打ち出したことが特筆される。あらゆる局面において東アジア地域との一体化が模索され、オーストラリアが「アジアの一員」として受け止められることが、オーストラリア国家の発展にとって不可欠であることが広く喧伝された時代でもある。一九世紀から白豪政策を最も強力に推進してきた労働党が、アジアとの一体化を政策目標にするなど、オーストラリア社会は大きな変化に直面しつつあった。

対外政策では多国間外交、提言型外交、軍事力ではなく外交による影響力の行使、東アジア指向、アジア太平洋を中心とする地域主義などが重視された。ミドルパワー外交の両輪として多国間外交と地域主義が位置づけられ、構想力（提言型外交）が重視された。アジア太平洋経済協力会議（APEC）、APEC非公式首脳会議、ケアンズ・グループ（国際的な農業圧力団体）の結成、環インド洋構想、南太平洋非核地帯設置条約（ラロトンガ条約）の締結、核兵器廃絶に関するキャンベラ委員会の設置、南極の世界公園化構想、カンボジア和平に関する国連暫定統治案などは、いずれも労働党政権の時代における多国間外交、地域主義、提言型外交の実例である。大国が関与しない分野や、関与できない問題を巧みに探し出し、なおかつオーストラリアの国益にかなう「隙間」や「ニッチ市場」を発見して、そこに切り込んでいくのがミドルパワー外交の神髄となった。ベンチャー型中企業国家の誕生である。

ミドルパワー外交を円滑に進める上で、良好な対米関係を維持することは重要であった。そのためにANZUS危機を乗り越える外交努力も払われた。ANZUS危機とは、一九八四年七月にニュージーランドでロンギ労働党政権が発足し、翌八五年に米海軍の核推進力・核兵器積載艦の寄港を拒否したことで、米国・ニュージーランド関係が悪化して、三ヵ国同盟としてのANZUSが機能停止に陥ったことを示す。ホーク政権はANZUS同盟を、米・豪同盟と豪・ニュージーランド同盟として存続させる「ブリッジ方式」を編み出し、同盟崩壊の危機を克服した。

アジア系移民社会を大きくする

移民と難民の受け入れに、多文化政策が明確に反映されるようになったのは、ホーク政権の時代である。移民政策は国益重視の立場から立案されるものだが、ホーク政権では人道的な要素が重視された。多文化社会を促進する「家族呼び寄せプログラム」が拡大・強化され、結果的にアジア系移民社会の拡大につながった。一九七〇年代から導入されたポイント・システムにより、移民にはある一定の能力が求められたが、これによって優秀なアジア系移民がオーストラリアへ大挙して移住するようになった。そして今度は、祖国に残された家族が「家族呼び寄せプログラム」で移住することが可能となったのである。過去の実績から見て、アジア系移民がこのプログラムを最も活用することは証明されており、ホーク政権はそれを承知の上で、プログラムの拡大・強化を進めたわけで、移民政策そのものに多文化政策を加味した点は特筆されよう。

もともと「家族呼び寄せプログラム」は、フレーザー保守系政権時代に制度化されたものである。このプログラムは、オーストラリアで永住権を得ている者が、海外で生活している肉親をオーストラリアへ呼び寄せ、家族単位での生活を再び可能にすることを目的としており、きわめて人道的な配慮をもつ。歴史的に溯《さかのぼ》れば、一九世紀の植民地社会で考案されたもので、単身で渡豪した移民が生活を確立した後に、イギリス本国から「家族」を呼び寄せる際に、植民地政府がさまざまな形態で援助を与えたことに由来する。しかしフレーザー政権下で導入されたプログラムは、ヨーロッパ大陸系移民（イタリア、ギリシャ、旧ユーゴスラビアなどの移民）の要望に応じるために考案されたものである。

この点でフレーザー政権は、「開発と防衛」を柱にしていた伝統的な移民政策に、人道主義というまったく新しい発想を持ち込んだと言える。政治的に見れば、ヨーロッパ大陸系移民が都市部で巨大な有権者となり、カトリック教会や社会福祉団体がロビー活動を展開するなど、移民の投票行動が都市部の選挙を左右する事態が発生していたことが、本プログラムの策定に大きな影響を与えている。つまりフレーザーは、ヨーロッパ大陸系移民が主役の多文化社会を肯定し、それを促進する目的で「家族呼び寄せプログラム」を採用したことになる。「家族」の範囲は配偶者・子供・婚約者・両親に限定され、これらの家族は無条件でオーストラリアに移住することができるようになった。これ以外の家族は、ポイント・システムによる資格審査を必要としたのである。

アジア系移民の存在を前提に、本プログラムを拡大したのがホーク政権である。「家族」の拡大解釈に踏み切り、英語力の有無にかかわらず、就職先が用意されていることを条件に、成人した兄弟姉妹、扶養義務のない子供までも「呼び寄せ」を許可した。この結果、アジア系移民の流入が加速され、多文化状況はさらに深まることになった。

ホーク政権が誕生する前年（一九八二年）の実績を、エスニック（民族）ごとの利用状況で分類すると、一位ベトナム、二位フィリピン、三位香港、四位マレーシア、五位インドと、上位はすべてアジア系で占められていることがわかる。フレーザー政権時代を振り返ると、最大の受益者は、それを要求したヨーロッパ系移民ではなく、家族意識の強いアジア系移民であることは明らかであった。ホーク政権がアジア系移民への配慮を念頭に、本プログラムの拡大・強化を決定したことは間違いない。そして本プログラムが、オーストラリア社会の「アジア化」を制度的に可能にし、アジア系多文化社会を促進する仕掛けとなったのである。このプログラムが導入されて以来、オーストラリアが全世界から受け入れる移民の約半数は、アジア系によって占められる事態が発生することになる。

東アジア——世界の成長センター

東アジアの驚異的な経済発展と重なるホーク＝キーティング時代は、オーストラリアで歴史上初めて、東アジアとの一体化が叫ばれた時代である。東アジアとは、北東アジアと東南アジアを示す。オーストラリア政府の中枢にあるホーク首相、キーティング首相、エバンス外相らがこぞって、東アジアの重要性に触れて「アジアの一員」を標榜し、オーストラリアが東アジアに受け入れられることを望み、オーストラリア社会の「アジア化」を推進する一大勢力となった。アジア化（Asianization）とは、あらゆる局面でアジア要因が増大することを意味するもので、ホーク＝キーティング時代にはアジア化の進展が、疑いなくプラスの価値をもっていたと言えよう。

たとえば移民社会におけるアジア人比率の上昇、輸出貿易に占めるアジア市場の拡大、教育におけるアジア理解の促進、アジアをめぐる国際会議の開催、アジア関係図書の出版人気、

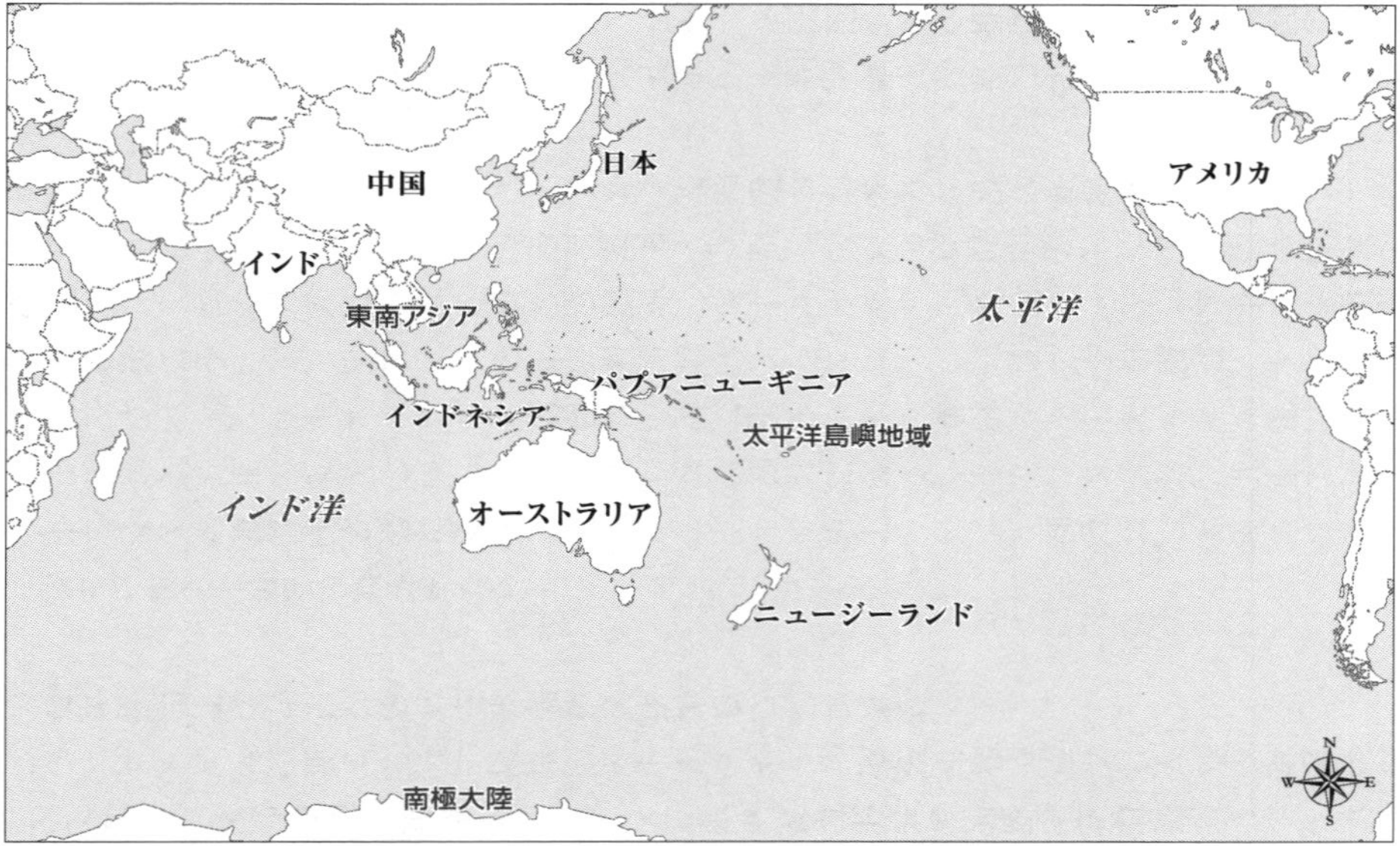

図6－6　オーストラリアとインド太平洋

政府刊行物に占めるアジア関係資料の増大、新聞・雑誌・テレビにおけるアジア報道の量的増大と質的向上、外国人観光客に占めるアジア人旅行者の増大、アジア人留学生の積極的受け入れ、英語教育など教育産業のアジア諸国への輸出、多国間外交におけるアジアとの協調関係の推進、安全保障におけるアジア諸国との共同演習の強化、オーストラリア製武器のアジア輸出など、およそ東アジア地域と関係する分野には、予算が重点的に配分されていった。かつての東アジア研究は、対外脅威の対象として東アジアを捉えるものであったが、ホーク＝キーティング政権はオーストラリア国家の将来を託す対象として、歴史上初めて東アジア全域にプラスの価値を見いだした政権である。

このように東アジアとの一体化を目指した最大の理由は、オーストラリアの経済的豊かさが、実は東アジアとの貿易によって維持されている点に求めることができる。かつてはイギリスとの経済的一体化によって豊かさを享受できたが、イギリスが一九六七年に欧州経済共同体（EEC）への加盟申請を表明（仏の拒否）し、一九七三年に欧州共同体（EC）へ加盟するなど、もはやオーストラリアを豊かにする経済力を持ち合わせていないことは、だれの目にも明らかであった。代わって登場したのが、高度経済成長を達成した日本であり、そしてホーク＝キーティング時代になると、東アジアの新興工業地域（NIEs）として知られるようになった韓国、台湾、香港、シンガポールであった。さらに中国の改革開放路線やA

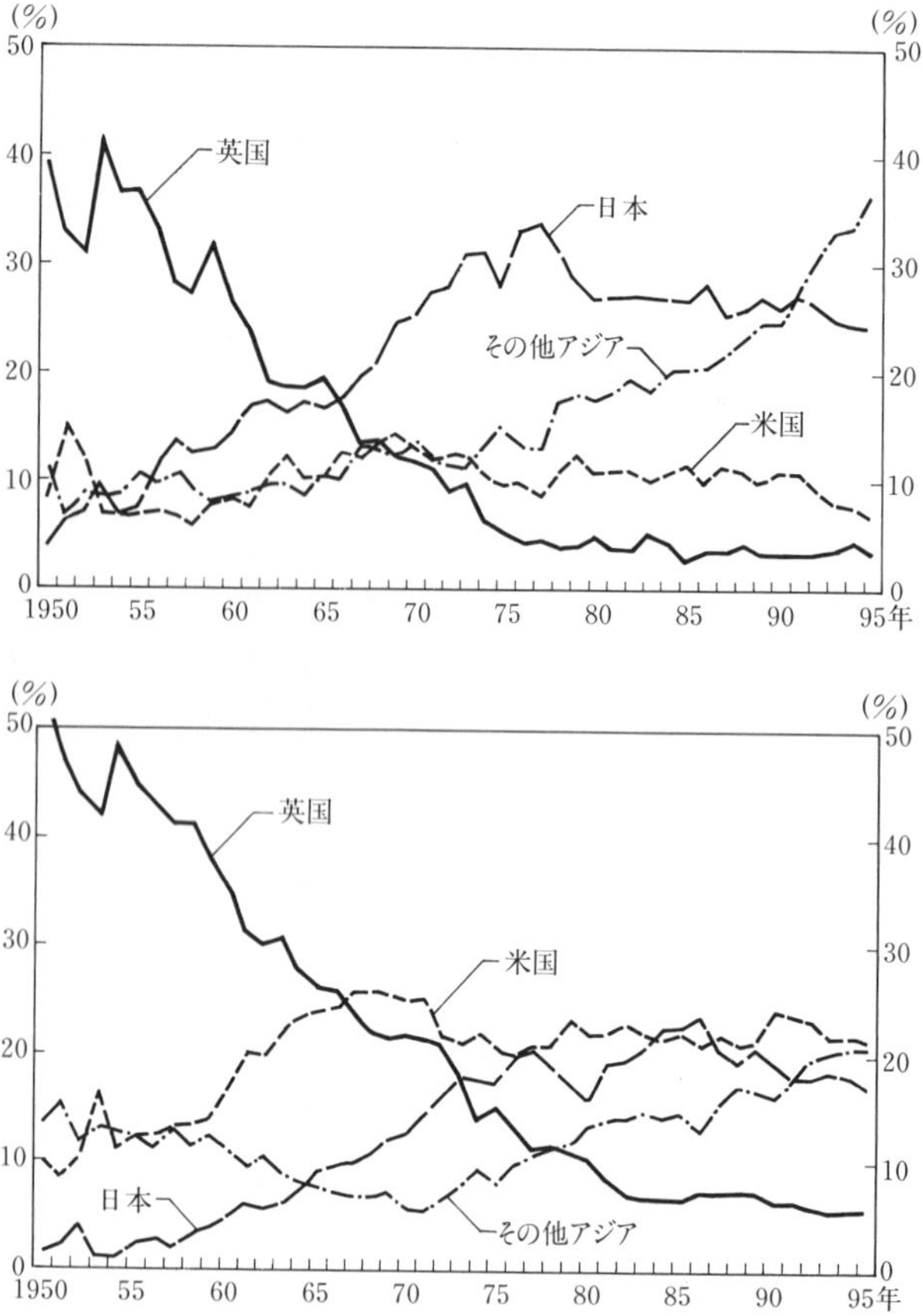

図６－７　輸出相手国の地域構成（上）、輸入相手国の地域構成（下）

SEANの工業化によって、東アジアは「世界の成長センター」とまで形容されるように変貌していた。

オーストラリアから工業用の原材料（石炭、鉄鉱石）を大量に輸入して、日本は一九六〇年代に高度経済成長を成し遂げ、両国の貿易が「相互補完関係」と呼ばれるほど良好な関係を築くことになる。オーストラリアの輸出市場で、対日貿易が一九六六年にイギリスを抜いて第一位となり、イギリスの長期的な低落傾向は否定しようのない事実となった。一方、図6－7からもわかるように、輸出と輸入に占めるアジア比率は年々高まっている。ここでいうアジア諸国にはインドなど南アジアも含むが、その大半は東アジア貿易と考えてよい。一九九〇年代になると総輸出の六〇%、総輸入の四〇%が、日本を含むアジア諸国との貿易に依存するまでになり、オーストラリアにとっての重要性は、だれの目にも明らかであった。

ホーク＝キーティング政権が「アジア化」を叫び、キーティング首相に至っては「アジアの一員」として認めるよう東アジア諸国に求めたほどであった。これに対してマレーシアのマハティール首相が、オーストラリア社会でアジア系移民が六〇%を超えたら、オーストラリアをアジア国家として認めてもよいと皮肉ったことがあるが、これなどもオーストラリア社会のアジア熱を物語るエピソードであろう。

ミドルパワー外交の立役者——ホーク首相とエバンス外相

世論調査で傑出した首相であると評されたこともあるホーク首相は、西オーストラリア大学を卒業後、旧英帝国の優秀な学生を対象にするローズ奨学生に選抜されて、オックスフォード大学に留学している。オックスフォード大学時代には、賃金問題で論文を執筆するかたわら、ビール一・五リットルを一二秒で一気に飲む世界記録を打ち立て、ギネス・ブック入りしたことでも知られる。首相就任以前のホークは、オーストラリア労働組合評議会（ACTU）の議長として、労働組合に絶大な影響力をもっており、はばかることなくオーストラリア英語のアクセントで労働者の権利を声高に主張したことから、ブルーカラーから知識人層まで幅広い支持を得ていた。国際会議でもオーストラリア英語で堂々と論争を挑むなど、第一次世界大戦後のパリ講和会議で活躍したヒューズ首相を彷彿《ほうふつ》させるものがあった。

労働者の権利を主張する立場から、国内問題にもっぱら関心があると受け止められていたが、こうしたイメージとは裏腹に、国際問題に対する関心はきわめて高かった。学生時代から国際問題に関心を示し、留学中にはインドへ旅行して貧困問題に触れ、さらに労働組合運動を通じて世界的な人脈を構築するなど、国家の自画像を国際社会のさまざまな局面で、常に意識してきた面は見逃せない。首相に就任してからミドルパワー外交を推進し、APECを構想したことも、ごく自然な問題意識から発していたと言えよう。

一方、後継のキーティング首相は一五歳で労働党バンクスタウン支部に就職し、専門学校を中退して党活動に専念した経歴をもつ。大学へ進学せず、留学経験もなく、ホークと正反対の立場にある。叩《たた》き上げの党員で、独学で教養を身につけ、ホーク政権の誕生とともに蔵相に就任した。『ユーロマネー』誌で「最高の蔵相」と評されたことがあるが、生きた経済学は財界の重鎮から学んだ。ホークを首相の座から引きずり下ろし、一九九一年末に首相に就任してからは国際問題にも取り組むようになる。ＡＰＥＣ非公式首脳会議を提案したのは、その一例である。

ホーク首相やキーティング首相のパートナーとして、また手足となってＡＰＥＣ構想を推進し、ミドルパワー外交の参謀役として影響力を行使したのが、ギャレス・エバンス外相であった。ＡＰＥＣに象徴される多国間外交と地域主義の発想を、地理的に拡大してインド洋へ応用し、さらにＡＰＥＣ地域に安全保障フォーラムを構想するなど、次々と新しい提案を生み出していった。一九九五年には環インド洋国際フォーラム（ＩＦＩＯＲ）が、西オーストラリア州の都パースで開かれたが、これはＡＰＥＣ構想のインド洋版を構築するという目的をも

図６－８　**ホーク首相**

っていた。

カンボジア和平プロセスを背景に、一九九〇年にアジア安全保障協力会議（CSCA）を提案し、精力的に安全保障フォーラムの創設を提案しつづけた結果、一九九四年にASEAN地域フォーラム（ARF）を立ち上げることにも成功した。オーストラリアから見れば、エバンス外相のイニシアチブが功を奏してARFが誕生したことになる。もちろん日本やASEANの視点に立てば、エバンス外相がARFをつくったわけではないが、少なくとも安保対話の知的環境を整備したことは間違いない。また一九九〇年前後に行われたカンボジア和平プロセスでも、粘り強い交渉力を発揮し、日本やASEANとともにカンボジア和平を実現した実績をもつ。

図6－9　**エバンス外相**

多国間外交の成否は第一に構想力であり、第二に体力勝負であると言われるように、フットワークの軽い行動力がなければ多国間の交渉を同時に行い、利害を調整しながら意見をまとめ上げることはできない。オーストラリア政府にとって幸いであったのは、まさに行動派の外相を起用したことであろう。

エバンス外相はメルボルン大学を卒業、オックスフォード大学大学院を修了した後に法律家となり、メルボルン大学で講師の経験をもつ。オーストラリア史上、最も活動的な外相として知られるエバンスは、実に働き者である。国連での演説草稿も、官僚の作文に徹底的に手を入れ、ニューヨークで滞在するホテルの部屋では、秘書や官僚が不眠不休でスピーチの書き直しを強いられることも、しばしばであったという。ユネスコ（国際連合教育科学文化機関）の事務局長をめぐるポスト争いでも、一人で旅行カバンをさげて全世界を飛び回り、関係者への根回しをエネルギッシュに展開するなど、自分が納得するまで徹底的に準備していた。弁護士の緻密さと、企業人のような行動力を兼ね備えた政治家である。エバンス外相の活躍で、オーストラリアはベンチャー精神にあふれたミドルパワー外交を開花させたと表現できよう。

カンボジア和平

ミドルパワー外交の一つの成果が、カンボジア内戦に終止符を打ち、和平をもたらしたことである。オーストラリアは和平提案を投げかけ、和平交渉の舞台裏で根回しをするとともに、国連平和維持活動（PKO）でも中心的な役割を演じ、多国間外交と地域主義が安全保障分野に応用されることになった。

カンボジアは一九七〇年代後半からポル・ポト派による虐殺と難民流出が発生し、ベトナム軍がカンボジアに侵攻して以来、親越のヘン・サムリン政権と反越三派勢力（ポル・ポト派、シアヌーク派、ソンサン派）が内戦を繰り広げ、国家は解体状態に陥っていた。アメリカ、ソ連、中国、タイなどが派閥ごとに支援を行っていたため、内戦は果てしなく続いたのである。しかし冷戦の崩壊は、カンボジア情勢に大きな影響を与えた。とりわけソ連がベトナム支援を打ち切り、ベトナム軍がカンボジアから撤退したことで、一気に流動化していった。こうした情勢変化を踏まえ、オーストラリア政府はエバンス外相の下で和平提案を行う。

カンボジア和平をめぐるパリ国際会議が一九八九年七～八月に開催されたが、暫定連合政権に、虐殺の首謀者であるポル・ポト派を参加させるかどうかで紛糾し、同会議は失敗に終わった。この直後にエバンス外相は代案を構想しはじめ、一一月に各派閥を和平交渉のテーブルに呼び戻すため、国連主導型による新和平案を提起したのである。これはナミビア和平工作・自由選挙のモデルを下敷きにしたもので、いままで国連の介入に警戒感をもっていたベトナムやヘン・サムリン政権からも、前向きな反応を引き出すことに成功した。最終的にエバンスは一九九〇年二月、カンボジア和平に関する国連暫定統治案を発表し、これに沿って和平交渉が進展することになった。

多国間での調整作業が繰り返された結果、エバンスの案に沿って和平の枠組みが実現し、国連カンボジア暫定行政機構（UNTAC、一九九二年二月～九三年九月）が誕生するとともに、明石康《あかしやすし》国連事務次長がUNTAC代表に就任した。オーストラリアは国連PKOに参加、UNTAC軍事部門にサンダーソン少将（直後に中将へ昇進）を任命、パリ和平会議第三委員会（復旧復興支援）で日本と共同議長国に就任、難民帰還や地雷除去の作業に参加するなど、目覚ましい成果を上げた。

もともとオーストラリア政府はカンボジア問題に対して、人権外交の側面から解決を模索していた時期がある。ホーク政権の初代外相に就任したビル・ヘイドン（後の連邦総督）は、カンボジア内戦に関わる周辺国（中国、ベトナム、ASEAN諸国）を何度も往復して、「シャトル外交」を精力的に展開した。警察官出身のヘイドン外相は、「クメール・ルージュ（赤いクメール人）」と呼ばれた共産勢力のポル・ポト派を虐殺集団であると非難して、人権外交を展開したことがあるが、逆にASEAN諸国から先進国の一方的な論理であると拒否された苦い経験をもつ。

この教訓を踏まえて、エバンス外相は人権外交を前面に打ち出すことを避け、あくまで合理的に問題解決の糸口を探し、プラグマティックな手法を導入したことで、和平合意に漕ぎ着けることができたのである。ベンチャー精神に突き動かされ、ミドルパワー外交が開花する過程では、さまざまな試行錯誤があったことが想起されなければならない。

4　模索——東ティモール内戦への軍事関与

労働党との差別化

長い労働党政権の後に、一九九六年三月、ジョン・ハワード首相の下で再び保守系政権が誕生した。ハワード首相のミドルパワー外交は、ホーク＝キーティング前労働党政権の遺産を継承するとともに、前政権の強烈なイメージから脱却して、独自色を発揮することに向けられた。

多国間外交から二国間外交への軸足移動、過度なアジア指向から対米関係強化へのイメージ修正、非軍事的関与から軍事的関与政策への拡大など、あたかも労働党政権時代のミドルパワー外交に決別するような印象を与える外交政策を、ハワード政権は展開してきた。ホーク＝キーティング政権が「アジア化」を叫び、アジアとの一体化を標榜して、「アジアの一員」として受け入れられることを求めていたのに対して、ハワード首相はオーストラリア国家の本質的な価値を、欧米世界と共有する西洋文化に求め、白人社会が主体の先進国である点を確認し、前労働党政権のアジア傾斜を痛烈に批判したのである。ハワード首相は、オーストラリア国家はアジアの一員ではなく、またアジアの国になることもないと、キーティング前首相のアジア熱に冷水を浴びせる発言を繰り返すことで、保守系政権の存在理由を確認していった。

こうしたイメージ修正は、一九九七年七月に発生したアジア経済危機によって、アジアの未来への不確実性が生まれたことで、その正当性を増すことになった。そして前政権が取り組めなかったり、手をつけていない問題、さらには先進諸国が二の足を踏むような国際問題を探し、外交上の得点を重ねようと試みてきた。オーストラリアの特技は隙間《ニッチ》外交である。欧米先進国との対立が続くミャンマー（ビルマ）への関与や、北朝鮮との国交正常化はその範疇《はんちゅう》に入る。

しかし生存圏としてのアジア太平洋地域という発想は不変であり、アジア重視にも大幅な変更はなく、ミドルパワー外交の大枠はなんら変化がなかった。ただ労働党政権のように、アジアとの一体化を指向するような外交姿勢は採用せず、西洋文化の伝統をもつ先進国として、アジア諸国と良好な関係を築くとの立場を鮮明にした。

また東ティモール多国籍軍への派兵に見られるように、ハワード政権は地域安全保障や外交政策の手段として、軍事力を活用する姿勢も示した。パプアニューギニアのブーゲンビル島で、約一〇年間にわたって独立をめぐる内戦が繰り広げられていたが、この内戦を終結させるために、南太平洋多国籍軍を一九九八年に派遣したことも、こうした姿勢に沿ったもの

	労働党政権		保守系政権
共和制	推進論（君主制反対）	→	慎重・反対論（立憲君主制維持）
軍事力の行使	非軍事アプローチ（戦闘部隊でない、国連PKO）	→	軍事アプローチの導入（東ティモール多国籍軍へ派兵）
外交枠組み	多国間外交を重視（ARF・APEC重視）	→	2国間外交を重視（対米同盟強化）
外交の軸足	アジア中心の発想（アジアとの一体化）	→	米国＋アジアへ2つの軸足（白人主体の豪州とアジアとの協調）
対アジア関係	アジアの一員目指す	→	アジアの友好国、アジアの一員ではない
アジアの重要性	全面肯定論	→	肯定論
アジア政策	全面的推進論（脱欧入亜）	→	重視論（対米関係重視）
アジア移民	積極論（アジア系多文化政策）	→	賛成・慎重論（アジア移民急増に警戒感）

図6－10　二大政党の政策の相違

である。これは湾岸戦争、カンボジア和平プロセス、アフリカ大陸での地域紛争、ボスニア紛争やコソボ紛争など、世界各地で展開した国連平和維持活動や、多国籍軍の活動に見られる軍事力の再評価と同じ流れにあり、オーストラリアに特有な問題ではない。

東ティモールに多国籍軍派遣

一九七〇年代にミドルパワー論を着想して以来、オーストラリアは地域紛争に対して軍事的関与を放棄してきた。ミドルパワー外交の柱は、明らかに非軍事的関与であり、カンボジア和平プロセスについても、軍事部門の司令官にサンダーソン中将が就任したものの、オーストラリア軍の派遣は通信部隊に限定されていた。しかし、こうしたミドルパワー外交に新たな局面をもたらしたのが、東ティモール内戦への軍事的関与だ。オーストラリアは初めて、本格的な実戦部隊を多国籍軍として東ティモールに派遣したからである。

インドネシアで強権支配体制を築いたスハルト大統領が退陣し、ハビビ大統領が誕生した段階で、一九九八年後半に東ティモール独立問題が急浮上した。ハワード首相は、ハビビ大統領に、東ティモールを平和的に独立させるための提案を行ったが、受け入れられなかった経緯がある。

この提案はマティニョン方式と呼ばれるもので、仏領ニューカレドニアの独立をめぐる住民投票方式を、東ティモールに採用するというものだ。ニューカレドニアでは、独立派と仏領存続派との武力衝突や暗殺事件が頻発したことがあり、独立をめぐる住民投票を強行することで内戦が発生することを回避するために、住民投票を先送りにした。一〇年以上の移行期を想定して、両派の妥協を模索するというものであった。ハワード首相は同様の妥協策を、ハビビ大統領に提示した。

しかしハビビ大統領はハワード提案を拒否、何の準備もなく東ティモール独立の住民投票を安易に決断した。そして事態はハワード首相が危惧した最悪の状況へ展開していく。一九九九年八月の投票で独立派が圧勝した直後に、インドネシア併合派による独立派住民への襲撃が始まり、多数の住民が殺害されたばかりでなく、大量の難民が発生することになった。国連は多国籍軍の派遣を決定し、インドネシア政府の合意を得て、オーストラリアが多国籍軍を率いることになった。

シドニー大学法学部を卒業し、事務弁護士（ソリシター）を経て政界へ転身したハワード首相は、党人派で国内問題に明るい政治家として知られ、国際問題への関心は低いと見られていた。それだけに、東ティモール派兵へ至る指導力の発揮には、新鮮な驚きを与えるものがあった。派兵をめぐる視点として注目すべきは、国内政治力学である。前労働党政権との差別化を行う絶好の機会であり、派兵支持の世論を一つにまとめ上げるチャンスと見たからである。そして結果的に、オーストラリア兵士が内戦で一人も死亡しなかったことは、ハワード首相の決断に正当性を与える重要な根拠となった。

ハワード首相は派兵に先立って、一九九九年九月一九日に全国向けのテレビ演説を行い、人道的な立場から東ティモール支援を行うことを切々と訴え、東ティモールの不安定化が周辺地域の安全保障に多大な影響を与える点からも、多国籍軍派遣に対するオーストラリア国民の理解を求めた。多国籍軍派遣に関しては、超党派で全国的に支持が寄せられ、新聞や雑誌メディアもハワード支持で埋め尽くされていた、と言っても過言ではない。世界中の主要メディアが、東ティモール軍事作戦の最前線基地となった港町ダーウィンに集まったことも手伝って、オーストラリア社会は一種異様な熱気に包まれることになった。

主役はオーストラリア軍

七五〇〇人で編成された多国籍軍は、「東ティモール国際軍（INTERFET）」と呼ばれ、オーストラリアはその六割に当たる約四五〇〇人の実戦部隊を派遣するとともに、最高司令官として、陸軍のコスグローブ少将を任命した。タイやシンガポールなどASEAN諸国も派兵したものの、主力はオーストラリアを軸にイギリスやニュージーランド軍など旧英連邦諸国（コモンウェルス）の派遣軍であった。マレー半島の防衛を目的とした五ヵ国防衛協定（FPDA）を結んでいる先進三ヵ国による、コモンウェルス軍の共同作戦と表現できるような光景が見られた。コモンウェルス軍と言っても主役はオーストラリアであり、イギリスは脇役として控える。オーストラリア軍はインドネシアおよび東ティモール情勢の悪化をうけて、すでに一九九九年初頭から陸海空の三軍による緊急展開部隊を編成しており、ダーウィンなど豪州北部に集結させていた。有事にはオーストラリア国民をインドネシアから緊急脱出させることも想定して、出動準備の態勢に入っていたのである。

こうした軍事介入に対して、インドネシアのハビビ大統領はオーストラリアとの「安全保障に関する共同宣言」を一方的に破棄、さらにインドネシアにある豪州大使館や領事館が襲撃の対象になるなど、両国関係は最悪の状態にまで陥った。インドネシア側は、オーストラリアが東ティモール独立派に加担、さらにインドネシアを見下すような態度で内政に介入し、大きな顔をして多国籍軍を投入したと非難するなど、オーストラリアの外交手法そのものを拒否する姿勢を見せたのである。

紆余曲折の東ティモール問題

オーストラリアにとって、もともと東ティモール問題は特別な意味をもつ。ポルトガル領東ティモールの独立問題にインドネシアが一九七五年一二月に武力介入し、翌年七月に東ティモールを併合して、ディリを州都とする第二七番目の州とすることを宣言した。このとき、多数の難民がオーストラリアへ押し寄せた。政府は人道的な観点から受け入れ、ダーウィンやメルボルンで難民支援事業を展開することになった。隣国インドネシアは大国であり、国防政策からは暗黙の仮想敵国として位置づけられ、両国関係は常に緊張を伴ったものであった。

また東ティモールを取材していた豪州人ジャーナリストが殺害された（バリボ事件）こともあり、オーストラリア国内ではメディアや人権NGO（民間活動団体、非政府組織）を中心に、インドネシア批判勢力が常にキャンペーンを張っていた事実がある。一九八〇年にはインドネシア政府が、オーストラリア人ジャーナリストの入国ビザの発給を停止する事態へと発展した。オーストラリアの公共放送ABCが行っている海外向け「ラジオ・オーストラリア」が、インドネシア国内の状況をインドネシア語で連日放送し、それがインドネシア政府批判そのものである、というのがビザ停止の理由であると言われていた。

このように冷却した両国関係を改善に導いたのが、当時のホーク労働党政権であった。それもティモール海の大陸棚に眠る海底油田・天然ガスの共同開発という経済的局面で、対インドネシア関係の正常化を進めたのである。一九八九年一二月にティモール海峡の共同開発に関する条約に調印し、しかも環境、検疫、労働移動なども両国の協議対象としたことに、本条約の特色を見いだせる。これを基盤にキーティング首相は一九九五年一二月、スハルト大統領との首脳会談を通じて、「安全保障に関する共同宣言」をジャカルタで発表したのである。この安保宣言（協定）は、安全保障環境に関する包括的な協議を前提としており、人権、領有権、海洋汚染なども含まれていたことを考えると、画期的な協定であったと言えよう。

しかし、一九九九年の東ティモール内戦に至る過程で、この協定は残念ながら有名無実の存在であったことも、また事実であった。オーストラリア政府が東ティモール多国籍軍を派遣したのに伴い、インドネシア政府は抗議の意味を込めて、前述したように一方的に本協定を破棄した。

東南アジアの豪州イメージ

他の東南アジア諸国からも対豪批判が寄せられることになった。主たる理由は、多国籍軍派遣をめぐるハワード首相の発言である。ハワード首相は時事週刊誌『ブレティン』(一九九九年九月二二日号)とのインタビューで「ハワード・ドクトリン」を発表したが、これに東南アジア諸国が強く反発した。周辺地域の安全保障に関して、オーストラリアは責任を有するとの立場を明らかにし、そのために軍事力を増強する可能性を示唆したからである。とりわけ批判の槍玉に上げられたのは、アメリカが「世界の警察官」として君臨するなかで、オーストラリアは周辺地域の安全保障に限定して、「世界の副警察官」として一定の役割を果たすと述べた点である。

インドネシア、マレーシア、タイなどは、主要メディアを通じてオーストラリア批判を繰り広げ、「世界の副警察官」を指向したミドルパワー外交に冷水を浴びせたのである。ハワード首相は連邦議会やメディアを通じて「ハワード・ドクトリン」を公式に否定し、「ハワード・ドクトリン」がオーストラリア政府の新たな外交政策ではないことを確認したものの、東南アジア諸国の警戒心が霧散したわけではない。

一時的にせよ豪州イメージが悪化した理由は、複合的なものである。ハワード・ドクトリンが論争を巻き起こした直後に、オーストラリアでは立憲君主制から共和制への移行を問う国民投票（一九九九年一一月）が実施され、君主制派が勝利を収めたことも、豪州イメージを悪化させる一因となったからである。各種の世論調査によれば、共和制への移行が大多数を占めており、明らかに大方のオーストラリア国民は、アジア太平洋国家としてのアイデンティティと多文化社会の価値が反映された共和制を選択する意志をもっているはずであった。国民投票での共和制否決は、政治的な駆け引きでハワード首相が勝利を収めたということである。

実は共和制モデルは複数用意されており、今回は国民に最も評判の悪いモデルが提起された。つまり国民投票は、ある特殊な共和制モデルに対する反対であって、決して共和制そのものへの移行に対して反対したわけではないのである。しかしながら、国際的には君主制支持と受け止められてしまい、オーストラリアにとっては不本意なことであった。

多くの東南アジア諸国では、「世界の副警察官」とハワード・ドクトリン、君主制の選択、後述するハンソン現象（白豪主義への回帰運動）を、あくまで一つの流れとして単純に受け止められたため、オーストラリア社会に対する古色蒼然《そうぜん》としたイメージが、瞬時に蘇った。しかし現実のオーストラリア社会は、そうではない。国民の大半はハンソン現象とは無縁であり、また軍事力の規模から見ても、「世界の副警察官」になる可能性は低く、そして世論調査結果に表明された国民の意志は、明らかに共和制を選択していたのである。オーストラリア社会は長い時間をかけて、多文化ミドルパワーの国家像を熟成させてきたのであり、その基本姿勢は今後もさまざまな変化を内包しつつも変わらないであろう。

アジア系移民社会への反発――ハンソン現象

都市部を中心に、アジア系移民・難民の存在感が飛躍的に高まる現象を前に、アジア系移民の流入に反対し、白人社会の維持を声高に主張するグループが一九九六年後半に登場した。二〇年以上にわたってタブーであった白豪主義の復活を真正面から叫んだ政治グループであったため、大きな論争を巻き起こすことになった。このグループを率いたのが、クイーンズランド州選出の女性下院議員ポーリン・ハンソンであったことから、白人至上主義・アジア系移民反対・アボリジニ優遇政策反対を求めた動きをハンソン現象と呼ぶ。

これはオーストラリア社会が、あらゆる側面で急速にアジア化が進んでおり、白人国家のアイデンティティを失う危険性があるとの危機感から出発したものだ。右派・保守勢力からの揺り戻しであり、オーストラリアがアジア系移民を抱え込むダイナミックな多文化社会を建設する過程で不可避な現象として捉えるべきである。こうした議論を重ねながらオーストラリアは、アジア系移民とヨーロッパ系移民が織り成す多文化社会を、一層拡大・深化させることができる。

ハンソン現象は一九八四年のブレイニー論争を彷彿させるものだ。メルボルン大学のジェフリー・ブレイニー教授が当時、アジア系移民を抑制すべきであると問題提起し、移民政策の将来ビジョンに関して冷静な議論を求めた。他方でハンソン議員は感情的な人種論を展開した点で大きく異なる。一九九六年九月、同議員は下院で行った初めての演説で、「移民政策を変更しないと、オーストラリアはアジア系移民に飲み込まれる」と刺激的な発言を行い、アジア系移民の抑制を訴えるとともに、「アボリジニへの福祉予算は多すぎる」と、政治的にタブーとなっていた問題を取り上げたため、またたく間に人種論争へと発展した。翌九七年には「ワン・ネーション党」を旗揚げして政党活動を展開、各地に支部を誕生させていった。

同党の支持者は低所得で教育水準が低い保守・中高年層で、地域的には白人主体の農村や、失業率が高い都市部に集中している。全国紙『ジ・オーストラリアン』の世論調査（一九九八年六月実施）でも、支持率が一一％に達したこともあり、一時的にせよオーストラリア社会にハンソン旋風を巻き起こした。一方、ハンソンに反対する勢力は知識人、ジャーナリスト、労働党、官僚、財界、青年層、移民、アボリジニなど広範な層に広がりをもつ。

ハンソン議員はアイルランド系移民の第三世代に属し、ウェートレスやホテルの受付などの職を経て、「フィッシュ・アンド・チップス（魚のフライとポテト）」を販売するテイクアウトの食品店を経営した経験をもち、ブルーカラーに支持者をもつ。ハンソンが主張した基本政策は、アジア系移民の抑制、アボリジニ優遇政策の廃止（アボリジニ問題に関する助言機関の廃止、反差別委員会の廃止、住宅供給の廃止、教育補助の廃止などアファーマティブ・アクションの全面廃止）、保護貿易主義への回帰、外国資本による不動産所有の制限など、一九七〇年代以降の歴代政権が推し進めてきた政策の否定そのものであった。ハンソンが求める白豪主義と保護主義は、一九世紀のオーストラリア社会が掲げた政策への逆行であり、一部の守旧派からは厚い支持を獲得することができたものの、圧倒的に多数の国民からは拒否されることになった。

ハンソンの主張は、詳しい資料と論理に基づいた政策論ではなく、感情的で単純なメッセージに過ぎないものであり、反対派との建設的な議論を進めるものではない。これはアジア人ジャーナリストからの取材要請をことごとく拒否したことにも表れている。東南アジア諸国のマスコミは、過激なハンソン現象を白豪主義への回帰であると、厳しい批判を繰り広げるようになり、オーストラリアの対東南アジア関係にも波紋が広がるようになった。東南アジア諸国のメディアでは、ハワード首相があえてハンソン発言を批判しなかったことや、同首相が一九八〇年代後半の野党党首時代に、アジア系移民抑制論を口にしていたことなども指摘され、東南アジアの豪州イメージが、急速に悪化することになったことは言うまでもない。

しかし、オーストラリア国内では、ハンソンの独善的な手法に嫌気がさし、次第にハンソン支持者が離反する姿が目立つようになり、一九九八年一〇月の総選挙では落選した。ハンソン現象はいったん沈静化したかに見えたが、二〇一六年の総選挙で国政に復帰し、攻撃の対象をアジア系からイスラム系の人々に変えて、過激な発言を繰り返している。

ただしハンソン現象がオーストラリア社会を席巻することもなく、また反アジア人運動が発生せず、さらにアジア系商店が焼き打ちに見舞われることもなかった事実を振り返ると、アジア系多文化社会がすでにオーストラリア社会で認知され、社会システムの一部として受容されていることが理解できるであろう。これからも、一部の保守派やブルーカラー層を中心に、反アジア運動や白豪主義への回帰を求める声が沸き上がる可能性は否定できないが、こうした動きは程度の差こそあれ、いずれの国にも存在するものである。

最も重要な点は、パワー・エリートや世論の大勢が人種主義に移行するか否かであり、予見する限りオーストラリアにはその可能性はない。全世界を見渡して冷静に考えれば、オーストラリアは間違いなく経済的に豊かで、政治的にも安定した多文化社会である。一九世紀以来、理想社会を探し求めてきたオーストラリアがたどり着いた一つの答えを、多文化ミドルパワーの国家像に見いだすことができる。

コラム6　発酵食ベジマイト

オーストラリアらしい食品と言われて、何が思い浮かぶだろうか。ティムタム、ミートパイ、ラミントン……。「ベジマイト（Vegemite）」とは、トーストなどに塗る発酵食品である。いわば、イギリスで流通する「マーマイト（Marmite）」のオーストラリア版だ。オーストラリアでの朝食の定番メニューで、一年間で約二三〇〇万個が売られており、約二四〇〇万人のオーストラリア人がみな毎年一個買っている計算になる。

チョコレート色をしているが、まったく甘くない。食塩（約七％）が入っているので、塩辛い。チーズとの相性がよく、薄いトーストにたっぷりのバター、その上にベジマイトを薄く塗って、最後にスライスチーズをのせるのが定番の食べ方である。オーストラリアではそのほか、野菜や肉などの煮込み料理の味付けに使うこともある。

ベジマイトは一九二三年、メルボルンで生まれた。ビールの醸造過程で精製されるビール酵母エキスが原料だ。メルボルンにある老舗ビール会社「カールトン」の工場から酵母の供給を受け、開発が始まったという。発売当初はあまり売れなかったが、「ビタミンBが豊富に含まれ、栄養価が高い健康食品」との宣伝が功を奏し、「ベジマイト」

ベジマイト

は国内に広まっていった。

実はオーストラリアでは一九二〇年代頃から、食生活を捉えなおす健康ブームが起きていた。ベジマイトは健康ブームにのり、第二次世界大戦中には、戦場で戦うオーストラリア軍兵士の常備食になっていた。

戦後、テレビにより、全国に知れ渡るシンボル的な商品となる。「元気な子供にはベジマイト」というCMソングが有名になり、子供のための健康食品としてのイメージが定着した。

二〇〇八年の北京オリンピックでは「ベジマイト禁止令」が出され、大問題となった。中国当局がすべての食料を中国国内で調達するよう指示を出したことがきっかけで、最終的には事なきを得たが、豪オリンピックチームの栄養士はベジマイトが「選手たちの安心感につながる」と主張したほどだ。

二〇一一年三月に東日本大震災が発生したあと、オーストラリアは、食料や援助物資の提供、募金活動、救助隊の派遣など、いち早く日本にさまざまな支援を行った。外国首脳として最初に被災地を訪れたのは、オーストラリアのギラード首相である。避難所にはたくさんの食料が届けられ、そのなかに「ベジマイト」があった。避難所では火を使う炊き出しが難しく、食料は菓子パンなど甘いものが多くなる。この塩気が強いベジマイトは大変好評だったという。これを知ったオーストラリア側の関係者が、どれほど喜んだかは容易に想像できるだろう。

第7章　米中新時代——新たな大国関係のはざまで

ミドルパワーをこえて

第1章から第6章までは、オーストラリアの歴史を振り返りながら、伝統的な大国であるイギリスやアメリカとの関係を見据えつつ、国際社会でいかに建設的な役割を果たし、プレゼンスを発揮することができるかという文脈のなかで、生き抜く姿を捉えようとしてきた。

二一世紀を迎え、ミドルパワー（ベンチャー型中企業国家）としての自画像を模索したオーストラリアの、その後はいったいどのようなものとなったのであろうか。シドニー五輪の成功から我々が見たものは、もはやミドルパワーを鼓吹する必要もなく、あえて自画像を探し求める国家意識は影を潜め、人間に例えるならば、精神的な安定期に入ったオーストラリアの姿であった。

世界中を見渡しても、オーストラリアは明らかに豊かな先進国の一つに数えられ、米中の

図7－1　シドニー五輪、オペラハウスのライトアップ

ような大国の存在感はないものの、国際社会で一目置かれる存在になったことは間違いない。インドネシア、マレーシア、シンガポール、タイ、ベトナムなどが肩を寄せ合う東南アジア地域、裏庭のような地理的位置にあるフィジーやパプアニューギニアなどの南太平洋地域では、オーストラリアは常に重要なプレイヤーとして数えられている。しかも日本や韓国とは親和性も高く、お互いを安定的なパートナーとして認識できるなど、心地よい間柄となっている。

二〇世紀の終わりとともに、国際社会の枠組みはアメリカの衰退、中国の台頭という新たな局面へとシフトした。オーストラリア外交も自然の成り行きとして米中の新時代を意識せざるをえない状況へと追い込まれた。本章では、二一世紀のはじまりから現在に至る二〇年余のオーストラリア外交・安全保障の軌跡を、米中関係に焦点を当てて明らかにしていくものである。

二一世紀に入ってからのオーストラリア外交を振り返ると、アメリカとの同盟関係は強化される一方で、中国との関係は協調から敵対へと最悪の状態に陥っていく二〇年であった。二〇〇一年に米同時多発テロが発生すると、オーストラリアはアメリカの「国際テロとの戦い」に協力、アフガニスタン戦争、イラク戦争に参戦した。そして同時多発テロから一〇年後の二〇一一年、オサマ・ビンラディンの殺害とともにアメリカの「国際テロとの戦い」が一区切りを迎えると、オーストラリアはオバマ米政権のアジア回帰を支持し、ダーウィン（北部準州の最大都市）への米海兵隊ローテーション駐留を受け入れた。

このようにアメリカとの同盟関係は強化されたものの、その将来に対する不安感は高まる一方だった。なかでも同盟国との関係を軽視するドナルド・トランプ米政権の誕生は、インド太平洋地域におけるアメリカのプレゼンス低下への懸念を高めることになった。豪軍事力はこの二〇年間で増強されてきたが、それはインド太平洋地域でのアメリカの軍事関与を促すと同時に、同盟の将来に対する保険でもあったのである。

他方で、中国との関係はどうだったか。オーストラリアは二一世紀初頭、中国の経済成長から恩恵を受けようと政治的な立場の違いを乗り越え、対中貿易の拡大をひたすら目指す姿勢をとっていた。こうした姿勢には、アメリカとの関係を損なうとの慎重論が挙がったが、政府は二大国との関係について、安全保障はアメリカ、経済貿易は中国と切り分け、「我々は米中いずれかを選ぶ必要はない」と反論してきた。

ところが、豪中の蜜月は長くは続かなかった。豪中関係は「ディープ・フリーズ（極度の低温状態）」に陥っていったのである。中国が軍事力を背景に現状変更を試みる姿勢を露《あら》わにし、さらに豪内政への干渉疑惑が持ち上がると、オーストラリアは次第に対中警戒を強めていく。そしてこれに反発した中国は、オーストラリアからの輸出品目に対する貿易規制など対豪経済措置を課した。

こうした二〇年間の対米関係、対中関係の潮流が交錯したところで、AUKUS（オーカス）の枠組みが誕生した。オーカスとは二〇二一年九月に突如として発表された英米豪三ヵ国の安全保障技術協力の枠組みであり、その柱はオーストラリアによる原子力潜水艦の導入だ。原潜技術の他国への供与にきわめて慎重だったアメリカが、豪への協力を決断したのも、また、オーストラリアがフランスとの通常型潜水艦契約を破棄してまで原潜導入を決断したのも、さらに、反核意識の強いオーストラリア世論が政府の原潜導入計画を支持したのも、すべては中国の台頭によって促されたものであった。

オーカスの発表は世界を驚かせたが、これまでの二〇年間を振り返れば、それはある意味で必然であった。オーストラリアはオーカスによってアメリカとの同盟関係を強化しつつ、従来の対中融和一辺倒の姿勢を放棄したのである。

以下、政権ごとの対中・対米関係の流れを詳しく見ていこう。

1　ハワード保守系連立政権

米国同時多発テロの発生——対米シンパシー

キャンベラにあるオーストラリア国立博物館には、全体がシワだらけで、シミと破れが目立つオーストラリア国旗がガラスケースのなかに保管されている。二〇〇一年九月、テロ攻撃を受けて崩壊した世界貿易センタービル内のマリオットホテルの瓦礫《がれき》のなかから見つかり、ニューヨーク市警がオーストラリア政府に贈呈したものである。テロ事件ではオーストラリア人一〇人が犠牲となっており、国旗はあの悲劇を決して忘れないためのシンボルだ。

テロが起きた二〇〇一年九月一一日、ハワード豪首相（在任一九九六年三月～二〇〇七年一二月）はワシントンに滞在していた。ハワードはANZUS条約締結五〇周年を記念して訪米しており、前日の九月一〇日にはブッシュ米大統領との初の首脳会談を済ませていた。テロ事件当日の早朝には、秋の清々《すがすが》しい空気に包まれながら、ハワードは多くの記念碑が立ち並ぶワシントンの街を散歩していた。事件の第一報が彼のもとに入ったのは、午前九時に予定されていた記者会見の直前のことである。ハワード首相はオーストラリア大使館の地下に

図7－2　ハワード首相

いったん避難するが、記者会見を予定どおり決行。会見後に外を眺めると、煙が立ち込めているのが見えたと回想している。米国防総省（ペンタゴン）に突入、爆発炎上したアメリカン航空77便には、オーストラリア人の乗客一人が搭乗していた。

ハワードは、米同時多発テロ事件を現地で体験した唯一人の外国首脳となった。彼は帰国直前、「オーストラリアは、今後アメリカがとりうる行動に対して、要請を受ければあらゆる支援を提供する」と記者団に表明。拙速だとして国内で物議を醸したが、アメリカが受けた衝撃や強い怒り、悲しみを肌で感じたハワードの口から出た自然な発言だったのであろう。

ハワードはオーストラリアへの帰路、ANZUS条約に基づく集団的自衛権を行使する意思を固めていた。そして後日、キャンベラの豪連邦議会でANZUS条約を発動しアメリカの「国際テロとの戦い」を支援することの重要性を説いたのである。第二次世界大戦という暗黒時代に、アメリカは我々を助けてくれたではないか。豪米両国は同志かつ友人であり、民主主義、自由、友愛、正義への信念という固い絆で結ばれているではないか、と語りかけ、オーストラリアはいままさにＡＮＺＵＳ条約を適用し、アメリカとともに戦う時が来たのだと訴えた。野党労働党の支持を得て、議会はＡＮＺＵＳ条約の発動を承認した。オーストラリアが同条約を発動した初めてのケースとなり、その後、現在に至るまで再び発動されたことはない。

テロ戦争へ派兵――「西洋的価値観」の表明

アフガニスタン戦争とイラク戦争は、オーストラリアが関わった戦争のなかでも特筆に値する。オーストラリア史上、アフガニスタン戦争は最長の戦争であり、イラク戦争はベトナム戦争以上に国論が分断された戦争であったからだ。オーストラリアがアフガニスタンから撤退するまで、軍事作戦の総費用は八五億豪ドル（約一兆一四七五億円）で、四五名の兵士が命を失った。イラクでのオーストラリアの軍事作戦の総費用は四一億豪ドル（約三六九〇億円）で、四名の兵士が戦死している。

アメリカを中心とした多国籍軍は二〇〇一年一〇月七日、アフガニスタンに対する大規模な軍事作戦「不朽の自由作戦」を開始する。オーストラリアは一五〇人規模の特殊任務部隊を筆頭に、陸海空軍の装備と兵員を派遣した。対テロ任務、海賊対処任務のためにアデン湾など中東地域に戦闘・偵察部隊やフリゲート艦などを派遣したほか、戦闘機、空中給油機、哨戒機《しょうかいき》などを展開して、多国籍軍への支援任務を行った。さらに安保理決議一三八六に基づくアフガニスタンへの国際治安支援部隊（ＩＳＡＦ）に対しても、最大で一五五〇人の兵員を派遣した。

他方で、二〇〇三年三月に始まったイラク戦争では、仏独など欧州主要国が武力行使に反対するなか、オーストラリアはアメリカ、イギリス、ポーランドからなる連合軍とともに、対イラク軍事作戦に加わった。ブッシュ米大統領が同年五月一日に戦争終結を宣言するまで、オーストラリアは約五〇〇人の特殊任務部隊を含む二〇〇〇人の兵力と揚陸艦や空軍機を投入している。

ハワード首相はイラク開戦直後の二〇〇三年三月二〇日、国民に向けて参戦の理由を次のように説明している。テロ事件の発生以降、オーストラリアはテロリストの標的になっていると述べた上で、「オーストラリアは西洋の価値観をもつ西洋の国である。それを変えることはできないし、変えるべきでもない。だからこそ、私たちは標的にされるのだ」と語った。西洋的価値観そのものが挑戦を受けているのであり、それらを守るためにオーストラリアは立ち上がる必要があるとハワードは訴えた。オーストラリアはその行動原理に、国土防衛、国家安全保障という次元を超えて、価値観の擁護を掲げたのである。

「米中いずれかを選ぶ必要はない」

二〇〇三年一〇月の連邦議会議事堂で、ハワード政権の米中両国へのスタンスを象徴する出来事があった。両国首脳が立て続けに議会で演説を行ったのである。一〇月二三日のブッシュ米大統領による演説の翌日に、胡錦濤《こきんとう》中国国家主席がまさに同じ場所で演説を行った。

アメリカ大統領が連邦議会で演説するのは、ブッシュで三人目となる。アメリカ大統領が民主主義を体現する議会で演説することは、両国が自由、民主主義、人権、市場経済といった価値で結ばれ、強固な信頼関係を築いていることを内外に示す演出にもなる。他方で、ハワード首相が胡主席を連邦議会に招いたことは、経済成長が著しい中国との関係を強化し、中国をアジア太平洋地域のパートナーとして受け入れたいという意図の表れであった。

米中双方の首脳を同時期に招き、少なくとも外形的には中国とアメリカを同等に処遇したことは、「我々は米中いずれかを選ぶ必要はない」というメッセージとなった。ハワード首相は胡主席に対する歓迎の辞で、一〇年前には中国の国家元首がオーストラリア議会で演説することなどは到底考えられなかったと語っていた。中国は変貌を遂げ、中国を見るオーストラリアの目も大きく変わったというのである。

ただ、胡主席の議会演説に異論を唱える議員たちもいた。ある議員は、民主的なプロセスを通じて選ばれていない指導者が民主主義を象徴する議会で演説をすることは、オーストラリア議会の権威を傷つけるのではないかと強い懸念を表明していた。また別の議員は、チベット問題を念頭に、胡主席を「血塗られた手をもつ独裁者」と呼び、彼の議会での演説は「豊かで強大な貿易大国」にオーストラリアを隷属させる行為だと政府を糾弾していた。演説当日の豪全国紙には、胡主席にダライ・ラマ一四世との対話を求める意見広告が掲載される一幕もあった。

ハワードの対中リアリズム

ハワード政権期の豪中関係は、政権発足当初こそ台湾やチベット問題でぎくしゃくしていたが、その後は現実主義と貿易拡大という目的によって安定的に展開していった。ハワード政権は双方に考え方や価値観の相違が存在していることを受け入れた上で、貿易など利益が共有できる分野に焦点を当てて関係構築を目指した。オーストラリアで一九九七年に発表された初の『外交白書』でも、豪中両国間には人権問題や台湾など、さまざまな問題をめぐって大きな隔たりが存在していることを認めつつ、オーストラリアの対中政策は「共通の利益ならびに相互尊重」に基づくべきであるとしていた。

対外貿易における中国の重要性を印象づける重要な契機となったのが、二〇〇二年一〇月に豪中が交わした液化天然ガス（LNG）の長期売買契約である。中国初となるLNGの海外調達をめぐり、インドネシアとイギリスの企業体も名乗りを挙げていたところ、ハワード首相自らがトップセールスを行い、江沢民《こうたくみん》国家主席を筆頭に政府要人に強力な売り込みを行った。この契約により、豪北西部沖の「北西大陸棚ガス田」で生産されるLNGが年間三〇〇万トン規模で、二〇〇五年から二五年間にわたって中国に輸出されることになり、オーストラリアは「歴史的な勝利」を収めた。

ハワード首相が「拡大する豪中経済関係の正真正銘のランドマーク」と表現したように、LNG契約を契機として中国はLNG、鉄鉱石、石炭など天然資源の最有力の輸出先となり、両国の貿易は急速に拡大していく。年によって若干変動はあるものの、天然資源輸出はオーストラリアの対中輸出の七割以上を占めている。

このようなハワードの現実主義的なアプローチの土台には、経済的利益と同時に、対中関係に対する楽観論があったことも忘れてはならない。中国は経済成長のために、安定的で平和な国際環境を望んでおり、アメリカ中心の世界システムに組み込まれていくであろうとの見方が政権内で有力であった。こうした観測はオーストラリアに限らず、アメリカを筆頭に多くの欧米諸国で当時、共有されていたものであった。『二〇〇〇年 国防白書』でも、中国を潜在的な軍事的脅威と見なさず、オーストラリアにとっての「戦略的対話者」と位置づけて、対話を進めていく必要性を指摘していた。

	2000-01	2010-11	2020-21	%(2020-21)
鉄鉱石	4,902	58,388	152,975	33.3
石炭	10,829	43,856	39,196	8.5
天然ガス	2,671	10,286	30,477	6.6
旅行・留学	4,038	15,753	27,554	6.0
金	5,110	14,254	26,105	5.7
牛肉	4,127	4,527	8,370	1.8
アルミニウム	4,393	5,281	8,155	1.8
銅	1,036	5,125	7,328	1.6
原油	7,639	11,090	7,001	1.5
小麦	4,136	5,492	6,805	1.5

図7－3　**主要輸出品目**（サービス貿易含む．単位，百万豪ドル）

	2000-01	%	2010-11	%	2020-21	%
中国	18,552	5.9%	114,379	19.3%	266,773	32.2%
米国	46,547	14.9%	52,003	8.8%	67,754	8.2%
日本	44,056	14.1%	67,891	11.4%	66,927	8.1%
韓国	15,277	4.9%	32,054	5.4%	39,459	4.8%
イギリス	19,370	6.2%	23,574	4.0%	28,896	3.5%
シンガポール	14,515	4.6%	23,582	4.0%	28,282	3.4%
インド	3,675	1.2%	22,055	3.7%	27,043	3.3%
ニュージーランド	16,231	5.2%	21,772	3.7%	23,565	2.8%
ドイツ	9,670	3.1%	15,784	2.7%	22,164	2.7%
マレーシア	8,568	2.7%	16,058	2.7%	21,138	2.6%

図7－4　**主要貿易相手国との貿易額・シェア**（単位，百万豪ドル）

こうしたハワードの対中アプローチは、中国も歓迎していた。天然資源を豊富にもつオーストラリアは、中国の経済発展を実現する上で重要なパートナーであるからだ。さらにアメリカの同盟国であるオーストラリアとの関係を深められれば、対米戦略上も望ましいと考えていた。一九九九年に江沢民が国家主席として初めてオーストラリアを訪問し、先に述べたように二〇〇三年には胡錦濤国家主席が初めて連邦議会で演説する。両国政府高官の相互訪問も増え、〇四年一〇月には、両国海軍初となる合同軍事演習を中国の青島《チンタオ》で行っている。

対中協調と対米同盟は両立する――バランス外交のはじまり

「我々は米中いずれかを選ぶ必要はない」というハワードのメッセージは、実現したように見える。

実際のところ、オーストラリアは米中双方に対して、一方との関係が他方との関係を傷つけるものではないことを明確に示してきた。特に西側諸国による「封じ込め」を強く警戒する中国に対しては、豪米同盟は中国を標的にしていないことを納得させることが重要であった。ハワードは一九九六年一一月の江主席との首脳会談で、豪米同盟は中国をはじめ特定の国家を標的にしたものではなく、いかなる国の安全保障をも損なう意図はないこと強調していた。そしてハワードは、中国が豪米同盟の存在を受け入れることがアメリカにとっても望ましい状況であり、ひいては豪米同盟関係の強化へ通じると考えていた。

ただ台湾問題は対米、対中関係においてきわめて厄介な存在であった。米中双方がオーストラリアの対応に目を光らせていたからだ。アメリカは台湾有事に際してオーストラリアの軍事的貢献を期待し、他方で中国はオーストラリアのいかなる介入にも反対で、同国が「建設的な役割」を果たすよう求めていた。

一九九六年の台湾総統選挙では、中国が台湾近海でミサイル発射実験を行うなど軍事的威嚇を行ったことを受け、アメリカは空母二隻を展開し、台湾海峡が緊迫化した。ハワードは当時、中国に自制を求めるとともに、アメリカの対応を公式に支持している。中国はこれに強く反発し、ハワード政権のチベットをめぐる発言への不満も重なり、豪政財界との交流を一時停止。ちょうど発足したばかりのハワード政権は、中国が位置づける「核心的利益」への対応でいきなり洗礼を受けたのだ。

台湾問題はその後もハワード政権を悩ませつづけた。アレクサンダー・ダウナー豪外相が二〇〇四年八月、台湾有事ではオーストラリアが自動的にアメリカを支援することはないと発言。アメリカ側は即座に反応し、オーストラリア政府に説明を求めた。アメリカは常にオーストラリアの対中配慮に神経をとがらせていたのである。

台湾有事に関して「中国政府を喜ばせる」と評されたダウナー外相のこの発言は、訪問先の北京で記者と懇談するなかで出たものだった。ダウナーは同盟の枠内で締約国にも自主性があることを指摘したに過ぎなかった。ANZUS条約第四条で「太平洋地域における いずれかの締約国に対する武力攻撃が、自国の平和および安全を危うくするもの」とあるように、両国は「共通の危険に対処するように行動すること」を約束しているのだ。

豪メディアにリークされた公電によれば、ダウナー発言に関して、オーストラリア政府は豪米同盟の維持・強化に努めており、アメリカに対するコミットメントの強さは疑う余地もないと、米政府に弁明していた。またハワード首相もラジオ番組のインタビューで、ANZUS条約に基づく義務は明確であり、相手国が攻撃されたり、紛争に巻き込まれたりした場合には、両国は協議し、相手国を支援することが求められていると述べ、ダウナー発言は訂正を迫られた。

対米協調姿勢は、ハワードの政治的信条でもあったが、同時に対中関係をマネジメントするという戦略的意図が込められていた点も見落としてはならない。米中二国間のバランス外交の現実がここにある。つまり対米同盟を最重要視し、忠実な同盟パートナーを演じるからこそ、オーストラリアはアメリカの機嫌を損ねることなく中国という巨大市場から恩恵を受けことができる。確固たる対米協調姿勢こそが、対中関係進展に対するアメリカからの「政治的な免責」を与えてくれていたのだ。

また他方で、強固な対米同盟関係の存在は、対中関係に孕《はら》むリスクをヘッジする役割も持っていた。対米協調路線を通じて、アメリカの戦略を支持しつつ、アジア地域におけるアメリカの軍事力が存在することで、オーストラリアは安心して対中関係の進展を目指すことができたのである。オーストラリアの対中協調スタンスは、強固な対米同盟の存在によってのみ可能であった。言い換えれば、対米同盟関係が揺らげば、オーストラリアの対中姿勢も転換を余儀なくされるというものである。

自衛隊とオーストラリア軍の協力

冷戦末期から現在に至るまで、日豪の安全保障協力は安定的に発展してきた。その象徴とも言えるのが、二〇〇五～六年にイラク南部サマワに駐留していた自衛隊をオーストラリア軍が警護したことである。

一九九〇年代以降、日豪防衛当局間で接触、協議、対話が進められてきたが、二〇〇三年には防衛交流の発展に関する覚書が交わされたことにより、日豪両国の防衛交流は新たな段階に入っていた。他方で、自衛隊とオーストラリア軍は、カンボジアや東ティモールでの国連平和維持活動（PKO）、スマトラ沖大地震緊急援助など、現場で協力を重ねていた。特に先にあげたイラクという戦場での経験は、両国の安全保障分野での信頼関係を一段と強め、二〇〇七年の「日豪安保共同宣言」につながっていった。ハワード首相は当時を振り返り、「日本と長年にわたって続いてきた経済パートナーシップに、戦略的な側面を加える重要な機会になった」とその意義を強調している。

自衛隊は二〇〇三年、サマワでイラク戦争後の復興支援活動に従事していた。当初はオランダ軍が護衛につくも、世論の反対でオランダ政府が撤収を決定、日本の復興支援活動の継続が困難になろうとしていた。これに対して、イラク南部の管轄責任を負っていたイギリスのトニー・ブレア首相の仲介で、ハワード首相は自衛隊の護衛のために四五〇人を増派することを申し出たのだ。

ハワードはイラクに対する増派はないと公言していただけに、野党から批判の声が上がっていた。しかしハワードは、日豪関係強化のチャンスと見なし、また比較的危険度の低い護衛のための増派であれば国民の反発も低いと見込んで、決断に至ったのである。増派は、日本の撤退を望まない英米両国に対する協力でもあった。

日豪の制服組が戦場で協力する初めての瞬間だった。実はこのとき、ハワードは世論に配慮して、自衛隊部隊を「兵士」ではなく、「工兵（エンジニア）」と呼んでいた。いまから振り返れば、第二次世界大戦で日本軍と戦ったオーストラリア軍が、約五〇年後に戦場で自衛隊員を警護することは、大きな決断だったであろう。日豪が相手国の部隊を守る行為は、第一次世界大戦期、日本の巡洋戦艦「伊吹《いぶき》」がアンザックの艦隊を護衛して以来のことであった。

2　ラッド＝ギラード労働党政権

一一年ぶりの労働党政権

二〇〇七年一一月の連邦議会選挙で野党労働党が勝利し、約一一年ぶりに労働党が政権に復帰した。保守系連立政権を一一年間率いてきた老練なハワードとは対照的に、労働党は若さと清廉さがあふれるケビン・ラッドを党首に据えて選挙戦を戦った。ラッドは、ボート・ピープル（第6章）対策や地球温暖化政策では変化を訴えて国民の共感を呼びつつ、経済政策では前政権からの継続を重視したことが国民に安心感を与え、勝利を収めた。

しかしラッド政権は国民の期待に反して、迷走することになる。党内対立が先鋭化し、労働党は権力闘争に明け暮れたのである。ラッドは党内抗争の末、二〇一〇年に首相の座をジュリア・ギラード副首相に明け渡し、そのギラードも二〇一三年に首相の座をラッドに奪い返されるという有様であった。政局の混乱は政策にも影響を及ぼし、人道主義という理想を掲げて解決を試みたボート・ピープル問題も、「現代の最も重要な道義的課題」とした温暖化対策も、理想と現実の間で深刻なジレンマに陥っていったのである。

楽観的な対中認識

豪中関係は、ラッド政権のもとで大きく発展すると考えられていた。労働党は伝統的にアジア諸国との関係を重視していたこともあったが、中国語に堪能で、北京に外交官として赴任していた経験をもつラッドは、「親中派」と見られていたからである。

ラッドが政権についた二〇〇七年は、財とサービスを含めた貿易総額で中国が初めて日本を抜いて首位となった年であった。経済界に限らず国民の対中関係の発展への期待も高かった。〇一年のＷＴＯ（世界貿易機関）加盟をきっかけに、製造業の成長を原動力に急速な経済発展を遂げていた中国は、貿易を通じて経済的恩恵をもたらす存在であった。しかし他方で、人権や民主化問題を国内に抱え、さらには軍備増強や海洋進出により政治や外交面では衝突する存在でもあった。オーストラリアのような資源国にとって、中国はきわめて有望な市場であったが、中国経済への過度な依存は、オーストラリアの国内政治や国益に大きな影響を及ぼすリスクがあることは、当時それほど認識されていなかった。

ラッドの対中アプローチには、経済的実利を超えて、楽観的な対中認識が色濃く反映して

図7－5　ラッド首相

いた。当時欧米諸国に広がっていた中国の民主的発展に対する期待や楽観論、そして中国の政治的野心、戦略的意図に対する過小評価を、ラッド政権も共有していたと言える。天安門《てんあんもん》事件からおよそ一八年が経過していた。

ラッド首相の「信頼」に基づく豪中関係への期待は、彼が二〇〇八年四月に北京大学で行った中国語での講演の中で如実に現れている。ラッドは中国とオーストラリアは「诤友《ツェンユウ》」だと呼び、「短期的利益を超えて、継続的で、深遠で、そして誠実な友情のために、より広範で、強固な人間関係の土台を求めるパートナー」と訴えたのである。

すなわち、「真の友情」で結ばれた信頼関係があるからこそ、政治的立場の異なる問題についても率直に意見を交わすことができるという。実際に彼は北京大学での演説でも、チベットでの人権問題に懸念を表明し、中国政府とダライ・ラマ一四世との対話の必要性を説いていた。ラッドはさらに胡主席との会談でもこの問題を取り上げたという。しかし、ラッドの期待をよそに、胡主席は「ダライ一派との闘争は、民族や宗教の問題ではない。国家の統一を守るか、あるいは祖国の分裂を許すかという問題だ」と述べ、内政干渉に強く反発していた。

対中警戒の兆し

ラッドの対中姿勢は、中国への警戒を強めていた日本との関係をぎくしゃくさせた。スミス豪外相は二〇〇八年二月にキャンベラで開催された豪中戦略対話の場で、安倍晋三《あべしんぞう》首相の提唱する日米豪印の四ヵ国戦略対話（QUAD＝クアッド）の枠組みから撤退する考えを表明した。スミスは記者会見で、中国政府がQUADに懸念を表明していたことを認め、今後参加しない旨を日本政府に伝えたことを明らかにしたのだ。最初のQUADを潰《つぶ》したのはオーストラリアだと言われるようになったゆえんがここにある。

QUADは〇七年五月にマニラで開催されたARF（ASEAN地域フォーラム）の際、日米豪印の次官補クラスの非公式会合が最初とされているが、ちょうどその頃、日米印三ヵ国海軍による太平洋での軍事演習を一ヵ月後に控えていたこともあり、NATO型の同盟につながるのではないかとの憶測が広がっていた。中国はこれに対して外交ルートを通じて正式に抗議していた。

ところがラッドの楽観的見方は次第に薄れ、中国に対して警戒感を抱くようになっていった。「ウィキリークス」が暴露した機密情報には、ラッド首相が二〇〇九年三月二四日にワシントンで行ったヒラリー・クリントン米国務長官との会談記録が含まれている。それによると、ラッドは台湾とチベットの問題に対して中国は「偏執狂的」であり、自身が提唱している「アジア太平洋共同体（Asia-Pacific Community）」構想の狙いは、中国の影響力を抑え込むためであると述べていた。自らを「中国に対する冷徹なリアリスト」と呼び、中国の国際社会への関与を促す一方で、「すべてがうまくいかない場合には武力行使の準備を整えなければならない」と発言。そして豪政府が発表した『二〇〇九年 国防白書』で表明された豪海軍増強計画も、「中国の軍事力の遠方展開能力向上への対応」であるとしていた。

なおこの『二〇〇九年 国防白書』は、中国への言及がほとんどなかった『二〇〇〇年 国防白書』とは大きく中身が異なる。二〇〇九年版では、経済的プレゼンスを高める中国が将来、アジア最強の軍事大国となり、軍近代化を通じて遠方展開能力を高めていくであろうと分析。さらに、中国の行動が周辺諸国の警戒感を呼び起こす可能性にも触れ、今後中国自らが戦略的意図や軍事力に関する透明性を高める努力が必要であると主張していた。

中国大国化への懸念は、アメリカの相対的なパワーの低下への不安感と裏表の関係にある。米軍のプレゼンス低下によるアジア地域のパワー・バランスの変化は、中国大国化に対する楽観的見方の土台を崩すものであり、ラッドが対中姿勢を転換した要因の一つと言える。アメリカがもはや単独でアジア太平洋地域の秩序提供・維持の役割を果たしきれなくなるのであれば、この地域における大国間紛争の可能性は高まり、オーストラリアとしても海軍力を中心に独自の軍事力の整備・増強が必要であった。軍事力の強化は、中国の軍備増強や海洋進出に備えた動きであると同時に、アメリカのアジアにおける軍事プレゼンスの低下に備えるものであった。

オバマ米政権への後押し

与党労働党内での権力闘争の末、ラッドを追い落として首相の座についたギラードは、外交政策には関心がないと公言する指導者であった。学生時代から労働党の活動に関わってきたギラードの関心は労働や教育問題であり、野党時代には影の内閣で人口移民相、厚生相などを歴任してきたことからも、ラッドとは対照的に内政重視の指導者と思われていた。しかしながら結果的にギラード政権は、バラク・オバマ政権の「リバランス（アジア回帰）政策」のもとで対米同盟強化を図り、他方で豪中関係を「戦略的パートナーシップ」へと格上げすることに成功した。

ANZUS条約締結六〇周年を迎えた二〇一一年、豪米両政府は一二年から豪北部ダーウィンに米海兵隊をローテーション駐留させることに合意。これはオバマ米政権の「リバランス政策」をオーストラリアが具体的かつ軍事的に実践したものであり、中国の軍事力の増強を念頭に、豪米軍事協力がより一層拡大、強化され、新たな段階に入ったことを意味した。

ギラード首相とオバマ米大統領の間で結ばれた合意によれば、一二年四月から米海兵隊員二〇〇~二五〇人がダーウィンにローテーション駐留し、豪兵との合同演習・訓練を実施することとされた。米兵の駐留は一七年までには二五〇〇人規模に拡大する計画で、部隊は六ヵ月程度の短期間で入れ替わりに派遣される。駐留は、南シナ海からインド洋に至るアジア海域で活動を活発化している中国海軍を念頭に置いたものである。

対中バランスに成果あり

ギラード政権はアメリカとの軍事協力を強化する一方で、ラッド政権下で低調に終わった対中外交を見直し、豪中「戦略的パートナーシップ」の構築に外交的資源を投入していった。ギラードにとって、安全保障面では対米関係の強化はもちろん重要であるが、経済・貿易面では中国との関係拡大・強化は不可欠であった。

それは中国の経済発展が、オーストラリアの景気や雇用に大きな影響を与えるからに他ならない。中国は二〇一〇年、名目GDPで日本を上回り、経済規模でアメリカに次ぐ地位を確立していた。たとえば一〇年前には六%に過ぎなかったオーストラリアの輸出額に占める中国向けの割合は、一二年には約二三%と四倍になっていた。またオーストラリアの総輸出額（財・サービス）の半分を占める鉱物資源についても、対中輸出額は一〇年前に比して一九倍以上に増えている。輸出と輸入を併せた貿易額でも、対日本の約一一%に対して、対中国は二〇%であり、いまや中国がオーストラリアにとっての最大の貿易相手国であった。

ギラード政権が発表した二つの白書、『アジアの世紀におけるオーストラリア（アジアの世紀白書）』（二〇一二年一〇月）、『二〇一三年 国防白書』（一三年五月）は、対中関係改善への強い意欲を内外にアピールするものであった。『二〇〇九年 国防白書』にあった対中警戒論は封印され、「中国の台頭が中国人民の社会・経済的利益をもたらすだけでなく、地球上のあらゆる国家にとっても利益をもたらす」として、「中国の台頭を歓迎する」とはっきりと述べたのである。またオーストラリアにとって「米中選択」は不可避ではなく、そもそも中国を敵、もしくは脅威として扱うべきではないと断言していた。

ギラード首相は『二〇一三年 国防白書』の発表に先立つ二〇一三年四月、首相として二度目の訪中を実現させた。外相、貿易相、金融サービス相の三閣僚も同行させ、対中関係改善に向けた意欲をアピールする陣容であった。ギラードは北京で李克強《りこっきょう》首相と首脳会談を行い、豪中関係を「戦略的パートナーシップ」関係とすることで合意し、さらに首相、外相、経済担当相による「豪中戦略対話」を毎年開催することを発表した。この豪中戦略対話はギラードが一一年四月に首相として初めて中国を訪問して以来、中国側に呼びかけていたものであり、豪国内ではギラードの外交的勝利として高く評価された。

米中関係が悪化し、米中双方と良好な関係を維持することがますます難しくなっているなかで、ギラード政権は米中バランス外交に一定の成果を出すことができた。ギラードはダーウィンでの米海兵隊ローテーション駐留を受け入れるなどして、オバマ政権の「リバランス政策」を積極的に支持し、対米同盟関係の強化を図った。同時に対中関係では、豪中間に存在する価値観の相違を棚上げし、経済分野の相互利益を強調して、ラッド政権下で冷え切った関係の改善を目指した。中国はギラード政権の「リバランス政策」支持の姿勢を批判したものの、中国にとっても貿易や投資の分野におけるオーストラリアの重要度は高く、ギラード政権の動きを歓迎し、豪中戦略対話に合意することとなった。

3　アボット政権、ターンブル政権

回転ドアの政治

二〇一三年九月に行われた連邦議会選挙の結果、トニー・アボット率いる保守系連立グループが勝利を収めた。ただ、アボットの勝利というよりは、労働党によるオウンゴールによるものと表現すべきであろう。労働党は〇七年の政権獲得以来、ラッド派とギラード派の間で熾烈な権力闘争が繰り広げられ、首相交代劇が続いた。労働党政権期の内紛を描いた公共放送ABCの調査報道「殺戮《さつりく》の季節（キリング・シーズン）」のように、政治家が血みどろの闘争に明け暮れたのである。国民が嫌悪感を抱いたのも無理はない。

しかしそのアボット政権も長続きしなかった。支持率低迷が続き、選挙が近づくと議員たちがしびれを切らして、アボット降ろしに動いたのである。党内穏健派のマルコム・ターンブルが首相に就任したが、これはターンブルによる意趣返しとでも言えるものであった。かつて二〇〇九年の自由党内抗争ではターンブルから党首の座を奪ったのはまさにアボットであったからだ。しかしターンブル政権も党内抗争の末、短命に終わる。二一世紀初頭のオーストラリア政治はまさに「回転ドアの政治」であった。

ちなみに「回転ドアの政治」は、もちろん政治家の権力闘争ゆえであるが、党首交代手続きが容易だったせいもある。自由党でも労働党でも、党所属議員の一定数の賛同が得られれば、党首選挙の動議を提出することができたのだ（現在は両党とも党則を変更し、党首交代の敷居は高くなっている）。しかも下院議員の任期は日本（四年）よりも短い三年で、当選直後から次の選挙のことを意識せざるをえず、頻繁に報道各社から発表される世論調査結果は政

首相名	政党	在任期間	
ジョン・ハワード	自由党	1996年3月～2007年12月	11年9ヵ月
ケビン・ラッド	労働党	2007年12月～2010年6月	2年6ヵ月 （1期・2期合わせて3年）
ジュリア・ギラード	労働党	①2010年6月～同年9月 ②2010年9月～13年6月	3年
ケビン・ラッド（2期目）	労働党	2013年6月～13年9月	
トニー・アボット	自由党	2013年9月～15年9月	2年
マルコム・ターンブル	自由党	①2015年9月～16年7月 ②2016年7月～18年8月	2年11ヵ月
スコット・モリソン	自由党	①2018年8月～19年5月 ②2019年5月～22年5月	3年9ヵ月
アンソニー・アルバニージー	労働党	2022年5月～	

図7－6　2000年以降の歴代政権

治家の権力保持意欲を刺激した。支持率の低迷に敏感にならざるをえない状況がある。

「恐怖と欲望」が対中政策を突き動かす

アボット首相は二〇一四年一一月、アンゲラ・メルケル独首相との率直な会話のなかで、オーストラリアの対中政策は「恐怖と欲望（fear and greed）」に支配されていると発言したとされる。オーストラリアの複雑な対中感情と利害関係を示している、と現地メディアは報じた。中国は安全保障の観点からは「恐怖」の対象となるが、その一方でオーストラリアにとって最大の輸出市場であり、経済界から見れば明らかに「欲望」を掻き立てられる相手となる。

中国を「恐怖」として認識しているのは、オーストラリア連邦政府の国防関係者や情報機関であり、世界を見渡せば同盟国アメリカがその急先鋒となる。

こうした厳しい対中認識と異なるのが、巨大市場の中国に石炭や鉄鉱石などの資源を輸出している経済界であり、その経済界を後押ししているのが州政府だ。

これを連邦と州との関係で見直すと、連邦政府は中国に対して厳しい見方をする傾向にあるが、州政府は中国に対して好意的・融和的であると言えるであろう。そのどちらに軸足を置くかで、オーストラリアの対中政策が大きく揺れ動く。オーストラリアにとって、中国は決して生易しい相手ではなく、いつの時代も手ごわい存在だ。こうした行動パターンは、ラッド労働党政権時代から続いている。ギラード政権が対米同盟関係を強化した中で、中国とは「戦略的パートナーシップ」関係への樹立を目指したのは、「恐怖と欲望」のバランス外交を示している。

アボット政権では中国が推進する「アジア・インフラ投資銀行（ＡＩＩＢ）」をめぐって、対中貿易を推進するグループと、安全保障の観点から対日米関係を重視するグループに分裂したことがある。最終的にアボット首相は融資の透明性やガバナンスを問題視し、参加を見送ることで政府内での混乱を収拾させた。ところがイギリスやニュージーランドが参加を表明したことで同政権内部に激震が走り、オーストラリアも好機を逃してはならないと方針転換し、二〇一五年三月にＡＩＩＢ加盟申請を決断したという経緯がある。まさに加盟締め切り直前の駆け込み申請であった。

アボット首相は中国との自由貿易協定（FTA）締結を通じて、対中関係の「欲望」の部分を積極的に追求した。中国とのFTAは、ハワード政権時代の二〇〇五年に交渉がスタートしていたが、中国企業による投資に関する規制緩和の問題で折り合いがつかず、暗礁に乗り上げていた。豪中FTAをなんとか実現させ、経済外交の成功をアピールしたいアボット政権は最終的に審査手続きの緩和、また中国企業が無審査で投資できる上限額を日本企業並みにするなど大幅に譲歩。中国側も豪州産牛肉や乳製品の関税撤廃、さらにオーストラリアは金融、教育、医療、介護などのサービス分野の市場を開放するなどして、約一〇年かけた交渉が結実する。豪中FTAは、二〇一五年一二月に発効した。

振り返れば、豪中FTAの成立は戦後豪中関係の山場であった。習近平《しゅうきんぺい》国家主席は二〇一四年一一月、G20出席のためにオーストラリアを訪問し、豪連邦議会上下両院総会で演説を行った。外国首脳による議会演説は、ホスト国であるオーストラリアが相手国との関係発展を強く望んでいるとのメッセージでもある。また両国は首脳会談の結果、豪中関係を「包括的かつ戦略的なパートナーシップ」に引き上げることに合意。これは外交上の単なる文書に過ぎないとの見方もあるが、双方が両国関係を一層強化しようとする積極的な意思表示と見ることができよう。

日豪関係の拡大はヘッジの一つ

アボット政権のもと対中関係が経済・貿易の面で大きく進展する一方、対中関係のもつ「恐怖」へのヘッジの一つとして重要であったのが日豪関係である。

アボット首相は政権発足直後に発表した外交に関する政策ビジョンで、日本を「一九五〇年代からアジアにおける最も誠実な友人であり、民主主義の重要なパートナー」と呼んでいた。アボット首相の在任中の二年間で、日本のカウンターパートとなった安倍首相との首脳会談は電話会談も含め、一一回にものぼる。

アボット政権は対日関係を推進する際の最優先課題として、日豪経済連携協定（EPA）の早期妥結と、日豪戦略的パートナーシップの強化を掲げていた。これに沿う形で、両国間の七年越しのEPA交渉がようやく実を結び、二〇一四年四月にはEPA交渉が大筋で合意に達した。同年一一月には豪中FTA交渉が合意に至り、さらに一二月には豪韓FTAも発効しており、日豪EPAの実現はアボット政権が進める経済外交の総仕上げとなった。

また安倍首相にとってもEPAは、環太平洋パートナーシップ協定（TPP）での対米交渉を有利に進める上で重要であった。二〇〇七年に国内の強い反対を押し切って対豪交渉の開始を決断したのは第一次安倍内閣であり、また戦後日豪貿易関係の土台を築いた一九五七年の日豪通商協定を実現させたのは祖父の岸信介《きしのぶすけ》首相であった。安倍首相には自分の手で合意を実現させたいという強い思いがあったに違いない。

さらにアボット政権は、インド太平洋地域の安全保障における日本の積極的な貢献を後押しした。アボット首相は一四年四月の来日時、日本を「良き国際的市民」と呼んで、「積極的平和主義」を掲げる日本にエールを送った。「良き国際的市民」とは、国際社会の一員として国際貢献・国際協調を惜しまない、オーストラリアが掲げる理想の国家像である。また日本では同年七月、安倍政権が日本国憲法の解釈を変更し、集団的自衛権の行使を一部容認する閣議決定を行ったが、豪政府はその翌日には「国際的な平和と安定に対する日本のより大きな貢献を歓迎する」との声明を発表し、日本の動きを歓迎した。そして七月には安倍首相が訪豪し、日豪関係を「特別な戦略的パートナーシップ」に格上げし、両国は「防衛装備品・技術移転協定」に署名したのである。

この「日豪防衛装備品・技術移転協定」は両国間で防衛装備品や技術の移転を可能とするもので、両国が防衛装備品の共同開発などを通じて、安全保障面での協力を一層強化することが狙いである。これに双方の同盟国であるアメリカも含めた「日米豪」三国が連携し、海洋進出を強める中国を牽制する意図が込められていた。

日本にとってこの協定の締結は、米英に続く三ヵ国目で、武器輸出を緩和する「防衛装備移転三原則」を二〇一四年四月に閣議決定して以降は、初の締結となった。また日豪間では二〇一三年に「日豪物品役務相互提供協定（日豪ACSA）」と「日豪情報保護協定」が発効している。さらに二〇二二年一月には「日豪訪問部隊地位（円滑化）協定」が首脳間で署名された。これが発効すると、日豪の共同訓練などがしやすくなり、自衛隊と豪州軍の結びつきの強化が期待される。オーストラリアのメディアは同協定の署名を受け、日豪関係が「義理の同盟」から、「真の戦略的同盟」へと脱皮したと評価した。

安倍首相の訪豪——連邦議会でスピーチ

安倍首相は二〇一四年七月、オーストラリアを訪問し、日豪EPAならびに日豪防衛装備品・技術移転協定への署名を行ったほか、日本の首相として初めてオーストラリア連邦議会上下両院総会で演説を行った。

安倍首相の訪問は、両国が「特別な関係」であることを内外にアピールする機会となった。アボット首相は、安倍首相の連邦議会演説を実現するために、議会休会中で地元選挙区に帰っていた連邦議会議員をわざわざ呼び戻し、安倍首相を出迎える万全の態勢を整えていた。一方で安倍首相は、およそ三〇分の議会演説を英語で行い、「豪州と日本は、新たな「特別な関係」へ、歴史的脱皮を遂げました」と宣言したのである。

ちなみに安倍首相は訪豪に際し、豪産鉄鉱石の主要産地の一つである西オーストラリア州ピルバラの鉱山をアボット首相とともに視察している。オーストラリアの鉄鉱石生産は世界第二位で、日本の鉄鉱石の最大の供給元である。豪州内の鉱山の多くが、日本企業の出資を受けて開発を行ってきた経緯もあり、安倍首相は日豪が「理想的な相互補完関係にある」と訴えていた。鉱山訪問時には、両首脳がオーストラリア製のブーツを履き、重機の巨大タイヤの前で片足を高く上げてポーズをとり、両首脳の親密ぶりをアピールした。

その安倍元首相が二〇二二年七月、奈良で銃弾に倒れたニュースはオーストラリアでも大きく報じられた。各地で半旗が掲げられ、シドニーのオペラハウスの屋根には日本国旗が投影された。アボット元首相は「オーストラリアは偉大な友人を失い、日本は戦後最も偉大な指導者を失った」とSNSで発言。アルバニージー豪首相も、「安倍元首相のビジョンこそが、二〇一四年に日豪両国の関係を、特別な戦略的パートナーシップへと高めてくれた」と声明を発表し、安倍元首相の日豪関係発展への功績を称えた。

対中摩擦の時代に突入

ターンブルは党内抗争の末、アボットの後任として、二〇一五年の九月に首相に就任した。ターンブルは自由党内きってのリベラル派で、ビジネス界の出身ゆえに経済重視の観点から「親中派」と見られていた。彼自身も、対中関係の発展に強い意欲を示していたので、豪中関係は発展すると思われた。しかしその期待は大きく外れ、ターンブル政権は対中姿勢をむしろ硬化させ、豪中関係は悪化の一途をたどる。中国との関係に楽観的だった首相が、その中国の対外行動の現実を目の当たりにして、態度を硬化させていく。「変わったのは我々ではなく中国側である」というのは、同じように親中派から対中警戒論者へ転向したラッド元首相の言葉だ。

オーストラリアの対中関係の潮目が変わったのは二〇一六年から一七年である。その重要なきっかけとなったのが南シナ海での中国の行動であった。国際仲裁裁判所が二〇一六年七月、南シナ海問題における中国の主張と行動は国際法に違反するとの判断を下すと、中国は判決の受け入れを一切拒否した。

こうした中国の強硬な対応は、中国こそがオーストラリアの重視する理念や価値観への重大な挑戦者であることを認識させるきっかけとなった。ビショップ豪外相は声明を発表し、「東アジアでは、国際法を遵守することが平和、安定、繁栄の基礎でありつづけてきた」とし、「ルールに基づく国際秩序」の重要性を改めて強調。さらに、仲裁裁判所の判決からまもないタイミングで開催された第六回日米豪閣僚級戦略対話（ＴＳＤ）でも、仲裁裁判所の判断に従うことが、「地域がルールに基づく既存の国際秩序を維持し、国際法に対する尊重を示すきわめて重要な機会」であることを強調した。

さらにビショップ外相は、中国の政治制度をも痛烈に批判する発言をしたが、これは従来の対中アプローチから明らかに逸脱するもので、対中関係のさらなる悪化を予感させた。同外相は二〇一七年三月、シンガポールで講演を行い、「自由主義的民主制度こそが、経済発展と社会の安定の基礎であることは歴史が証明している。中国は民主主義国家にならない限り、自らのもつ潜在的な力を一〇〇％発揮することは難しいだろう」と述べた。これに中国の鄭沢光《ていたくこう》外務副大臣は、豪中両国はこれまでお互いのイデオロギー上の違いを「棚上げ」することで、プラクティカルな協力関係を築いてきたと指摘し、豪中関係の基本に立ち返るべきであると訴えた。

そして豪中関係が融和・協調を基調とした時代から、摩擦の時代へ突入したことを示したのが、ターンブル首相による「シャングリラ・ダイアローグ」での演説であった。同首相は二〇一七年六月、シンガポールで毎年開催されるアジア安全保障会議「シャングリラ・ダイアローグ」で基調講演を行い、次のように訴えた。「ルールに基づく原則を保持しなくてはなりません。つまり必要なのは協力であり、領土を押さえたり、新たにつくったり、領有権の対立がある地域を軍事拠点化するような一方的な行動ではありません」。名指しこそ避けたものの、海洋進出を積極的に進める中国に強く自制を求めたのだ。

対中警戒論へ舵を切る

さらに、中国による豪内政への干渉疑惑が次々と報じられたのは、この頃である。世論の対中不信感が強まり、それを背景に豪政府・議会内での国防省や情報機関を中心とした安全保障コミュニティの対中警戒論、対中強硬論が幅をきかせるようになった。その結果対中経済関係を重視し、慎重かつ実務的なアプローチをとる外務貿易省は脇に追いやれた。アボットが対中政策の動機を「恐怖と欲望」と表現したことはすでに紹介したが、二つの方向性の間でバランスをとってきた対中政策が、対中世論の硬化、政府内の対中警戒論の台頭により、以降、中国に対してより厳しい姿勢で臨むスタンスへと傾斜していった。

なかでも豪在住の中国人実業家による政治献金をめぐるスキャンダルは、オーストラリア社会に中国の影響力が浸透しようとしているとの危機感を抱かせる重要な契機となった。オーストラリアではこれまで、外国人による政治献金が禁じられていなかった。中国からオーストラリアへ移住してきた実業家たちが、政治献金を通じて与野党の政治家に接近し、中国に有利な世論を誘導し、豪政府の政策変更を促そうとしていたことが明らかになったのだ。

労働党の若手指導者、サム・ダスティヤリ連邦上院議員が自らの弁護士費用や出張費の一部を中国企業からの献金で賄っていたことが発覚し、中国人実業家との不透明な関係が取りざたされた。同議員は所属する労働党の方針に反して南シナ海問題で中国寄りの発言をしていたことが指摘された。こうしたなかで同議員は二〇一六年九月、党の要職を辞任するも、豪情報機関の機密情報を漏らしていた疑惑も浮上し、議員辞職に追い込まれた。

こうした事態を背景に、ターンブル政権は国内でのスパイ活動や外国政府による内政干渉を阻止するための法案の整備に着手した。ターンブル首相は外国勢力が「政策決定プロセスに影響を与えるべく、これまで前例のない、巧妙な工作を行っている」との認識を示し、「中国は他国の主権を常に尊重すべきだ。他国にはもちろんオーストラリアも含まれる」と述べ、中国を名指しで批判。ターンブル政権は二〇一八年、外国による内政干渉を阻止するための一連の法律を成立させ、国家安全保障ならびに内政干渉に関する大幅な法改正を進めた。公職経験者が海外の団体に雇用された場合に公表を義務づける「外国影響力透明化法」(一八年六月成立)を皮切りに、外国政府によるスパイ行為、破壊工作、産業スパイ行為などを対象とする新たな罰則を定めた「改正国家安全保障法」(一八年六月成立)、外国人や外国企業・団体の政治献金を禁止する「改正選挙法」(一八年一一月成立)などである。

対米同盟への不安――「プランB」の発動

二〇一七年一月のトランプ米政権の誕生は、豪米同盟の変化を予感させるものであった。「アメリカ・ファースト」を掲げ、相手国が同盟国であろうとなかろうと自国の利益や主張を最優先で考えるトランプ政権の登場によって、オーストラリアが有事に「見捨てられる」可能性が高まることが心配された。対米同盟関係を前提とした戦後安全保障政策に代わる構想「プランＢ」が、安全保障の専門家の間で議論されるようになる。

オーストラリアの代表的な保守系シンクタンク豪戦略政策研究所（ＡＳＰＩ）所長のピーター・ジェニングスは、対米同盟を維持するために政府はあらゆる行動をとらなければならないとしつつ、トランプ大統領の自国優先路線が今後も続き、アメリカが同盟国としての役割を果たさなくなる場合に備え、「プランＢ」を検討する時がやってきたと訴えた。

この「プランＢ」とは、豪米同盟が機能停止に陥ったり、もしくはアメリカがインド太平洋地域への軍事的関与を放棄するような事態に備えたプラン（計画）を意味する。ジェニングスが考える「プランＢ」は、国防力を強化し、アジア太平洋地域における主導的な地位を確保するための一〇のステップ——国防費の増額、日英仏などの西側諸国との同盟関係の強化、インドやインドネシアとの戦略的関係の構築、長距離巡航ミサイルを配備した原子力潜水艦の導入、南太平洋地域の軍事的拠点の確保、サイバー防衛能力の整備と強化、兵力の増員などである。国防力を増強することは、同盟国による負担増を求めるトランプ政権も望んでいることであり、ひいては同盟強化にもつながるとの考えが底流にある。

戦略研究で著名なポール・ディブも、豪米同盟による安全保障というこれまでの「心地よい前提」は崩れ去り、現在は「戦略的転換期」に入っているとして、国家安全保障ための「新たな政策」を提案している。ただしジェニングスが軍事的な側面に焦点を当てていたのに対し、ディブは大国にのし上がった中国の存在を意識した、政治外交政策面での政策転換を訴えた。

ディブによれば、第一に中国の影響力が拡大している東南アジア、東インド洋、南太平洋地域への積極的な関与政策を推進すること、第二にアメリカの最新鋭の軍事装備品を今後も継続的に調達し、国防力整備に努めること、第三に過度に中国に依存した貿易構造から脱却し、対中政策を見直すこと、第四に南シナ海、台湾海峡、朝鮮半島などでの有事を想定した軍事プランを立案すること、そして最後に、中国がオーストラリアの国家安全保障を脅かしうる存在であることを認識する必要があるとしている。

「プランB」をめぐる論議は、ごく限られた安全保障専門家の間で交わされたに過ぎない。「プランB」という代替案が検討されれば、「プランA」である対米同盟政策の信頼性そのものが疑われてしまうため、政府が公に議論することは困難だ。しかし安全保障研究の有力な専門家が提起したことは、対米同盟の将来に対する豪国内の不安を物語っている。

アメリカの「アメリカ・ファースト」路線は、トランプがホワイトハウスから退けば終わるというものではなく、アメリカに依存した安全保障戦略を再考すべき時がいよいよやってきたという共通の認識がある。近年のオーストラリアの軍事力増強路線は、そうした将来への備えを感じさせるものだ。

4　モリソン政権

史上最悪の豪中関係

二〇二〇年四月のモリソン首相による新型コロナウイルスの感染源調査についての提案を契機として、豪中関係は史上最悪と言われるほど悪化した。中国はモリソン提案に反発するとともに、「経済的強制措置」や「戦狼《せんろう》貿易」とも言われる、オーストラリアの対中輸出品目に対する貿易規制措置を次々にとり、オーストラリアに圧力をかけていった。二〇二〇年五月の豪州産食肉の一部停止に始まり、大麦、ワイン、石炭、綿花、木材、ロブスター、銅、砂糖が標的となった。オーストラリアへの蓄積された不満が、モリソンの調査提案によって一気に爆発した感がある。

これに対してオーストラリアは、ひるむことなく態度を硬化させた。またモリソン政権は中国への経済依存を軽減するべく、中国に代わる市場を模索し始めた。イギリスやインドをはじめとした各国との自由貿易協定を推進するのもその一環である。ハワードやアボット政権が対中経済関係強化をひたすらに推進した時代を思い浮かべると隔世の感がある。しかも中国による貿易規制が始まってからもオーストラリアの対中輸出総額は高水準を維持したままで、個別の業界レベルは別として、オーストラリア経済全体での「痛み」は感じられなかった。実際のところ中国は自国経済にとっても不可欠な豪産鉄鉱石の輸入にはなんら規制をかけていなかったため、鉄鉱石の対中輸出は引き続き堅調で、鉄鉱石の国際市場価格が高騰している影響もあり、対中貿易総額はむしろ増加傾向にあった。

オーストラリアの非妥協的な態度に中国は業を煮やしたことだろう。キャンベラの中国大使館関係者が、豪メディアに豪政府への苦情をまとめたリスト「一四項目の不満」を渡すという奇妙な出来事があった。そこには中国系企業の対豪投資計画への妨害行為、中国系通信機器メーカーの5G事業からの排除、中国を標的にした外国干渉法や外国関係法の制定などへの不満のほか、オーストラリアが何の根拠もなく新疆《しんきょう》ウイグル自治区や香港の人権問題を批判していることや、豪メディアや豪研究機関が反中国的な言説を流布している、といった指摘も含まれていた。

これに対し、モリソン首相は「我々の民主主義的制度と国家主権を貿易のために譲歩することはしない」と反発し、「リストが関係悪化の理由であるならば、オーストラリアがオーストラリアらしくあることが原因のようである」と述べ、関係改善への意欲を示すこともなかった。

オーストラリアによる反撃

「一四項目の不満」には、オーストラリアが中国の経済攻勢に過敏に反応していることへの批判が多く含まれている。たとえば不満の一つである「中国による対豪投資の妨害」をめぐって、たしかにモリソン政権は「国益」や「安全保障」を理由に外国による投資を規制する動きを強めてきた。中国側の鬱憤《うっぷん》がたまっていたことは想像に難くない。同政権は二〇二〇年三月、投資額や投資内容にかかわらず海外からのすべての投資案件を「国益」の観点から審査することとし、さらに同年六月には「安全保障」に関わる事業への投資についても、規制を強化する方針を発表した。

つまりこれによりすべての投資案件は、国益と安全保障の観点から審査され、連邦政府が認めるかどうかを精査することになったのである。しかも一度承認された案件でも、安保上のリスクが浮上すれば、政府が売却処分を命じることも可能となった。新型コロナウイルス感染症拡大によって業績が悪化した豪企業が、海外資本によって買い漁《か　あさ》られることを防ぐことが目的だが、念頭にあるのは当然ながら中国であった。

こうした「国益に反する」や「安全保障上の懸念」という理由づけはそれだけでは曖昧で、しかも審査の中身を開示することもできないため、相手側の理解を得るのはそもそも難しい。駐豪中国大使館は「国家安全保障の概念を武器に、中国の投資をブロックすることは、二国間の経済・貿易関係だけでなく、相互信頼を損なうことになる」と批判した。

また二〇二〇年末に連邦議会で可決された「オーストラリア外国関係法」は、外国政府と州や特別地域政府を含めた国内公的機関（自治体や大学を含む）が締結した合意を、連邦政府が見直すことができる法律である。同法に基づいて見直しが適用されるのは、姉妹都市関係の締結から、法的拘束力の有無にかかわらずあらゆる覚書に及び、大学などの機関にも適用される。

モリソン首相は、同法が中国を念頭に置いたものではないと訴えるが、この法律のターゲットは、ビクトリア州政府と中国政府が結んだ中国の広域経済圏構想「一帯一路」に関する合意であったと言われている。ビクトリア州政府は二〇一八年一〇月、中国政府と「一帯一路」に関する覚書を締結し、貿易やインフラ開発、投資誘致などについて合意していた。モリソン首相は当初から不快感を示したという。ビクトリア州と中国政府は二〇二〇年内の最終的合意を目指して交渉を進めていたので、同法制定はそれに間に合わせたものだ。

豪政府は、外国関係法は連邦政府の権限を強化し、オーストラリアを「一つの声」にまとめようとするものだとしている。しかしこれには大きなリスクが伴う。現代世界における国家間関係は、さまざまな次元やアクターの結びつきによって成り立っており、それが相互依存的な国際関係を形成している。どの二国間関係も、政府間関係の次元だけでつながっているものではない。むしろ多元的な結びつきがあるからこそ、国家間関係の分断や対立を防ぐことができる。

たとえば安全保障の面で対立していても、経済的な結びつきが強ければ、両国間が断絶することをくい止めることができる。中央政府どうしが対立していても、民間やローカルな次元での友好関係があれば、それが国家関係を支える役割を果たす。戦後の日中関係でも、政治的には断絶していても経済的に細々ながらつながっていたからこそ、日中国交正常化が達成され、一九七〇年代以降の両国関係が発展することができたのである。オーストラリアを「一つの声」にまとめることは、中央政府間の対立を、ローカルな次元や民間レベルにまで持ち込むことであり、いったん凍結した関係を修復するには、膨大な時間と努力が必要になるであろう。

「オーカス」の誕生

オーストラリア、アメリカ、イギリスの三ヵ国は二〇二一年九月、安全保障および防衛関連の科学技術・産業基盤・サプライチェーンのより深い統合を促進することを目的に、新しいパートナーシップ「オーカス（AUKUS）」を発表した。名称は三ヵ国の頭文字を組み合わせたものだ。この新しいパートナーシップの最初の試みは、オーストラリアの原子力推進型潜水艦（原潜）の共同開発である。これによりオーストラリアとフランスとの間で進められていたディーゼル推進型潜水艦の共同開発計画は破棄された。

原子炉を動力源にした原潜は、半永久的な潜航が可能である。通常動力の潜水艦の場合、空気の入れ換えやバッテリーの充電のため、定期的に海面に浮上しなければならず、それだけ敵に見つかる可能性も大きくなる。また原潜は航行速度や静寂性の面でも優れており、敵に対する強力な抑止力となりえる。原潜を保有する国は現在六ヵ国で、アメリカ、イギリス、ロシア、フランス、中国、インドである。実現すればオーストラリアは七番目の国家となる。

オーストラリアに原潜導入の決断を促したのは、インド太平洋の安全保障環境の急激な変化であるのは明らかだ。モリソン首相によれば、同地域は戦略環境が不安定、先行きがきわめて不透明で、事態が急変する可能性を孕んでいる。さらに二〇〇九年の次期潜水艦導入決定のときと比べ豪中関係は悪化しており、国内の対中警戒感はピークに達していた。モリソンは中国の軍事力行使による現状変更の試みが不安定な情勢を作り出しており、抑止能力に優れた原潜が必要であると考えたのである。

またオーカスはインド太平洋におけるアメリカの軍事プレゼンスの継続、強化を促し、ひいては同地域の安定に貢献する構想であった。オーストラリアは原潜を通じて自らの軍事力を強化することで、アメリカの軍事関与を補完し、さらには豪米同盟が機能しない場合にも備えようとしていたのである。

さらにオーカスは、ポスト・ブレグジット時代におけるインド太平洋へのイギリスの関与を確保する枠組みでもあると言える。クリストファー・パイン豪元国防相は英下院国防特別委員会で証言し、イギリスのインド太平洋への関与が、オーカスを通じて「単なるレトリックを超えて正式なものになった」とその意義を強調した。そもそもオーカスの生みの親は当時のボリス・ジョンソン英首相とする見方もある。豪側から原潜開発協力に関して打診を受けた際、ジョンソンはイギリスのインド太平洋関与をより中身のあるものにするため、原潜協力を手始めに幅広い協力の枠組みをつくる好機と見ていたようだ。

当然のことながら、オーカス発表に最も強く反発したのが中国である。中国外務省の報道官は二一年九月一六日、オーカスは「地域の平和を大きく損ない、軍備競争を過熱させる」と述べ、冷戦思考に縛られた時代遅れの、無責任な行為であると批判した。また中国はロシアとともに国際原子力機関（ＩＡＥＡ）理事会の場で、オーストラリアの原潜導入計画に対して核物質の軍事転用につながる深刻な懸念を表明し、同計画を凍結するよう求めたという。

また二二年八月にニューヨークで開催された核拡散防止条約（NPT）再検討会議では、中国代表団が核拡散を助長するという観点からオーカス枠組みを批判しており、反オーカスの国際的流れをつくろうと躍起になっている。

オーストラリアはこれまで、「我々は米中いずれかを選ぶ必要はない」というスタンスのもと、現代国際関係における二つの大国——アメリカと中国——の間でバランス外交を展開しようとしてきた。ところが中国との関係は一九七〇年代の国交回復以来、最悪の状態に陥っている。他方で対米同盟の将来に関する不確実性も高まるなかで、オーストラリアが最終的に選択した道が米英両国との三ヵ国協力、すなわちオーカスであった。この選択がインド太平洋の安全保障の長期的な動向にどのようなインパクトを与えるのか予測することは時期尚早であるが、二一世紀のオーストラリア外交を振り返るときに、オーカスが一つの転換点であったと評価されるであろう。

ウクライナ戦争

二〇二二年二月に始まったロシアによるウクライナ侵攻を受け、西側諸国は対露非難の声をあげ、ウクライナを経済面、軍事面で支援している。

オーストラリアはウクライナ戦争を、国家の独立と領土保全、法の支配、紛争の平和的解決といった「ルールに基づく国際秩序」を揺るがす、きわめて深刻な事態と表明。ロシアとともに「専制国家の弧（arc of autocrats）」を形成する中国の動向が、インド太平洋地域の安全保障にも大きく影響を与える可能性があると見ていた。「専制国家の弧」とは、モリソン首相が使った言葉で、世界は第二次世界大戦以来、最も困難で危険な安全保障環境に直面していると、危機感を強めていた。

注目されるのは、多文化国家オーストラリアらしい、国内のウクライナ系住民、さらにはロシア系住民への配慮である。戦争が勃発した後の最初の日曜日、モリソン首相は夫人とともに、シドニーのウクライナ系住民が多く住む地区にあるカトリック教会へ赴いている。

オーストラリアには現在、約三万八〇〇〇人のウクライナ人コミュニティがあり、そのほとんどがメルボルンとシドニーで生活している。遠く離れた祖国の窮状を憂う人々に寄り添い、彼らの心の拠り所である教会で平和への祈りを捧げるのは、多文化国家ならではの配慮と言える。そしてモリソンはロシア系コミュニティにも、「彼らも今回の事件で大変な思いをしている。ウクライナ系であれロシア系であれ、我々は皆オーストラリア人であり、彼らのオーストラリアへの貢献に感謝し、オーストラリア人として彼らとともに歩んでいきたい」と、言葉を向けた。

図7－7　アルバニージー首相（左）と岸田文雄首相（右）

アルバニージー政権と新日豪安保宣言

ウクライナ戦争、米中対立など、国際関係が激化するなかで、二〇二二年五月にアンソニー・アルバニージー労働党政権が成立する。外相にはマレーシア生まれで中国系のペニー・ウォンが起用され、オーストラリア初のアジア系外相の誕生となった。

およそ九年ぶりの労働党政権誕生で、オーストラリアの自画像は描きかえられるだろうか。モリソン前政権は、民主主義、人権などの西欧的価値観を重視し、伝統的な同盟国である米英との歴史的関係を重視した。オーカスはその典型と言えよう。他方で労働党は、これまで見てきたように、対米同盟を外交の基軸としつつも、地理的近接性、および経済の面からアジア重視のスタンスをとってきた。

アルバニージー首相の最初の仕事は、二二年五月に東京で開催されたQUAD首脳会合への出席であった。首脳会合では、新政権の対中アプローチに変更がないことを強調して、QUADパートナー国の不安払拭に努めた。他方で、東南アジア諸国との関係強化、南太平洋島嶼国への援助強化、温暖化対策への積極的取り組みなどを打ち出し、前政権からの政策転換を演出しようとしている。

岸田文雄首相とアルバニージー首相は二〇二二年一〇月、パースにて首脳会談を行い、新たな「安全保障協力に関する日豪共同宣言」に署名した。〇七年に安倍首相とハワード首相が署名した旧宣言から一五年。安全保障環境は劇的に変化し、両国の協力関係は着実に深化した。新宣言では緊急時の防衛態勢に関する相互協議と対応措置の検討が盛り込まれ、日本政府当局者によれば、両国は「抑止力を高め、いざという時の対応力を向上させるため、先頭に立つ決意を示した」のであり、中国に対して明確なシグナルを送ったと言えよう。

インド洋に面した西オーストラリア州の州都パースは、東（太平洋）と西（インド洋）双方の重要性を気づかせてくれる場所であり、両国が「自由で開かれたインド太平洋」を展望するにふさわしい。さらに西オーストラリア州は一九六〇年代に鉄鉱石の対日輸出が始まった地でもある。資源・エネルギー関連の日系企業も多く、エネルギー分野での日豪協力の将来を語り合うにふさわしい都市と言えるだろう。両首脳が署名した「日豪重要鉱物資源パートナーシップ」は、日本企業がレアアースなどの重要鉱物を安定的に確保できる供給体制を整えるためのもので、中国が独占しているサプライチェーンからの脱却を目指すものだ。

同時に新安保宣言では、両国の「安全保障協力」の射程が大きく広がったことが注目される。越境犯罪、テロ対処、大量破壊兵器拡散などでの協力を掲げていた旧宣言に対し、新宣言では自衛隊と豪軍の協力拡大はもちろんのこと、経済安保、宇宙空間、サイバー分野での協力なども取り上げられた。また、東南アジア、南太平洋地域への戦略的関心を共有すると同時に、核軍縮や女性の地位向上などへも目配りがなされている。新宣言は日豪関係を国際公共財としてグローバルに位置づける試みであり、両国が今後、幅広い分野の可能性を拡大できる点で画期的である。

オーストラリアには州立、市立など公共図書館が全国で約一六〇〇館あり、図書館全体の約一五％を占める（日本は八％）。オーストラリアの公共図書館はそれぞれ個性があり、外観・内装ともに美しいものが多い。他の欧米諸国と同様、すべての国民に図書館を利用できる環境を整備することは、民主主義国家として不可欠だと考えられており、それが館数の多さや運営を支えている。

全世界の図書館の組織である国際図書館連盟（ＩＦＬＡ）は毎年、優れた建築デザイン、そして先進的な取り組みを行っている公共図書館を「今年の公共図書館」として表彰している。オーストラリアは最終候補を含めれば常連で、二〇一四年にはクレイギーバーン（Craigieburn）図書館（ビクトリア州）が選ばれた。また二〇二一年に最終候補に選ばれたマリックビル（Marrickville）図書館（シドニー）は、約三〇年前に閉鎖した病院をリノベーションし、病院のレンガや建材を再利用したエコな建物として評価を受けた。

ガーディアン紙豪州版は二〇一四年、国内にある一〇の美しい公共図書館をピックア

ニューサウスウェールズ州立図書館（シドニー）の閲覧室

ップし、そのうちビクトリア、ニューサウスウェールズ、南オーストラリア、クイーンズランド各州の州立図書館を取り上げた。ビクトリア州立図書館（メルボルン）は一八五四年に設立、公共図書館としては国内最古だ。閲覧室は高い天井と白い壁で囲まれて、訪れるものを圧倒する。またニューサウスウェールズ州立図書館（シドニー）も約一二五〇平米の広大な閲覧室を備えており、気品あふれる美しさである。南オーストラリア州立図書館（アデレード）は、モートロック・ウィングと呼ばれる建物が有名で、天井の一部がガラス張りであり、自然光が差し込む。二・三階部の書棚に囲まれるように中央が吹き抜けとなっており、落ち着いた雰囲気を醸し出している。

首都キャンベラには国立図書館（Australian National Library）があり、町並みと似て無機質な印象を与えるが、閲覧室の窓から見えるグリフィス湖畔の眺めが素晴らしい。同図書館の最大の特徴は、アジア関係資料の豊富さであったが、予算削減により規模の縮小とアジア閲覧室の閉鎖が決められた。これに対し、テッサ・モーリス＝スズキ氏らアジア地域研究者を中心に反対運動が起こっている。

あとがき

このたび、思いがけず『物語 オーストラリアの歴史』の新版を上梓《じょうし》できる幸運に恵まれた。旧版の誕生から二〇年以上が経過しているにもかかわらず、新書として長らえることができたのは、ひとえに読者の皆さんのご支持によるものである。ここに厚く御礼を申し上げたい。

新版を世に問うにあたり、次に述べるお二人のご尽力について触れておかなければならない。最大の功労者は、永野隆行教授である。旧版の翌年、二〇〇一年から二〇二三年に至る二〇年余の空白を、第7章として加筆された。また本文では扱えなかったものの、オーストラリア社会を理解する上で重要な項目というものがあったのだが、永野教授には、これらをコラムという形で執筆していただいた。その書きぶりは軽妙で、名コラムニストとしての新たな才能を開花させたこと、ご自身にとっては大きな釣果《ちょうか》であったろう。

何といっても二一世紀の最大のテーマは、米中関係の行方であり、この米中関係という構図からオーストラリアを描いたのが第7章である。加筆スペースを捻出《ねんしゅつ》するために、旧版の第1章から第6章を刈り込む作業もしなければならないため、苦労の連続であったと想像している。永野教授はイギリスへ二度ほど留学しており、もともとはイギリス外交や英帝国史の研究者として出発した。縁あってオーストラリアと巡り合い、かの国の魅力に引き寄せられ、実地の調査研究を継続的に進められた結果、オーストラリア研究の第一人者となられた。オーストラリア社会を描いたコラムを味読できるのも、イギリス研究という隠し味が効いているからであろう。

もう一人の立役者は、中公新書編集部の胡逸高さんだ。新版の企画の提供から、全体の見取り図、新版の方向性、コラムの新設まで、懇切丁寧に助言をしてくださった。理系エンジニアの出身だけに、言語は明瞭、的確な判断力をお持ちで、緻密《ちみつ》なスケジュール管理の下、我々を導いてくださった。

旧版を出版するに際しては、当時、編集担当の佐々木久夫さんから「思いっきり、納得がいくまで、好きなように執筆してください」との寛大なお言葉を頂戴していた。この励ましがあったからこそ、出版に漕ぎ着けられたといっても過言ではない。改めて感謝申し上げたい。今回は編集部の新しい世代に担当していただくことになり、時を越えた中公新書編集部とのご縁に感慨を覚えずにはいられない。旧版の副題は「多文化ミドルパワーの実験」であったが、新版の副題は「イギリス植民地から多民族国家への二〇〇年」となった。迷わず編集者のご提案に従った次第である。

かくいう筆者はと言えば、旧版を二〇〇〇年に出版したことで、大学院生の時代から格闘してきたオーストラリア研究に一つの区切りをつけ、精神を解き放し、未知なるテーマの鉱脈を求め世界を旅した。まずはオーストラリアから北上して東南アジア諸国、中国へと足を延ばし、さらに西南方向のインド洋周辺諸国、ペルシャ湾、紅海、地中海の沿岸諸国へと、好奇心に突き動かされて各地を訪れていった。東シナ海、日本海、太平洋もしかりである。このプロセスで出会ったテーマが、マラッカ海峡の海賊、東南アジアの過激派、インド洋西部のソマリア沖の海賊問題、中国の海洋進出、日本の海上保安体制や安全保障政策であった。

とりわけ海洋問題に関心を惹《ひ》きつけられ、現代の海賊問題の分析から、歴史上の海賊研究へと移行し、さらに海洋をめぐる覇権国家誕生の顚末《てんまつ》へと敷衍《ふえん》していった。こうした流れの中で、中公新書から『海の地政学――覇権をめぐる四〇〇年史』を、二〇一九年に出版することができた。コロナ禍が徐々に落ち着いてきたので、三年にわたって封印してきた自由な旅を、そろそろ再開しようかと目論んでいる。

二〇二三年一月　　　　竹田いさみ

図版出典

第6章

図6－2　1947-2011：オーストラリア統計局, Australian Historical Population Statistics, 2019. 2021：オーストラリア統計局, Australia's Population by Country of Birth, Statistics on Australia's estimated resident population by country of birth, April 2022.（2001年, 2011年, 2021年の数値は推計値）

図6－4　竹田いさみ『移民・難民・援助の政治学――オーストラリアと国際社会』（勁草書房, 1991年）95頁.

図6－5　竹田いさみ, 同上書, 97頁.

図6－7　竹田いさみ・森健編『オーストラリア入門』（東京大学出版会, 1998年）276－277頁.

第7章

図7－1　読売新聞社

図7－2　https://www.civicsandcitizenship.edu.au/cce/default.asp?id=15394

図7－3　2000-01 : DFAT, Composition of Trade Australia 2002-03. 2010-11: DFAT, Composition of Trade Australia 2010-11. 2020-21: DFAT, Australia's trade in goods and services 2020-21.

図7－4　DFAT Statictics Section, Australia's　Australia's direction of goods & services trade – financial years from 1986-87 to present.

図7－5　www.dfat.gov.au

図7－6　オーストラリア国立公文書館 https://www.naa.gov.au/

図7－7　共同通信社

図版出典

第1章
図1－2　気候分類は在日オーストラリア大使館「もっと知りたいオーストラリア」より．州別人口（2021）は，オーストラリア統計局による（2022年の総人口は2590万人）．
図1－3　オーストラリア気象局，“Average annual rainfall, 30-year climatology（1981 to 2010）”．
図1－4　World Bank, “World Economic Outlook Database”．
図1－5　国連開発計画（UNDP）, *Human Development Reports 2021*.
図1－6　S. Castles et al., *Immigration and Australia: Myths and Realities*（Sydney: Allen & Unwin, 1998）p.41.

第2章
図2－2　A. T. Yarwood and M. Knowling, *Race Relations in Australia: A History*（Melbourne: Methuen Australia, 1982）p.237.
図2－4　C. Y. Choi, *Chinese Migration and Settlement in Australia*（Sydney: Sydney University Press, 1975）p.30.
図2－5　J. Armstrong, “Aspects of Japanese Immigration to Queensland before 1900”, *Queensland Heritage*（Vol.2, No.9, 1973）p.4.

コラム2
写真：竹沢うるま／アフロ

コラム3
写真：河口信雄／アフロ

第4章
図4－1　Letter, Selbourne to Balfour, 3 November, 1901, *A. J. Balfour Papers*（British Museum, London）49707/103-104.
図4－3　『日本帝国統計年鑑』第14－31巻（1895－1912年）．
図4－7　S. Tweedie, *Trading Partners: Australia and Asia 1790-1993*（Sydney: University of NSW Press, 1994）pp.240-241.
図4－8　P. Dennis et al., *The Oxford Companion to Australian Military History*（Melbourne: Oxford University Press, 1995）p.321.

コラム4
https://dl.ndl.go.jp/info:ndljp/pid/1449830

	派遣／シドニー・クロナラ海岸で人種暴動
2006	日豪交流年／初の日米豪3ヵ国戦略対話
07	日豪首脳会談（東京）、日豪安保共同宣言に署名／日豪で初の2＋2（外務・防衛閣僚）会議／国籍取得のための市民権テスト導入／京都議定書（1997年）を批准
08	ラッド首相、議会で「盗まれた世代」への謝罪演説／アジア太平洋共同体構想発表
09	国防白書で次期潜水艦開発計画を発表
10	日本の調査捕鯨を国際捕鯨取締条約に違反するとして提訴
11	ギラード首相が訪日、東日本大震災の被災地訪問、豪州軍が復興支援活動に参加／オバマ米大統領が訪豪、米海兵隊のダーウィン駐留を発表
14	新コロンボ計画発表／日豪経済連携協定署名／インドと原子力協定締結／対「イスラム国」への空爆作戦に参加／シドニー中心部でテロ事件
15	豪中経済連携協定署名
17	豪州トヨタが自動車生産終了（自動車の国内生産の終焉）
18	環太平洋パートナーシップに関する包括的及び先進的な協定（TPP11協定）に署名
19	インドネシアと経済連携協定署名／初の日米豪印外相会合開催（ニューヨーク）／史上最悪の森林火災（ブラック・サマー）発生
	約29年ぶりの景気後退／豪中関係悪化、中国による貿易規制措置相次ぐ／地域的な包括的経済連携（RCEP）協定に署名
21	初の日米豪印首脳会合（テレビ形式）開催／英米豪防衛技術に関するパートナーシップ（AUKUS）発表／ソロモン諸島暴動で治安要員派遣／豪英自由貿易協定署名
22	ウクライナ戦争で対露制裁、ウクライナ軍事支援／南東部で豪雨被害続く／豪印経済協力・貿易協定署名／日豪首脳会談（パース）、新日豪安保共同宣言に署名

1976 日豪友好協力基本条約（NARA）締結／豪日交流基金設立／「ボート・ピープル」の流入始まる
77 日豪砂糖紛争（砂糖輸送船が日本の港に滞船）
79 ソ連、アフガニスタン侵攻（ソ連脅威論）
80 大平首相訪豪、環太平洋構想を推進／ソ連、キリバスやバヌアツと漁業協定調印／ソ連脅威論で国防費増額／日豪ワーキング・ホリデー制度開始
83 豪ドル変動相場制へ
84 ブレイニー論争（アジア系移民問題）／ニュージーランドが非核政策（ANZUS危機へ発展）
85 ラロトンガ（南太平洋非核地帯設置）条約調印
88 ヨーロッパ人入植200年祭／ブリスベン万国博覧会開催
89 ホーク首相、APEC提唱／天安門事件で対中制裁／液化天然ガス（LNG）の対日輸出始まる
92 国連カンボジア暫定行政機構（UNTAC）にPKO派遣／マボ判決（先住民の伝統的土地所有権を承認）
93 先住権限法制定
95 インドネシアと安全保障共同宣言／核兵器廃絶のためのキャンベラ委員会設置／環インド洋地域協力連合設立
96 ポートアーサー（タスマニア）で銃乱射事件発生、銃規制強化へ
97 アジア通貨危機
98 パプアニューギニアのブーゲンビル独立紛争、南太平洋多国籍軍に参加
99 東ティモール多国籍軍に豪州軍参加／「ハワード・ドクトリン」に対し東南アジア諸国から批判／共和制移行を問う国民投票実施、移行反対が過半数ごえ
2000 シドニー五輪開催
01 タンパ号事件と太平洋ソリューション政策／米同時多発テロ発生（9・11事件）／アフガニスタン戦争へ豪軍派遣／アンセット航空が経営破綻
02 バリ島で爆弾テロ事件発生／対テロ特殊部隊創設／退役軍人連盟（RSL）幹部が日本政府の招待を受け初めて訪日
03 イラク戦争に豪軍派遣／主要都市で反戦運動／ソロモン諸島情勢悪化、治安回復部隊派遣
04 豪米自由貿易協定署名／ジャカルタの豪州大使館前で爆弾テロ／ASEANサミット（ラオス）へ初参加／インド洋津波で救援活動
05 日豪首脳会談（東京）／イラク駐留自衛隊を護衛するため豪州兵を

1950 国旗の正式使用決定／コロンボ計画提唱／マラヤ暴動、朝鮮戦争に派兵
51 ANZUS条約締結／サンフランシスコ対日講和条約締結
52 モンテベロ島（西豪州）で英国初の原爆実験
53 キャンベラに日本大使館開設／石油発見
54 ペトロフ事件（ソ連大使館員スパイ事件）／マニラ条約加盟（55年SEATO設立）
55 労働党分裂、反共の民主労働党結成へ／ボーキサイト発見
56 メルボルン五輪開催／スエズ危機、豪州は英国支持
57 日豪通商協定調印（日本へ石炭輸出始まる）／メンジース首相と岸首相の相互訪問
58 ディクテーション・テスト廃止
59 鉄鉱石輸出禁止令解除
61 中国への小麦等輸出開始
62 南ベトナムに軍事顧問団派遣
63 日豪経済合同委員会発足／米軍通信施設ノースウェストケープ建設
64 GATT35条対日適用撤回／日豪政府間年次協議開始
65 ベトナム戦争へ派兵／労働党、党綱領から白豪主義を削除
66 通貨を十進法の豪ドルに移行（ポンド・スターリング経済圏から離脱）／ジョンソン米国大統領訪豪、ベトナム反戦デモ
67 連邦憲法改正、アボリジニを国民として認める（初めて人口統計に参入される）／連邦政府、英枢密院司法委員会への上訴廃止を表明／英国、EEC（欧州経済共同体）加盟申請／ウラン開発着手
69 米軍衛星通信施設パインギャップ、運用開始
70 15万人のベトナム反戦デモ
71 OECD加盟／ベトナムから豪州軍撤退開始／5ヵ国防衛協定（FPDA）調印／第1回南太平洋フォーラム（SPF首脳会議）開催
72 第1回日豪閣僚委員会開催／アボリジニの権利獲得運動、アボリジニ問題省設立／鉄鉱石貿易をめぐる日豪経済紛争始まる
73 英国、EC（欧州共同体）加盟（豪州のアジア太平洋指向強まる）／資源ナショナリズム／二重国籍を廃止
74 日豪牛肉紛争／日豪文化協定調印
75 日豪砂糖長期契約締結（直後に砂糖価格暴落）／「サイゴン陥落」でベトナム難民受け入れ／ジョン・カー連邦総督、ウィットラム首相解任／インドネシアが東ティモール武力介入（76年併合）、ティモール難民の受け入れ／パプアニューギニア、豪州から独立／地方党、国民党へ改称

1905	日露戦争（04年〜）で日本が勝利／第2次日英同盟締結を支持／英極東艦隊の主力艦が北海へ、対日恐怖心の萌芽
06	英仏がニューヘブリデスを共同統治／パプアを直轄支配へ
08	米国大西洋艦隊来訪／連邦首都キャンベラに決定
11	独自海軍開設に着手／中高等学校での軍事教練／ダントルーン陸軍士官学校設立／第3次日英同盟締結を支持
14	第1次世界大戦（〜18年）、対独参戦／旧独領ニューギニア占領
15	アンザック軍、ガリポリ上陸作戦
16	陸軍情報局設立（対日情報収集）／海外派兵の徴兵制否決（翌年も否決）／退役軍人連盟（現RSL）発足
19	パリ講和会議（国際連盟規約署名／人種差別撤廃条項に反対／豪州モンロー主義宣言／赤道以南の旧独領南洋諸島を委任統治）／首相府に太平洋室設立、対日情報活動
20	カンタス航空設立／英帝国防衛委員会、シンガポール海軍基地建設を勧告
21	ワシントン軍縮会議
22	海軍軍縮条約、九ヵ国条約（第3次日英同盟破棄へ）
24	強制投票制導入
26	バルフォア宣言
29	世界恐慌（失業増大、羊毛・小麦価格暴落、国内経済悪化）
31	ウェストミンスター憲章／満洲事変
32	オタワ英帝国経済会議（ブロック経済、特恵貿易／上海事変）
33	日本が国際連盟脱退通告
35	イタリアがエチオピア侵略、豪州政府は対伊経済制裁を発動
36	貿易大転換政策（日豪貿易紛争発生へ）
37	ライオンズ首相、太平洋協定構想提案／対日宥和政策を模索
38	鉄鉱石禁輸（鉄鉱石開発をめぐる日豪紛争へ発展）
39	第2次世界大戦（〜45年）、対独参戦
41	対日宣戦布告／マッカーサー米極東軍司令官、豪州駐留へ
42	日本軍、ダーウィンやブルーム空襲／日本軍特殊潜航艇、シドニー湾攻撃／ウェストミンスター憲章（31年公布）を批准
43	カイロ会談／海外派兵の徴兵制導入
44	アンザック協定／カウラ捕虜収容所で日本人捕虜暴動
45	国連創設／移民省設立／極東委員会（対日占領管理）に参加
46	豪州軍日本進駐／極東国際軍事裁判長にウェッブ就任
47	大量移民計画開始／南太平洋委員会（SPC）設立
48	国籍・市民権法（オーストラリア国民の誕生）
49	メンジース保守系政権発足（〜66年まで長期政権）

オーストラリア史　関連年表

年	事　項
1770	キャプテン・クック、ボタニー湾上陸
75	アメリカ独立戦争（～83年）、英国がオーストラリア入植に関心もつ
88	アーサー・フィリップ率いる第一船団到着、植民地建設へ
1807	メリノ産羊毛、対英輸出始まる
08	ラム酒の反乱（反権力闘争）
27	英国、オーストラリア全土の領有宣言
32	自由移民奨励助成計画（補助移民制度）始まる
40	ニューサウスウェールズ、囚人の受け入れ停止
50	オーストラリア植民地政府法成立
51	金鉱発見、ゴールド・ラッシュ始まる
54	ユーレカ砦の反乱（反官僚・民主化要求運動）
55	ビクトリアで中国人移住制限法制定
56	南オーストラリア議会、世界初の男子普通選挙／ビクトリアで秘密投票制導入／第2次アヘン戦争（～60年）、中国人雇用加速
65	植民地海軍防衛法
70	英駐留軍の引き揚げ
74	日本人の真珠貝ダイバー、豪州での契約労働始まる
79	第1回植民地労働組合会議開催（8時間労働制の導入と中国人受け入れ反対の決議）／インドから契約労働者の導入
83	ブロークンヒル、銀鉱山の発見
85	スーダン戦役に義勇兵派兵
90	経済恐慌発生（～93年）、スト多発
91	第1回連邦会議開催、連邦結成運動始まる
95	日清戦争後に三国干渉、独仏露の植民地活動に警戒
99	ボーア戦争（～1902年）に義勇兵派兵
1900	英議会、オーストラリア連邦憲法案を承認／義和団事件（1899～1901年）に義勇兵派兵
1901	オーストラリア連邦成立／第1回連邦議会で移住制限法、太平洋諸島労働者法を制定
02	第1次日英同盟締結を支持／婦人参政権付与
03	国防法制定／国旗デザイン決定

地図作成　地図屋もりそん

竹田いさみ（たけだ・いさみ）

1952年東京都生まれ．上智大学大学院国際関係論専攻修了．シドニー大学，ロンドン大学留学．Ph. D.（博士，国際政治史）取得．獨協大学名誉教授，同大学院講師．専門は海洋安全保障，東南アジア・インド太平洋の国際関係，海洋と海賊の世界史．
著書『移民・難民・援助の政治学』（勁草書房，1991，アジア・太平洋賞特別賞受賞）
『国際テロネットワーク』（講談社現代新書，2006）
『世界史をつくった海賊』（ちくま新書，2011，国際理解促進図書優秀賞受賞，山縣勝見賞特別賞受賞）
『世界を動かす海賊』（ちくま新書，2013，山縣勝見賞特別賞受賞）
『海の地政学』（中公新書，2019）など

永野隆行（ながの・たかゆき）

1967年茨城県生まれ．上智大学大学院国際関係論専攻修了．ウェールズ大学，ロンドン大学政治経済大学院（LSE）留学．博士号（国際関係論，上智大学）取得．獨協大学外国語学部教授．専門はオーストラリア外交史，国際政治史．オーストラリア学会代表理事．
共編著『オーストラリア入門（第2版）』（東京大学出版会，2007）
『イギリスとアメリカ』（勁草書房，2016）
『帝国の遺産と現代国際関係』（勁草書房，2017）

物語《ものがたり》 オーストラリアの歴史《れきし》 新版
中公新書 *2741*

2023年2月25日発行

著　者　竹田いさみ
　　　　永野隆行
発行者　安部順一

本文印刷　三晃印刷
カバー印刷　大熊整美堂
製　本　小泉製本

発行所　中央公論新社
〒100-8152
東京都千代田区大手町1-7-1
電話　販売 03-5299-1730
　　　編集 03-5299-1830
URL https://www.chuko.co.jp/

Published by CHUOKORON-SHINSHA, INC.
Printed in Japan　ISBN978-4-12-102741-2 C1222

中公新書刊行のことば

一九六二年一一月

いまからちょうど五世紀まえ、グーテンベルクが近代印刷術を発明したとき、書物の大量生産は潜在的可能性を獲得し、いまからちょうど一世紀まえ、世界のおもな文明国で義務教育制度が採用されたとき、書物の大量需要の潜在性が形成された。この二つの潜在性がはげしく現実化したのが現代である。

いまや、書物によって視野を拡大し、変りゆく世界に豊かに対応しようとする強い要求を私たちは抑えることができない。この要求にこたえる義務を、今日の書物は背負っている。だが、その義務は、たんに専門的知識の通俗化をはかることによって果たされるものでもなく、通俗的好奇心にうったえて、いたずらに発行部数の巨大さを誇ることによって果たされるものでもない。現代を真摯に生きようとする読者に、真に知るに価いする知識だけを選びだして提供すること、これが中公新書の最大の目標である。

私たちは、知識として錯覚しているものによってしばしば動かされ、裏切られる。私たちは、作為によってあたえられた知識のうえに生きることがあまりに多く、ゆるぎない事実を通して思索することがあまりにすくない。中公新書が、その一貫した特色として自らに課すものは、この事実のみの持つ無条件の説得力を発揮させることである。現代にあらたな意味を投げかけるべく待機している過去の歴史的事実もまた、中公新書によって数多く発掘されるであろう。

中公新書は、現代を自らの眼で見つめようとする、逞しい知的な読者の活力となることを欲している。

中公新書

世界史

世界史

中公新書

現代史

2590 人類と病 詫摩佳代
2664 歴史修正主義 武井彩佳
2451 トラクターの世界史 藤原辰史
2666 ドイツ・ナショナリズム 今野　元
2368 第一次世界大戦史 飯倉　章
2681 リヒトホーフェン―撃墜王とその一族 森　貴史
27 ワイマル共和国 林　健太郎
478 アドルフ・ヒトラー 村瀬興雄
2553 ヒトラーの時代 池内　紀
2272 ヒトラー演説 高田博行
1943 ホロコースト 芝　健介
2349 ヒトラーに抵抗した人々 對馬達雄
2610 ヒトラーの脱走兵 對馬達雄
2448 闘う文豪とナチス・ドイツ 池内　紀
2329 ナチスの戦争 1918-1949 R・ベッセル 大山　晶訳

2313 ニュルンベルク裁判 A・ヴァインケ 板橋拓己訳
2266 アデナウアー 板橋拓己
2615 物語 東ドイツの歴史 河合信晴
2274 スターリン 横手慎二
530 チャーチル(増補版) 河合秀和
2643 イギリス1960年代 小関　隆
2578 エリザベス女王 君塚直隆
2717 アイルランド現代史 北野　充
1415 フランス現代史 渡邊啓貴
2356 イタリア現代史 伊藤　武
2221 バチカン近現代史 松本佐保
2415 トルコ現代史 今井宏平
2670 サウジアラビア―「イスラーム世界の盟主」の正体 高尾賢一郎
2538 アジア近現代史 岩崎育夫
2586 東アジアの論理 岡本隆司
2437 中国ナショナリズム 小野寺史郎
2600 孫基禎《ソン・ギジョン》―帝国日本の朝鮮人メダリスト 金　誠

2034 感染症の中国史 飯島　渉
2700 新疆ウイグル自治区 熊倉　潤
1959 韓国現代史 木村　幹
2602 韓国社会の現在 春木育美
2682 韓国愛憎 木村　幹
2596 インドネシア大虐殺 倉沢愛子
1596 ベトナム戦争 松岡　完
2330 チェ・ゲバラ 伊高浩昭
1664 1665 アメリカの20世紀(上下) 有賀夏紀
2626 フランクリン・ローズヴェルト 佐藤千登勢
2527 大統領とハリウッド 村田晃嗣
2479 スポーツ国家アメリカ 鈴木　透
2540 食の実験場アメリカ 鈴木　透
2504 アメリカとヨーロッパ 渡邊啓貴
2163 人種とスポーツ 川島浩平